Eugène Sue.

L'AVARICE.

LES MILLIONNAIRES.

L'emplacement appellé depuis longues années le *Charnier des Innocens*, situé près des *Piliers des Halles*, a toujours été cité pour le grand nombre d'*écrivains publics* qui ont établi leurs échoppes dans ce quartier populeux de Paris.

Par une belle matinée du mois de mai 18**, une jeune fille de dix-huit ans environ, vêtue comme une pauvre ouvrière, et dont la figure charmante et mélancolique était d'une pâleur mate, sinistre reflet de la misère, parcourait le *Charnier des Innocens* d'un air pensif. Plusieurs fois, elle s'arrêta indécise devant quelques échoppes d'écrivains publics; mais, soit que les uns lui parussent trop jeunes, les autres d'un physionomie peu engageante, soit enfin qu'ils fussent alors tous occupés, elle continuait lentement ses recherches.

Avisant cependant, à la porte de la dernière échoppe, un vieillard d'une physionomie vénérable, remplie de douceur et de bonté, la jeune fille n'hésita pas à entrer dans la maisonnette de bois.

L'écrivain public, frappé, de son côté, de la touchante beauté de la jeune fille, de sa tournure modeste, de son air timide et triste, l'accueillit avec une affabilité paternelle, la fit entrer dans l'échoppe, dont il ferma la porte; puis tirant discrètement le rideau de la petite fenêtre, le bonhomme, presque vêtu de haillons, indiqua d'un geste une chaise à sa cliente, et s'assit dans son vieux fauteuil de cuir.

Mariette (c'était le nom de la blonde jeune fille) baissa ses grands yeux bleus, rougit beaucoup, et garda pendant quelques instans un silence embarrassé, presque pénible. Une vive émotion agitait son sein sous le vieux petit châle de mérinos gris qu'elle portait sur sa robe d'indienne fanée, tandis que ses deux mains, croisées sur ses genoux, tremblaient légèrement.

L'écrivain, désirant rassurer la pauvre fille, lui dit affectueusement:

— Allons, mon enfant, remettez-vous. Pourquoi cet embarras? Vous venez sans doute me prier de rédiger une pétition? une demande? une lettre?

— Oui... monsieur... c'est... c'est pour une lettre... que je viens.

— Vous ne savez donc pas écrire?

— Non... monsieur, — répondit Mariette en rougissant davantage encore, car à sa timidité naturelle se joignait la honte de son ignorance.

L'écrivain public, regrettant d'avoir peut-être humilié sa *cliente*, reprit d'un ton affectueux:

— Pauvre enfant! me supposez-vous capable de blâmer votre ignorance?

— Monsieur...

— Ah! croyez-moi, — reprit-il d'une voix pénétrée, — c'est au contraire de l'attendrissement, de la compassion que j'éprouve pour les personnes qui, comme vous, n'ayant pu acquérir une éducation première, sont forcées de venir à moi. Pauvres créatures, obligées de s'adresser à un tiers qu'elles peuvent croire indiscret, moqueur! Et cependant, il faut qu'elles le mettent dans la confidence de leurs pensées les plus secrètes, les plus chères! C'est bien pénible, n'est-ce pas?

— Oh! oui, monsieur! — dit Mariette, touchée de ces paroles. — Etre obligée de s'adresser à un étranger pour...

La jeune fille n'acheva pas, rougit encore, et ses yeux devinrent humides.

L'écrivain public reprit, en regardant la jeune fille avec un intérêt croissant:

— Encore une fois, rassurez-vous, mon enfant. Avec moi vous n'avez à craindre ni indiscrétion ni moquerie; j'ai toujours regardé comme quelque chose de touchant, de sacré, la confiance que sont obligées de m'accorder les personnes que le hasard ou le malheur a déshéritées des bienfaits de l'éducation.

Puis souriant avec bonhomie, l'écrivain public ajouta:

— Ah çà, mademoiselle, n'allez pas croire, au moins, que je vous parle ainsi pour me vanter aux dépens de mes confrères, et leur enlever une cliente! Non, non, — reprit-il plus sérieusement, — je vous parle comme je pense, et à mon âge on peut avouer cette prétention-là.

Mariette, de plus en plus surprise et émue du langage du vieillard, lui dit avec reconnaissance :

— Ah ! merci, monsieur ; vous me soulagez de la moitié de ma peine, en comprenant, en excusant mon embarras. Oh, oui ! — ajouta-t-elle en soupirant, — c'est bien cruel de ne savoir ni lire ni écrire ; mais, hélas ! cela souvent ne dépend pas de nous.

— Eh ! mon Dieu ! ma pauvre enfant, il en aura été de vous, j'en suis sûr, comme de tant d'autres jeunes filles qui s'adressent à moi : ce n'est pas la bonne volonté qui leur a manqué pour apprendre, c'est de le pouvoir. Celles-ci, en l'absence de leurs parens occupés du travail, obligées, dès leur enfance, de garder leurs sœurs ou leurs frères plus petits, n'ont jamais eu le temps d'aller à l'école ; celles-là, mises en apprentissage de trop bonne heure...

— Comme moi, monsieur, — dit Mariette en soupirant.

— On vous a mise, toute enfant, en apprentissage ?

— A neuf ans, monsieur, et jusqu'alors j'étais restée à la maison pour garder un petit frère, qui est mort peu de temps avant mon père et ma mère.

— Pauvre enfant ! votre histoire est à peu près celle de beaucoup de vos compagnes, qui sont dans la même position que vous. Mais comment, en sortant d'apprentissage, n'avez-vous pas tâché de vous instruire ?

— Et le temps, monsieur ? —dit tristement Mariette, —c'est à peine si en prenant sur mes nuits, mon travail peut suffire à moi et à ma marraine...

— Hélas ! oui, le temps ! —dit le vieillard ;—le temps, c'est le pain pour les travailleurs, et trop souvent il faut opter : mourir de faim ou vivre dans l'ignorance.— Puis il ajouta de plus en plus intéressé :— Vous me parlez de votre marraine ; vous n'avez donc plus ni père ni mère ?

— Non, monsieur, je vous l'ai dit, —répondit tristement Mariette ; puis elle reprit en soupirant, — Mais pardon, monsieur, de vous avoir fait perdre ainsi beaucoup de votre temps, au lieu de vous avoir dit tout de suite quelle lettre je viens vous demander.

— Ce temps, je ne pouvais mieux l'employer qu'à vous écouter, mon enfant, car je suis vieux, j'ai de l'expérience, et je suis certain que vous êtes une brave et digne jeune fille. Maintenant venons à cette lettre. Voulez-vous m'en dire le sujet, pour que je la rédige ? Ou bien préférez-vous me la dicter ?

— Je préfère vous la dicter, monsieur.

— Alors je suis prêt, mon enfant, — dit le bonhomme en mettant ses lunettes et s'établissant devant son bureau, la tête baissée sur son papier, afin de ne pas augmenter l'embarras de sa cliente en la regardant.

Après un moment d'hésitation, Mariette commença de dicter ce qui suit à voix basse, et en tenant ses yeux baissés :

« Monsieur Louis... »

Au nom de *Louis*, le vieillard fit un léger mouvement de surprise, inaperçu de Mariette, qui répéta de nouveau d'une voix un peu émue :

« Monsieur Louis... »

— C'est écrit, mon enfant, — dit le vieillard, toujours sans regarder Mariette.

Celle-ci continua en s'interrompant parfois, et en hésitant, car il était facile de deviner, que malgré sa confiance dans le vieillard, elle ne lui livrait pas toute sa pensée :

« Je suis bien triste, je n'ai pas encore reçu de vos » nouvelles. Vous m'aviez pourtant promis de m'écrire » pendant votre voyage, monsieur Louis. »

— Pendant votre voyage, — répéta le vieillard, dont les traits étaient soudain devenus pensifs, et qui se dit en lui-même avec une vague anxiété :

Voilà un rapprochement étrange. Il se nomme Louis, et il est absent.

Mariette continua de dicter :

« J'espère, monsieur Louis, que vous vous portez bien, » et que ce n'est pas pour cause de maladie que vous » ne m'avez pas encore écrit, car ce serait pour moi » deux chagrins au lieu d'un.

» C'est aujourd'hui le 6 mai, monsieur Louis, le *six mai*. » Aussi je n'ai pas voulu passer cette journée sans vous » faire souvenir de moi. Peut-être que vous aurez eu la » même idée, et qu'après-demain je recevrai une lettre » de vous, comme vous recevrez celle-ci de moi. Alors ce » ne serait ni par oubli ni par maladie que vous auriez » tant tardé à m'écrire. Comme j'en serais heureuse ! Aussi » je vais attendre jusques après-demain avec une grande » impatience. Dieu veuille qu'elle ne soit pas trompée, » monsieur Louis ! »

Mariette, en dictant ces derniers mots, étouffa un soupir. Une larme roula sur ses joues. Elle s'interrompit durant quelques instans.

Les traits de l'écrivain public toujours courbé sur sa table étaient invisibles à la jeune fille, et prenaient une expression de plus en plus attentive et sérieusement inquiète ; deux ou trois fois, tout en écrivant, il tâcha de jeter à la dérobée sur sa cliente un regard chagrin et scrutateur.

Il était facile de deviner qu'au touchant intérêt qu'il avait d'abord volontairement ressenti pour Mariette, succédait chez le vieillard une sorte d'éloignement causé par de graves appréhensions.

La jeune ouvrière poursuivit sa dictée en continuant de tenir ses yeux baissés :

« Je n'ai rien de nouveau à vous apprendre, monsieur » Louis ; ma marraine est toujours bien malade ; ses souf- » frances empirent ; cela aigrit encore son caractère. Afin » de la quitter le moins possible, je travaille mainte- » nant chez nous au lieu d'aller chez madame Jour- » dan. Aussi les journées me paraissent longues et tris- » tes, car le travail fait en commun, à l'atelier, avec mes » compagnes, était presqu'un plaisir et allait bien plus » vite ; aussi je suis obligée de veiller très tard, et je ne » dors pas beaucoup, car c'est surtout la nuit que ma » marraine souffre davantage et qu'elle a le plus besoin » de moi. Quelquefois je ne m'éveille pas aussitôt qu'elle » m'appelle, parce que souvent le sommeil est plus fort » que moi ; alors elle me gronde un peu, c'est bien na- » turel, car elle souffre.

» C'est pour dire, monsieur Louis, que, comme » toujours, je ne suis pas très heureuse à la maison, et » qu'un mot d'amitié de vous part me ferait grand bien. » Cela me consolait de tant de choses tristes.

» Adieu, monsieur Louis, je comptais sur Augustine » pour vous écrire, mais elle est allée dans son pays, et » j'ai été obligée de m'adresser à une autre personne, à » qui j'ai dicté cette lettre. Ah ! monsieur Louis, jamais » je n'ai été plus chagrine de ne savoir ni lire ni écrire » qu'en ce moment. Adieu encore, monsieur Louis, pen- » sez à moi, je vous en prie, car moi je pense toujours à » vous.

» Je vous salue de bien bonne amitié. »

La jeune fille étant restée silencieuse après ces derniers mots, le vieillard se retourna, et levant enfin les yeux sur elle, lui dit :

— Est-ce tout, mon enfant ?

— Oui, monsieur.

— Et de quel nom faut-il signer cette lettre ?

— Du nom de Mariette, monsieur.

— Seulement *Mariette* ?

— Mariette Moreau, si vous voulez, monsieur. C'est mon nom de famille.

— Signé : *Mariette Moreau,* — dit le vieillard en écrivant ces noms.

Puis, ayant plié la lettre, il reprit en dissimulant la secrète angoisse avec laquelle il attendait la réponse de la jeune fille :

— Et cette lettre, à qui faut-il l'adresser, mon enfant ?

— A M. *Louis Richard*, à Dreux, bureau restant.

— Plus de doute ! — se dit le vieillard en se disposant à écrire sur la lettre l'adresse que Mariette venait de lui dicter.

Si la jeune ouvrière n'eût pas été elle-même très préoccupée, elle aurait sans doute remarqué l'expression contrainte qui se peignait depuis quelques instans sur la physionomie de l'écrivain, et qui s'accentua plus durement encore lorsqu'il fut bien certain du nom de celui-là à qui cette missive ingénue était destinée. Jetant à la dérobée un regard irrité sur Mariette, il semblait ne pouvoir se résoudre à écrire l'adresse qu'elle venait de lui dicter, car après avoir seulement mis sur l'enveloppe ces mots : *A Monsieur, Monsieur*... il laissa tomber sa plume, et il dit à l'ouvrière, en tâchant de sourire avec sa bonhomie accoutumée afin de dissimuler ses ressentimens et ses appréhensions :

— Tenez, mon enfant... quoique ce soit la première fois que nous nous voyons, il me semble que vous avez déjà quelque confiance en moi.

— C'est vrai, monsieur... avant de venir ici je craignais de n'avoir pas le courage de dicter ma lettre à quelqu'un que je ne connaissais pas : mais vous m'avez accueillie d'une manière si bonne que je n'ai presque plus été embarrassée...

— Embarrassée, pourquoi, mon enfant? Je serais votre père que je ne trouverais pas un mot à redire à la lettre que vous écrivez à... à M. Louis... et même si je ne craignais d'abuser de cette confiance que vous dites avoir en moi... je vous demanderais... mais non... ce serait trop indiscret.

— Que me demanderiez-vous, monsieur?

— Quel est ce M. Louis Richard?

— Mon Dieu ! monsieur, ce n'est pas un secret. M. Louis est clerc de notaire; l'étude où il est employé se trouve dans la même maison que l'atelier où j'allais travailler; c'est ainsi que nous nous sommes connus, il y a aujourd'hui un an le 6 mai.

— Ah! je comprends maintenant pourquoi vous insistiez sur la date de votre lettre : c'est l'anniversaire de votre connaissance !

— Oui, monsieur.

— Vous vous aimez? Allons, ne rougissez pas, mon enfant, vous attendez sans doute le moment de vous marier?

— Oui, monsieur.

— Et la famille de M. Louis consent à ce mariage?

— M. Louis n'a plus que son père, monsieur, et nous espérons qu'il ne nous refusera pas son consentement.

— Et le père de Louis, quel homme est-ce?

— Le meilleur des pères, à ce que m'a dit M. Louis, et supportant sa pauvreté avec grand courage, quoiqu'il ait été à son aise autrefois; mais à cette heure, M. Louis et son père sont aussi pauvres que nous deux ma marraine. C'est cela qui nous donne bon espoir pour notre mariage. Entre pauvres gens, il ne peut y avoir de difficultés.

— Et votre marraine, mon enfant, il me semble qu'elle ne vous rend pas la vie très heureuse.

— Que voulez-vous, monsieur, il est si naturel d'être de mauvaise humeur quand on n'est presque pas un moment sans souffrir et qu'on n'a jamais eu que du malheur dans sa vie !

— Votre marraine est donc infirme?

— Elle a perdu la main, monsieur, et elle a une maladie de poitrine qui la tient au lit depuis plus d'un an.

— Perdu la main, comment ?

— Elle était cardeuse de matelas, monsieur ; elle s'est piquée, en travaillant, avec son aiguille à crochet, la piqûre s'est envenimée faute de soins, car ma marraine n'avait pas le temps de se faire soigner, et on a été obligé de lui couper le bras. De temps à autre la plaie se rouvre encore, et lui est bien sensible.

— Pauvre femme ! —dit le vieillard d'un air distrait.

— Quand à la maladie de poitrine de ma marraine,— reprit Mariette, — bien des cardeuses en sont atteintes comme elle, à ce que dit le médecin, parce qu'elles respirent sans cesse la poussière malsaine qui sort de la laine des matelas qu'elles battent. Ma marraine est comme courbée en deux, et presque toutes les nuits elle a des ac-

cès de toux si déchirans qu'il faut que je la soutienne quelquefois dans mes bras pendant plusieurs heures.

— Ainsi, votre seul travail fait vivre votre marraine?

— C'est tout simple, monsieur, elle ne peut plus gagner sa vie.

— Ce dévoûment de votre part est généreux.

— Je fais ce que je dois, monsieur ; ma marraine m'a recueillie chez elle après la mort de mes parens, elle a payé pour moi trois années d'apprentissage. Sans elle, je ne saurais pas l'état qui me fait vivre; n'est-il pas juste qu'elle profite maintenant de l'aide qu'elle m'a donnée autrefois?

— Et pour subvenir à ses besoins et aux vôtres, vous travaillez beaucoup sans doute?

— Le plus que je peux, monsieur, quinze à dix-huit heures par jour.

— Et la nuit, au lieu de prendre un repos nécessaire, vous veillez votre marraine?

— Qui la veillerait si ce n'est moi, monsieur ?

— Mais pourquoi n'a-t-elle pas tâché d'entrer à l'hôpital ?

— Le médecin a dit qu'on ne la garderait pas à l'hospice, parce que sa maladie de poitrine était incurable. Et puis d'ailleurs je ne sais si j'aurais eu le courage de l'abandonner ainsi.

— Allons, mon enfant, je ne m'étais pas trompé. Vous êtes une brave et digne jeune fille, —dit le vieillard en tendant sa main à Mariette.

Dans ce mouvement, soit par maladresse, soit volontairement, l'écrivain public fit choir sur son bureau son encrier, de sorte que l'encre se renversa en partie sur la lettre, à laquelle il ne manquait plus que l'adresse.

— Ah ! mon Dieu ! quel malheur ! — s'écria Mariette, — Voici la lettre toute pleine d'encre, monsieur.

— Maladroit que je suis ! — reprit le vieillard d'un air fâché. — Mais il n'y a que demi mal, la lettre n'est pas longue. J'écris vite, je ne vous demande que dix minutes pour la recopier, mon enfant ; en même temps je la relirai tout haut, et vous verrez de la sorte si vous trouvez quelque chose à changer ou à ajouter.

— Monsieur, excusez, mon Dieu ! la peine que je vous donne.

— Tant pis pour moi, mon enfant. C'est ma faute, — dit le vieillard.

Et il commença de relire la lettre à haute voix tout en écrivant, et comme s'il l'eût recopiée à mesure qu'il avançait dans cette lecture.

En se livrant à ce nouveau travail, une violente lutte intérieure semblait se réfléchir sur les traits de l'écrivain public: tantôt il soupirait d'un air satisfait et dégagé, tantôt au contraire il paraissait confus et évitait d'arrêter ses yeux sur la candide figure de Mariette. Celle-ci, accoudée sur la table, appuyant son front dans sa main, suivait d'un regard mélancolique et envieux la plume rapide du vieillard et les caractères qu'il traçait, caractères indéchiffrables pour elle, et qui cependant, se disait-elle, allaient reporter sa pensée à celui qu'elle aimait.

La jeune ouvrière n'ayant rien trouvé à retrancher ou à ajouter à sa missive ingénue, l'écrivain public la lui remit après l'avoir soigneusement cachetée.

— Monsieur, demanda timidement la jeune fille en tirant de sa poche une petite bourse contenant deux pièces de dix sous et quelques sous, — combien vous dois-je?

— Cinquante centimes, — répondit le vieillard après avoir hésité un instant, pensant que c'était peut-être au prix de son pain de la journée que la pauvre fille donnait de ses nouvelles à son amant.—Cinquante centimes, — reprit donc l'écrivain, — et il est bien entendu, mon enfant, que je ne vous fais payer qu'une des deux lettres que j'ai écrites. Je suis seul responsable de ma maladresse.

— Vous êtes bien honnête, monsieur, — dit Mariette, touchée de ce qu'elle regardait comme une preuve de la générosité de l'écrivain ; puis, après avoir payé sa lettre, elle ajouta :

— Vous avez été si bon pour moi, monsieur, que j'ose vous demander un service.

— Parlez, mon enfant.

— Si j'avais d'autres lettres à faire écrire, il me serait presque impossible de m'adresser maintenant à d'autre qu'à vous, monsieur.

— Je serai à votre service.

— Ce n'est pas tout, monsieur, ma marraine est comme moi, elle ne sait ni lire ni écrire. J'avais une amie en qui je me confiais ; mais elle est absente. Pourriez-vous, dans ce cas où je recevrais une lettre de M. Louis, prendre la peine de me la lire ? Je vous dicterais tout de suite après ma réponse.

— Certainement, mon enfant, je lirai vos lettres ; apportez-les-moi toutes, — répondit le vieillard en dissimulant sa satisfaction. — C'est moi qui vous remercie de la confiance que vous me témoignez. A bientôt donc. Allons, vous sortez d'ici, je l'espère, moins embarrassée qu'en y entrant.

— C'est qu'aussi, monsieur, je ne m'attendais pas à trouver en vous tant de bonté.

— Adieu donc, mon enfant, habituez-vous à me regarder comme votre lecteur et votre secrétaire. Ne dirait-on pas maintenant que nous nous connaissons depuis dix ans !

— C'est bien vrai, monsieur. Au revoir.

— Au revoir, mon enfant.

Mariette venait à peine de sortir de l'échoppe de l'écrivain public, qu'un facteur poussa la porte et dit cordialement au vieillard, en lui remettant une lettre :

— Tenez, père Richard, voici pour vous une lettre de Dreux. Je n'aurai pas ainsi la peine de la porter jusque chez vous, rue de Grenelle ; et vous l'aurez plus tôt.

— Une lettre de Dreux ! — dit vivement le vieillard en la prenant. — Merci, mon garçon. — Puis examinant l'écriture, il se dit : — C'est de Ramon ; que va-t-il m'apprendre ? que pense-t-il de mon fils ? Ah ! que vont devenir maintenant des projets depuis si longtemps formés entre moi et Ramon !

— Père Richard, c'est six sous, — dit le facteur en tirant [le] vieillard de sa rêverie.

— Six sous ! — s'écria l'écrivain public. — Diable ! elle n'est donc pas affranchie ?

— Voyez le timbre, père Richard.

— C'est vrai, — dit le vieillard en soupirant ; et tirant comme à regret de sa poche la pièce de dix sous qu'il venait de recevoir, il la remit au facteur.

Durant cet incident, Mariette s'était hâtée de retourner chez elle.

II.

Mariette, après avoir quitté le Charnier des Innocens, arriva bientôt dans cette sombre et triste rue nommée rue des Prêtres-Saint-Germain-l'Auxerrois, et entra dans l'une des dernières maisons qui font face aux noires murailles de l'église. Après avoir traversé une allée obscure, Mariette commença de gravir un escalier délabré non moins obscur que l'allée, car il ne recevait de jour que par une cour si étroite, qu'elle ressemblait à un puits carré.

La loge de la portière était située à quelques marches du palier du premier étage ; la jeune fille, s'arrêtant devant cette loge, dit à une femme qui s'y trouvait :

— Madame Justin, avez-vous eu la bonté de monter chez ma marraine voir si elle n'avait besoin de rien ?

— Oui, mademoiselle Mariette, je lui ai porté son lait ; mais elle est d'une humeur si massacrante, qu'elle m'a reçu comme un chien. Si ça n'avait été à cause de vous, je vous l'aurais foll'ment relevée du péché de paresse ?

— Hélas ! madame Justin, il faut avoir pitié d'elle : elle souffre tant !

— C'est ça vous l'excusez toujours, vous qui êtes son *patira*, mademoiselle Mariette ; ça prouve votre bon cœur, mais ça n'empêche pas que votre marraine soit méchante comme un âne rouge. Pauvre fille ! allez, on peut bien le dire, vous faites votre purgatoire d'avance, et s'il n'y avait pas de paradis, vous seriez volée.

— Adieu, madame Justin, je monte bien vite chez nous !

— Attendez donc un instant, j'ai là une lettre pour vous.

— Une lettre ? — s'écria Mariette en devenant toute rouge et sentant son cœur battre d'aise et d'espoir. — Une lettre de province ?

— Oui, mademoiselle, elle est timbrée de Dreux et coûte six sous. La voici. Il y a au coin de l'enveloppe : *Très pressé*.

Mariette prit vivement la lettre, la mit dans son sein ; puis, tirant sa petite bourse, elle y prit la dernière pièce de dix sous qui s'y trouvait, et paya la portière, qui lui rendit sa clef.

La jeune fille monta rapidement chez elle, à la fois heureuse, triste et inquiète ; heureuse d'avoir reçu une lettre de Louis, inquiète de la signification de ces mots : *Très pressé*, inscrits sur un coin de l'enveloppe, ainsi que l'avait dit la portière ; triste, enfin, parce qu'il lui faudrait attendre plusieurs heures peut-être avant de savoir ce que Louis lui écrivait, car elle craignait de s'absenter de nouveau après avoir laissé sa marraine si longtemps seule.

Mariette atteignit enfin le cinquième étage de cette maison délabrée, triste et empestée par les eaux d'immondices presque toujours croupissantes dans les plombs établis à chaque palier. Ce fut avec un grand battement de cœur que la jeune fille ouvrit la porte de la pauvre chambre lambrissée qu'elle occupait avec sa marraine. Celle-ci était couchée dans le seul lit que possédaient les deux femmes. Un mince matelas, alors roulé dans un coin et la nuit étendu sur le carreau, servait de coucher à Mariette ; une table à ouvrage, une vieille commode, deux chaises, quelques ustensiles de ménage accrochés au-dessus de la cheminée, située entre deux placards, tel était l'ameublement de ce logis, d'une extrême propreté cependant, et à peine éclairé par une petite fenêtre prenant jour sur la cour sombre et infecte !

Madame Lacombe (ainsi se nommait la malade) était une grande femme de cinquante ans environ, d'une maigreur et d'une pâleur effrayantes, d'une figure désagréable et dure ; un sourire amer, sardonique, causé par les longs ressentimens de la misère et de la douleur, contractait incessamment ses lèvres blafardes ; presque courbée en deux dans son lit, on ne voyait d'elle au dehors que son bras mutilé enveloppé de linges, et sa figure atrabilaire, coiffée d'un vieux bonnet d'où s'échappaient çà et là quelques longues mèches de cheveux gris.

Madame Lacombe semblait alors souffrante et courroucée ; ses yeux caves brillaient d'un feu sombre. Elle fit un effort pour se retourner dans son lit, afin de mieux regarder sa filleule, et elle s'écria d'une voix menaçante :

— D'où viens-tu ?

— Ma marraine, je...

— Coureuse !... Tu me laisses seule exprès, pour me faire damner, n'est-ce pas ?

— Je suis restée à peine une heure dehors, ma marraine.

— Et tu espérais me trouver morte de rage en arrivant, hein ?

— Oh ! mon Dieu, mon Dieu !

— Oui, va ! pleurniche. Je ne suis pas ta dupe. Tu as assez de moi, tu en as trop ! Le jour où l'on clouera ma bière, ça sera fête pour toi, et aussi pour moi, car c'est trop souffrir ! Non, — ajouta cette malheureuse en portant la main à sa poitrine et poussant un long et douloureux gémissement, — mort et passion ! C'est trop souffrir aussi !

Mariette essuya les larmes que lui arrachaient les sarcastiques duretés de la malade, s'approcha d'elle, et lui dit avec un accent de douceur angélique :

— Votre dernière nuit avait été si mauvaise que j'espérais que la journée serait bonne, et que vous auriez un peu dormi ce matin pendant mon absence.

— Que je souffre ou que je crève, qu'est-ce que ça te fait, pourvu que tu t'en ailles courir les rues !

— Je suis sortie un instant ce matin parce que cela était nécessaire, mais marraine, en m'en allant j'avais prié madame Justin de...

— J'aimerais autant voir la mort que cette créature-là... Aussi, quand tu le peux, tu me l'envoies. C'est toujours ça en attendant.

Mariette sourit avec une amertume navrante, ne répondit rien à ce nouveau sarcasme, et reprit doucement :

— Ma marraine, voulez-vous que je panse votre bras?

— Non, l'heure est passée ; tu l'as fait exprès.

— Je suis fâchée d'avoir été en retard, mais permettez-moi toujours de vous panser.

— Laisse-moi tranquille.

— Mais, ma marraine, la plaie s'aggravera.

— C'est ce que tu veux.

— Ma marraine, je vous en prie !

— Ne m'approche pas !

— J'attendrai, — dit la jeune fille en soupirant; puis elle reprit : — J'avais dit à madame Justin de vous monter votre lait ; le voilà. Voulez-vous que je le fasse chauffer ?

— Du lait, toujours du lait ! le cœur m'en soulève. Le médecin avait ordonné de me donner du bon bouillon fait avec de la bonne viande et une moitié de poule... Ah ! bien oui, j'en ai eu... lundi et mardi... et puis voilà... et nous sommes à dimanche.

— Ma marraine, ce n'est pas ma faute, le médecin ordonne... (1) mais il faut trouver l'argent pour suivre ses ordonnances, et si je gagne vingt sous par jour maintenant, c'est à grand'peine...

— Tu ne regardes pas à la dépense pour ta toilette.

Mariette secoua tristement la tête et répondit avec une résignation touchante :

— Vous l'avez vu, j'ai passé l'hiver avec cette robe d'indienne, ma marraine. J'économise tant que je peux, et nous devons deux termes.

— Ça veut dire que je te suis à charge, n'est-ce pas? Voilà les remercîmens ! Et je t'ai ramassée dans la rue, et je t'ai fait apprendre ton état ! Va... ingrate ! mauvais cœur !

— Non, ma marraine, je ne suis pas ingrate ! Quand vous êtes moins souffrante, vous me rendez plus de justice, — répondit Mariette contenant ses larmes. — Mais, je vous en prie, ne restez pas ainsi sans rien prendre, cela vous fera mal.

— Je le sais bien, j'ai des crampes d'estomac à n'y pas tenir !

(1) A propos des ordonnances de médecin, quelquefois en désaccord (quoique indispensables) avec les ressources des malades, nous avons conservé celle-ci, laissée à une pauvre femme de nos pays; elle était veuve, et allant au bois et à la bruyère toute la journée, elle pouvait à peine, vu sa faiblesse (causée par une lente décomposition du sang), gagner cinq à six sous par jour.

Voici l'ordonnance :

Prendre tous les matins, à jeun, une cuillerée de vin de Séguin (à 12 fr. la bouteille).

Déjeuner avec des œufs frais et une côtelette grillée. —

Prendre sur les deux heures un bon bouillon.

Diner avec un potage gras, une tranche de bœuf grillée et des légumes.

Boire à chaque repas un verre de vin pur.

Se garantir surtout du froid et de l'humidité; exercice modéré par le beau temps.

Cette ordonnance, que l'on prendrait pour une ironie cruelle, ne contenait cependant que les prescriptions indispensables, faute desquelles la pauvre créature devait périr dans un temps donné et très rapproché. (Eugène Sue.)

— Vous voyez. Tenez, prenez votre lait, je vous en prie, ma marraine.

— Va-t'en au diable avec ton lait ! tu m'impatientes.

— Voulez-vous que j'aille vous chercher deux œufs frais?

— Non.

— Ou que je vous fasse cuire un peu de riz au beurre ?

— Je veux du poulet.

— Ma marraine, c'est que...

— C'est que quoi?

— Je ne peux pas prendre un poulet à crédit.

— J'aurai assez d'un demi ou d'un quart. Tu avais ce matin vingt-sept sous dans ta bourse.

— C'est vrai, ma marraine.

— Alors, va m'acheter un quart de poulet chez le rôtisseur.

— Ma marraine, c'est que cet argent...

— Cet argent?

— Je ne l'ai plus. Il ne me reste que quelques sous.

— Et tes deux pièces de dix sous?

— Ma marraine...

— Répondras-tu? Tes deux pièces dix sous, où sont-elles ?

— Je... je ne sais, — répondit la pauvre fille en rougissant et se reprochant la dépense de sa correspondance avec Louis. — Ces petites pièces auront glissé de ma bourse, et je ne les ai pas retrouvées.

— Tu mens, tu rougis.

— Je vous assure...

— C'est ça, — dit la malade avec un ricanement sardonique; — pendant que je suis à râler de besoin sur mon grabat, elle aura été goinfrer des gâteaux!

— Moi, mon Dieu !

— Va-t'en ! sors d'ici ! laisse-moi crever de faim si tu veux, mais que je ne te voie pas !

Et cette malheureuse, poussée à bout par l'âcre ressentiment de la souffrance et d'un malheur acharné, ajouta avec un éclat de rire d'une ironie sinistre :

— Tu tiens bien à me le faire boire ce lait ! Il y a peut-être quelque chose dedans, je te suis si à charge !

A cette accusation, encore, plus insensée qu'elle n'était atroce, Mariette resta un moment interdite, car elle ne comprit pas tout d'abord le sens de ces horribles paroles; mais lorsqu'elle l'eut compris, elle se recula en joignant les mains avec effroi; puis, ne pouvant retenir ses sanglots et cédant à un mouvement irrésistible, elle se jeta au cou de la malade, l'enlaça de ses bras, et la couvrit de larmes, de baisers en murmurant d'une voix déchirante :

— Oh ! marraine ! marraine !

Cette protestation navrante contre une accusation qui ne pouvait naître que d'un cerveau délirant, rappela heureusement, la malade à la raison ; son cœur ulcéré, corrodé, se détendit un peu, et, ainsi que cela lui arrivait parfois, elle eut conscience de son affreuse injustice, en sentant ruisseler sur ses joues fiévreuses les larmes de sa filleule.

Madame Lacombe prit alors une des mains de Mariette dans la sienne, et, de son bras mutilé, tâcha de presser la jeune fille contre sa poitrine, en lui disant d'une voix émue :

— Allons, petite, ne pleure pas; es-tu bête ! tu ne vois pas que je disais ça en riant ?

En riant ! lugubre plaisanterie, digne, hélas ! de cette sombre misère.

— C'est vrai, marraine, — reprit Mariette en essuyant du revers de sa main ses yeux et ses joues baignés de pleurs, — c'est vrai, j'ai eu tort de croire que vous parliez sérieusement, mais ça été plus fort que moi.

— Que veux-tu, il faut avoir pitié de cette pauvre marraine, ma petite Mariette, — reprit la malade avec un morne accablement. — A force de souffrir, vois-tu, la poche au fiel aura crevé, et j'ai le cœur comme la bouche, amer, amer !

— Je sais bien que c'est malgré vous que vous vous emportez quelquefois, marraine. Dame ! c'est si facile d'être toujours juste et content quand on est heureux ; tandis que vous, vous ne l'avez guère été, heureuse.

— C'est vrai, — dit la malade en éprouvant une sorte de satisfaction cruelle à justifier son caractère atrabilaire par l'énumération de ses griefs contre une implacable destinée ; — c'est vrai, il y a beaucoup de sorts comme le mien, mais il n'y en a pas de pires. Battue en apprentissage, battue par mon mari jusqu'à ce qu'il se soit noyé étant soûl, devenue *poumonique*, et estropiée dans mon état, je traîne mon boulet depuis cinquante ans, et bien malin serait celui qui pourrait me dire : « Femme Lacombe, vous avez été au moins une fois heureuse, là, ce qui s'appelle heureuse, pendant un jour, un seul jour de votre chienne de vie. » C'est pourtant vrai, ça, ma petite Mariette, j'ai eu, comme on dit, *une vie sans dimanches*, quand il y en a tant d'autres pour qui chaque jour est un dimanche.

— Pauvre marraine, je ne comprends que trop bien ce que vous avez dû souffrir, allez !

— Non ! petite, non, tu ne peux pas comprendre cela, quoique tu aies déjà bien connu la peine avec tes dix-huit ans ! mais au moins, toi, tu es gentille, et quand tu as un bonnet blanc et frais, avec un bout de ruban rose sur tes cheveux blonds, et que tu vois dans ton miroir ta jolie mine, tu as de petits momens de contentement.

— Marraine, écoutez, je...

— Je te dis que si, moi ; ça contente toujours, sois franche, petite ; avoue que tu es toute aise, et un peu *fiérotte* quand on se retourne pour te regarder, malgré ta mauvaise robe de deux sous et tes gros souliers lacés ?

— Oh ! pour ça, marraine, dès que je m'aperçois qu'on me regarde, ça me rend toute honteuse. Tenez, quand j'allais à l'atelier, il venait un monsieur qui me regardait toujours en venant parler à madame Jourdan ; ça m'impatientait à mourir.

Oui—, mais au fond ça contente, et quand tu seras vieille, tu te souviendras du temps jadis ; tu auras du moins comme quelque chose qui reluira dans ta jeunesse, tandis que moi, je ne vois que du noir, et je ne sais plus seulement si j'ai été jeune, mais pour laide, j'en suis sûre.

— Oh ! marraine !

— Si laide que j'en prenais les miroirs en grippe ; aussi je n'ai pu trouver pour mari qu'un vieil ivrogne qui me rouait de coups, et je n'ai pas même eu la chance de me réjouir de sa mort, car il m'a fallu payer ses dettes de cabaret ; enfin, comme je suis née coiffée, je suis devenue estropiée, incapable de travailler, je mourais de faim si je ne t'avais pas eue.

— Allons, marraine, vous n'êtes pas juste, —dit Mariette avec un tendre sourire, voulant dissiper la noire humeur de madame Lacombe ;—vous avez, à ma connaissance, eu du moins un jour heureux dans votre vie.

— Lequel donc ?

— Quand, après la mort de maman, votre voisine, us m'avez prise avec vous par charité.

— Eh bien ?...

— Est-ce que cette bonne action ne vous a pas satisfaite ? Est-ce que ça n'a pas été, au moins pour vous, un jour heureux que celui-là, marraine ?

— Si tu appelles ça un jour heureux... merci !

— Comment ?

— Dis donc que ça a été un de mes jours pires, au contraire.

— Ah ! marraine ! — dit tristement la jeune fille.

— Pardi ! mon ivrogne de mari était mort, et une fois ses dettes payées, je n'avais plus de soucis que pour moi ; mais en me chargeant de toi, petite, c'est comme si je m'étais trouvée veuve avec un enfant sur les bras ; et tu crois que c'est gai, toi, pour une femme qui déjà se suffit à peine à elle-même ? Mais tu étais si gentille, avec ta petite tête frisée et tes yeux bleus, tu avais l'air si triste agenouillée devant le corbillard de ta mère, que je n'ai pas eu le

courage de te laisser aller aux enfans trouvés. Aussi quelle mauvaise nuit j'ai passé en me demandant ce que je ferais de toi, ce que tu deviendrais, si le travail venait à me manquer ! Tiens, vois-tu, Mariette, j'aurais été ta mère, que je n'aurais pas été plus tourmentée ; et tu appelles ça un jour heureux pour moi ! Non, non ! Si j'avais été dans l'aisance, à la bonne heure ! j'aurais dit : Le sort de cette petite est assuré ; et c'est là une chose qui vous contente ; mais te faire seulement changer de misère, il n'y a pas là de quoi être gaie.

— Pauvre marraine ! — dit la jeune fille profondément attendrie ; puis souriant dans ses larmes, et voulant tâcher de rendre un peu de calme à cette âme si ulcérée, elle reprit :

— Eh bien, marraine, ne parlons pas de jours, mais seulement de momens, car moi, je veux vous trouver absolument en flagrant délit de bonheur, en ce moment par exemple.

— En ce moment?...

— Vous êtes, j'en suis sûre, contente de ne plus me voir pleurer de chagrin comme tout à l'heure, et cela, marraine, grâce aux bonnes paroles que vous me dîtes.

La malade secoua tristement la tête.

— Quand mon humeur acariâtre s'apaise un peu, comme maintenant, sais-tu à quoi je pense?

— A quoi, marraine?

— Je me dis : Mariette est une bonne petite fille, c'est vrai, mais je suis presque toujours si dure, si injuste pour elle, qu'au fond elle doit me détester, et je le mérite.

— Allons, marraine, —dit douloureusement la jeune fille, —voilà que vous revenez à vos mauvaises pensées de tout à l'heure.

— Avoue que je ne me trompe pas ? Eh ! mon Dieu ! je ne te dis pas cela pour te gronder ! Tu as raison. Tu te tues de travail pour moi, tu me nourris, tu me sers, et le plus souvent je te paye en duretés... Va, pauvre petite, ma mort sera pour toi un bon débarras, et mieux vaut que l'homme à la bière vienne plus tôt que plus tard.

— Vous l'avez dit tout à l'heure, marraine : quand vous parliez de choses si vilaines et si tristes, c'est une plaisanterie, et je les prends ainsi,—repartit Mariette en tâchant encore de sourire, bien qu'elle sentît de nouveau son cœur se briser en voyant la malade sur le point de retomber dans ses noires extravagances ; mais celle-ci, touchée de l'expression d'angoisse qu'elle remarqua de nouveau sur les traits de sa filleule, lui dit :

— Puisque je plaisante, petite, ne prends donc pas un air si chagrin ; voyons, allume le réchaud, fais-moi une soupe au lait, et pendant qu'elle chauffera, tu panseras mon bras.

Mariette fut aussi contente de ces ordres de sa marraine que si elle lui eût dit les meilleures paroles ; elle se hâta de prendre sur une planche du placard le seul morceau de pain qui restât céans, l'éminça dans un poêlon rempli de lait, alluma le réchaud, le porta sur le palier, et revint auprès de la malade. Celle-ci lui tendit alors son bras mutilé, qui, malgré la répugnance que devait inspirer une plaie putride, fut pansé par Mariette avec autant de patience que de dextérité.

La résignation de la jeune fille, son dévouement, ses prévenances, ses soins empressés, émurent de nouveau le cœur de madame Lacombe ; le pansement terminé, elle dit à sa filleule sans pouvoir s'empêcher de joindre au témoignage de sa reconnaissance une comparaison amère :

— On vante les sœurs de charité, il n'y en a pas une qui mérite la moitié autant que toi, petite.

— Ah ! marraine, ne dites pas cela.

— Est-ce que la plupart ne sont pas comme nous des enfans de misère ?

— Mais les bonnes sœurs se dévouent à soigner des étrangers, marraine, tandis que vous êtes pour moi comme une mère. Je fais mon devoir, j'ai donc moins de mérite qu'elles.

— Oui, pauvre Mariette, parles-en de ma tendresse pour

toi ; elle est belle ! Tout à l'heure encore, je t'ai fait fondre en larmes, et sans doute je recommencerai demain.

Mariette, afin de s'épargner le chagrin de répondre aux amères paroles de sa marraine, alla chercher la soupe au lait, qu'elle apporta fumante après avoir éteint le réchaud.

La malade mangea cette soupe avec assez d'appétit ; à la dernière cuillerée, elle dit à Mariette :

— Mais j'y songe, petite, et toi ?

— Oh ! moi, marraine, j'ai déjeuné, — répondit la pauvre menteuse. — Ce matin j'ai acheté un petit pain de seigle que j'ai mangé tout en marchant. Mais laissez-moi arranger votre oreiller ; vous pourrez peut-être dormir un peu ; vous avez passé une si mauvaise nuit !

— Tu le sais bien ; tu as toujours été sur pied.

— Bah ! je ne suis pas très dormeuse, moi, marraine, et la veille ne me fatigue pas. Allons, vous trouvez-vous mieux couchée ainsi ?

— Oui... Merci, petite.

— Alors je vais prendre mon ouvrage et me mettre auprès de la fenêtre. Il fait si sombre ici, et j'ai un ouvrage si vétilleux !

— Qu'est-ce que tu couds donc là ?

— Oh ! une pièce magnifique, marraine, une chemise de batiste superfine. Madame Jourdan m'a confié, en me recommandant bien de ne pas la perdre, cette superbe garniture de valenciennes, qui vaut à elle seule 200 fr., ce qui mettra chaque chemise à 300 fr. pièce au moins, et il y en a deux douzaines à faire. Il paraît que c'est pour une demoiselle entretenue, — ajouta naïvement Mariette.

La malade partit d'un éclat de rire sardonique.

— Qu'avez-vous, marraine ? — dit la jeune fille assez surprise.

— Une drôle d'idée.

— Ah ! — dit Mariette non sans appréhension, car elle connaissait le caractère habituel des *plaisanteries* de madame Lacombe, — et quelle idée avez-vous, marraine ?

— Je me demande à quoi ça sert qu'il y ait sur terre tant de pauvre monde qui comme toi et moi ne connaissent dans la vie que peine et misère ; le sais-tu, petite, à quoi ça sert ?

— Dame, marraine, que voulez-vous que je vous dise ?

— Ça sert à ce qu'une honnête fille comme toi, qui n'a que deux ou trois mauvaises chemises de calicot rapiécées à se mettre sur le corps, gagne vingt sous par jour à coudre des chemises de trois cents francs pour... ! Bon courage à l'ouvrage, petite ! je vas tâcher de rêver cimetière par là-dessus !

Et la malade se retourna du côté de la ruelle, et ne dit plus rien.

Heureusement, Mariette avait le cœur trop pur et était trop préoccupée pour sentir la désespérante amertume des derniers sarcasmes de sa marraine ; et pendant que celle-ci était tournée du côté de la muraille, la jeune fille tira de son sein la lettre *très pressée* que la portière lui avait remise, et, tout en continuant de travailler, elle posa cette lettre sur ses genoux et à l'abri des regards de la malade.

III.

Mariette s'aperçut bientôt que sa marraine s'était endormie. Suspendant alors un instant son travail, la jeune fille, qui jusqu'alors avait couvé du regard la lettre de Louis Richard (dit fils de l'écrivain public), lettre posée sur ses genoux, la décacheta et l'ouvrit. Vaine et puérile curiosité ! car, nous l'avons dit, la pauvre ouvrière ne savait pas lire. Aussi, rien n'était à la fois plus touchant et plus pénible que de voir la jeune fille contempler avec un vif battement de cœur ces caractères pour elle incompréhensibles ; elle remarqua seulement, avec un mélange d'inquiétude et d'espoir, que la lettre était très courte.

Cette lettre si courte et si *pressée*, ainsi que le marquait l'annotation visible à un coin de l'enveloppe, annonçait-elle une bonne ou une mauvaise nouvelle ?

Mariette, les yeux fixés sur le mystérieux écrit, se perdait en conjectures, songeant qu'évidemment une lettre si brève, après une assez longue séparation, annonçait quelque chose d'inattendu : soit un prochain retour, car si Louis devait arriver presque en même temps que sa lettre, il n'aurait pas eu besoin d'écrire ; soit une mauvaise nouvelle imprévue qui ne laissait pas à Louis le temps de s'expliquer longuement.

Ces poignantes perplexités firent éprouver à Mariette un des mille tourments auxquels sont exposés les infortunés que le malheur ou l'abandon déshérite d'une éducation première. Tenir là, dans sa main, sous ses yeux, quelques lignes qui vous apportent la joie ou la douleur, et ne pouvoir pénétrer ce secret ! être obligée d'aller demander à un étranger de lire ces lignes et de recevoir de sa bouche au moins indifférente l'annonce d'une nouvelle à laquelle votre vie est pour ainsi dire suspendue !

Telles étaient les réflexions de Mariette. Ses angoisses atteignirent bientôt à leur comble ; aussi, voyant sa marraine continuer de dormir, elle résolut, au risque d'être cruellement traitée à son retour (les bons moments de madame Lacombe étaient rares), elle résolut de courir chez l'écrivain public. La jeune ouvrière se leva de sa chaise avec précaution afin de ne pas éveiller la malade ; mais au moment où elle s'approcha de la porte en marchant sur la pointe du pied, elle fut soudain arrêtée par une pensée désolante.

Elle ne pouvait faire lire sa lettre à l'écrivain public sans lui demander d'y répondre, réponse peut-être imposée par le contenu de la lettre de Louis ; il faudrait donc encore payer le vieillard, et Mariette ne possédait plus que ce qu'il lui fallait pour acheter le pain de la journée, car, pour solder comptant, le boulanger, déjà créancier d'une vingtaine de francs, refusant d'ouvrir un nouveau crédit. Mariette avait touché la veille *sa semaine*, ne montant qu'à cinq francs, les soins qu'elle donnait à sa marraine absorbant une partie de son temps. La plus grande partie de cette modique somme avait été employée à rembourser la portière de quelques avances, et à donner un à-compte sur le blanchissage ; il n'était resté à Mariette que vingt-cinq sous, sur lesquels elle avait déjà prélevé les frais de sa correspondance avec Louis.

En présence des besoins de sa marraine, et de sa position déjà si obérée, la pauvre enfant se reprochait cette dépense épistolaire comme une prodigalité coupable.

L'on sourira peut-être de pitié à la peinture de ces angoisses navrantes, de ces cruelles récriminations contre soi-même à propos de deux ou trois pièces de 50 centimes... Hélas ! il n'est pas de petite somme pour le malheureux ; une augmentation de dix sous sur son salaire lui permettrait souvent de soutenir son existence au lieu de mourir un peu chaque jour et de sentir sa vie s'épuiser, se tarir dans une sorte d'agonie vivante, état moyen entre la maladie et la santé, qui conduit prématurément tant de gens au tombeau.

Mariette, afin de s'épargner un surcroît de dépense, songea d'abord à faire lire la lettre de Louis par la portière ; mais craignant le bavardage et peut-être les railleries de cette femme, dans sa délicate susceptibilité, la jeune fille s'effraya, et elle préféra accomplir un pénible sacrifice. Il lui restait une robe d'une jolie étoffe qu'elle avait achetée au Temple et refaite à sa taille ; elle la conservait, ainsi qu'on dit, pour *les grands jours ;* deux ou trois fois seulement elle l'avait portée pour se faire belle et sortir avec Louis. Mariette mit en soupirant sa jolie robe dans un petit cabas de paille, y joignit un fichu de soie, afin de porter le tout au mont-de-piété. Tenant d'une main son petit paquet, et marchant légèrement, afin de ne pas troubler le sommeil de sa marraine, la jeune ouvrière atteignait la porte, lorsque madame Lacombe fit un mouvement et, s'éveillant à demi, murmura :

— Allons !… elle sort encore !… et…

Mais elle n'acheva pas, et retomba dans son assoupissement.

Mariette, profitant de cette circonstance, resta un moment immobile et muette, puis ouvrant la porte avec la plus grande précaution, elle sortit, retira la clef, qu'elle déposa en passant chez la portière, et se rendit en hâte au mont-de-piété. On lui prêta cinquante sous sur sa robe et son fichu. Munie de cette somme, Mariette courut au Charnier des Innocens, afin d'y retrouver l'écrivain public.

Depuis le départ de Mariette, et surtout depuis qu'il avait pris connaissance de la lettre que son fils lui avait écrite de Dreux dans la matinée, le vieillard réfléchissait avec une anxiété croissante aux entraves que pouvait apporter à ses projet le secret que le hasard lui avait fait découvrir lors de son entrevue avec la jeune fille. Soudain, il la vit paraître de nouveau à la porte de son échoppe. Ne cachant pas sa surprise, mais dissimulant les vagues inquiétudes que lui causait le retour subit de sa cliente, l'écrivain lui dit :

— Qu'y a-t-il, mon enfant ? Je ne m'attendais pas à vous revoir sitôt ?

— Monsieur, — répondit Mariette en tirant de son sein la lettre qu'elle avait reçue, — voici un mot de M. Louis ; je viens vous prier de me le lire, et d'y répondre si cela est nécessaire.

Et la jeune ouvrière, palpitant d'inquiétude et de curiosité, attendit la lecture des quelques lignes de Louis. L'écrivain public, qu'elle ne quittait pas du regard, lut en un instant cette courte missive, cacha difficilement la contrariété qu'elle lui fit éprouver ; puis, soudain, feignant un douloureux étonnement, il déchira la lettre, à la grande stupeur de Mariette, et s'écria :

— Ah ! pauvre enfant !

Et il jeta les morceaux de la lettre sous son bureau après les avoir froissés entre ses mains.

— Monsieur, — dit Mariette en pâlissant, — que faites-vous ?

— Ah ! pauvre enfant ! — répéta le vieillard d'un air consterné.

— Oh ! mon Dieu ! — murmura la jeune fille en joignant les mains, — il est arrivé malheur à M. Louis !

— Non, mon enfant, non ; mais ce que vous pouvez faire de mieux, c'est de l'oublier.

— L'oublier !

— Oui, croyez-moi, renoncez à de trop chères espérances.

— Comment ! M. Louis… Que luiest-il donc arrivé, mon Dieu !

— Tenez, ma pauvre enfant, c'est quelque chose de bien triste que l'ignorance, et cependant, en cette occasion, je vous plaindrais de savoir lire.

— Mais, monsieur, qu'y a-t-il dans cette lettre ?

— Il ne faut plus songer à un mariage désormais impossible.

— M. Louis m'écrit cela ?

— Oui, en faisant appel à la générosité, à la délicatesse de votre cœur.

— M. Louis me dit de renoncer à lui, et qu'il renonce à moi ?

— Hélas ! oui, pauvre enfant ! Allons, du courage, de la résignation !

Mariette devint pâle comme une morte, garda un moment le silence, pendant que de grosses larmes coulaient de ses yeux ; puis, se baissant soudain, elle ramassa les morceaux lacérés de la lettre, les remit à l'écrivain, et lui dit d'une voix altérée :

— Monsieur, j'aurai le courage de tout entendre : rajustez ces morceaux ; j'écoute.

— Mon enfant, croyez-moi, n'insistez pas, je vous en supplie !

— Monsieur, lisez ! par grâce, lisez !

— Mais…

— Ignorer ce que dit cette lettre, si pénible qu'elle me soit à entendre… ah ! tenez, monsieur, ce serait à en mourir !

— Je vous ai fait connaître le sens de ces lignes ; épargnez-vous un nouveau coup.

— Monsieur, ayez pitié de moi ! Si, comme vous me l'avez dit, je vous inspire quelque intérêt, lisez ! au nom du ciel, lisez ! Que je sache au moins toute l'étendue de mon malheur. Et puis il y aura peut-être une ligne, un mot de consolation.

— Allons, pauvre enfant, puisque vous l'exigez, — dit le vieillard en rajustant les morceaux à côté les uns des autres, pendant que Mariette, anéantie, les traits bouleversés, attachait un regard fixe et désolé sur l'écrivain public, — écoutez donc cette lettre.

Et il lut :

« Ma chère Mariette,

» Je vous écris en hâte quelques mots ; j'ai la mort
» dans l'âme. Il faut renoncer à nos projets ; il s'agit pour
» moi d'assurer à mon père l'aisance et le repos pour ses
» vieux jours. Vous savez si j'aime mon père. J'ai donné
» parole. Nous ne pouvons plus nous voir.

» Une dernière prière : je l'adresse à la délicatesse, à la
» générosité de votre cœur ; ne tentez pas de me revoir ou
» de changer ma résolution. Il me faudrait opter entre
» mon père et vous ; peut-être, en vous revoyant, n'au-
» rais-je plus le courage d'accomplir mon devoir de fils.
» Le sort de l'avenir de mon père est donc entre vos
» mains. Je compte sur la générosité de votre cœur.
» Adieu ! la douleur me fait tomber la plume des mains.

» Encore adieu, et pour toujours adieu !

» Louis. »

Tant que dura la lecture de ce billet, Mariette aurait pu offrir à un peintre le triste modèle de la douleur : debout et immobile auprès du bureau de l'écrivain, les bras pendans, les mains jointes et les doigts entrelacés, muette, les lèvres agitées d'un tremblement convulsif, les yeux baissés et noyés de larmes qui coulaient sur ses joues, la pauvre créature écoutait encore, quoique le vieillard eût terminé sa lecture.

Le premier il rompit le silence, et dit :

— J'étais bien certain, mon enfant, que cette lettre vous ferait un mal affreux.

Mariette ne répondit rien.

— Mon enfant, — reprit le père Richard, — ne tremblez pas ainsi ; asseyez-vous. Tenez, buvez un peu d'eau fraîche.

Mariette n'entendit pas : le regard toujours fixe et baigné de pleurs, elle murmura à mi-voix, avec une expression déchirante :

— Allons, c'est fini ! rien, plus rien au monde !… C'était trop heureux ! Ah ! je suis comme ma marraine : le bonheur n'est pas fait pour moi !

Puis, elle ajouta avec un sanglot étouffé et un accent impossible à rendre :

— Enfin !

— Mon enfant, — reprit le vieillard, involontairement ému de ce morne désespoir, — de grâce, remettez-vous.

Ces paroles rappelèrent la jeune fille à elle-même ; elle essuya ses yeux, et dit à l'écrivain d'une voix qu'elle tâcha de rendre assurée :

— Merci, monsieur.

Puis elle ramassa lentement sur la table les morceaux de la lettre lacérée.

— Que faites-vous ? — dit le père Richard avec inquiétude. — A quoi bon conserver ces débris qui ne vous rappelleront que trop de douloureux souvenirs ?

— La tombe de quelqu'un que l'on a bien aimé rappelle aussi de douloureux et chers souvenirs, — répondit Mariette avec un sourire navrant, — et pourtant on ne la délaisse pas, cette tombe !

Et après avoir réuni les morceaux de papier dans l'enveloppe, Mariette la mit dans son sein, et, croisant son petit châle, elle se disposa à sortir en disant au vieillard :

— Je vous remercie de votre complaisance, monsieur.

— Et, par un scrupule plein de délicatesse, elle ajouta timidement : — Quoiqu'il n'y ait pas eu de réponse à écrire à cette lettre, monsieur, je dois, après la peine que je vous ai prise, vous offrir...

— Ce sera donc dix sous, comme pour une lettre, — dit le vieillard en interrompant Mariette ; et, sans hésiter le moins du monde pour accepter cette rémunération, il la reçut, l'empochant avec une sorte de sensualité, malgré les émotions diverses dont il était agité depuis le retour de la jeune fille.

— Allons, mon enfant, au revoir, — dit-il, — et ce sera, je l'espère, dans des circonstances moins tristes.

— Que Dieu vous entende, monsieur ! — répondit Mariette.

Elle s'éloigna lentement, tandis que le père Richard, très empressé de retourner chez lui, fermait les volets de son échoppe, terminant ainsi sa journée plus tôt que de coutume.

Mariette, en proie aux plus poignantes, aux plus noires idées, marcha machinalement devant elle, sans se rendre compte du chemin qu'elle suivait. Elle arriva ainsi aux environs du pont au Change.

A l'aspect de la rivière, la jeune fille tressaillit comme on s'éveille en sursaut d'un rêve, et murmura :

— C'est mon mauvais sort qui m'a amenée ici !

Et traversant rapidement le trottoir, elle s'accouda au parapet, contemplant d'un œil fixe les eaux rapides du fleuve.

Peu à peu Mariette subit cette sorte de fascination étrange que cause l'attraction de l'abîme. A mesure que son regard suivait le courant, elle se sentait prise d'une sorte de vertige. Toujours accoudée au parapet, sa tête entre ses deux mains, elle se penchait de plus en plus au-dessus de la rivière.

— Là est pourtant l'oubli de tous les chagrins ! — se disait cette malheureuse enfant ; — là est un refuge assuré contre toutes les misères, contre la crainte de la faim, de la maladie, ou d'une vieillesse malheureuse, malheureuse comme celle de ma marraine... Ma marraine ! mais sans moi qu'est-ce qu'elle va devenir ?

A ce moment Mariette se sentit saisie fortement par le bras, et entendit une voix lui dire d'un ton effrayé :

— Prenez donc garde, ma petite, vous allez tomber dans la rivière !

La jeune fille frémit, se redressa, jeta les yeux autour d'elle d'un air hagard, et vit une grosse femme, d'une bonne et honnête figure, qui reprit affectueusement :

— Savez-vous que vous êtes bien imprudente au moins, ma petite, de vous pencher ainsi sur le parapet. J'ai vu le moment où vos pieds allaient quitter terre.

— C'est que je ne faisais pas attention, madame ; je vous remercie.

— Mais il faut faire attention, ma petite. Oh ! mon Dieu ! comme vous êtes pâle ! est-ce que vous vous sentez mal ?

— Non, madame... un peu de faiblesse seulement, — dit Mariette, qui éprouvait une sorte d'étourdissement douloureux ; — ce ne sera rien.

— Appuyez-vous sur moi. Vous relevez sans doute de maladie ?..

— Oui, oui, madame, — ajouta Mariette en passant ses mains sur son front. — Où suis-je, s'il vous plaît ?

— Entre le pont Neuf et le pont au Change, ma petite. Vous êtes étrangère à Paris, peut-être ?

— Non, madame, mais tout à l'heure j'ai eu une espèce d'étourdissement. Maintenant cela passe, et je me reconnais.

— Vous ne voulez pas que je vous accompagne, mon enfant ? — dit cordialement la grosse femme. — Vous tremblez de tout votre corps. Voyons, prenez mon bras.

— Je vous remercie, madame, je demeure tout près d'ici.

— Ça aurait été tout à votre service, ma petite. Allons, bon courage !

Et l'obligeante femme poursuivit sa route.

Mariette, revenue tout à fait à elle, n'en ressentit que plus amèrement son horrible chagrin, auquel se joignait la crainte d'être brutalement reçue par sa marraine, alors que la pauvre enfant aurait eu tant besoin de consolation, ou du moins de cet isolement, de ce calme morne où parfois la douleur s'engourdit.

Désirant conjurer les durs reproches que la prolongation de son absence pouvait lui attirer, et se rappelant le désir exprimé le matin par sa marraine *de manger du poulet*, Mariette espéra se faire pardonner sa sortie en satisfaisant au caprice de la malade, et, riche de ce qui lui restait des cinquante sous qu'on lui avait prêtés au mont-de-piété, elle entra chez un rôtisseur, acheta un quart de poulet, deux petits pains blancs chez un boulanger, et se hâta de rentrer au logis.

Un cabriolet assez élégant était arrêté à la porte de la maison où demeurait Mariette ; elle ne remarqua pas d'abord cette circonstance, et s'arrêta chez la portière pour lui demander sa clef.

— Votre clef, mademoiselle Mariette ?—lui dit madame Justin ;— je ne l'ai pas : ce monsieur vient de la prendre à l'instant.

— Quel monsieur ?

— Un monsieur décoré. Oh ! oui, on peut dire qu'il est décoré celui-là : un ruban de deux pouces qui vous fait les cornes ! Je n'ai vu personne d'aussi décoré que ça !

— Mais,—dit la jeune fille très surprise,—je ne connais pas de monsieur décoré ; il se sera sans doute trompé !

— Oh ! non, ma fille, il m'a demandé si c'était ici que demeurait une femme Lacombe, une estropiée qui habitait avec sa filleule, couturière de son état ; vous voyez bien qu'il n'y a pas d'erreur.

— Vous n'avez donc pas dit à ce monsieur que ma marraine était malade et ne pouvait voir personne ?

— Si, ma petite, mais il m'a répondu qu'il voulait lui parler tout de même, et qu'il venait pour une affaire très importante et très pressée ; alors moi, je lui ai donné la clef, et je l'ai laissé monter seul, ne me souciant pas d'être rudoyée par votre marraine.

— Je vais voir ce que c'est, madame Justin, — dit Mariette.

Et, de plus en plus étonnée, elle atteignit le palier du cinquième étage.

Là elle s'aperçut que l'étranger avait laissé la porte entr'ouverte, et ces mots arrivèrent jusqu'à elle :

— Puisque votre filleule est sortie, ma brave femme, cela se trouve à merveille, je vais donc m'expliquer clairement.

Mariette, au lieu d'entrer, céda à un sentiment de curiosité involontaire, et restant sur le palier, elle écouta l'entretien de sa marraine et de l'étranger.

IV.

Pendant que Mariette écoutait à la porte de la chambre où sa marraine s'entretenait avec un étranger, voici ce qui se disait et ce qui se passait dans cette chambre.

L'étranger, homme de quarante-cinq ans environ, d'une figure assez régulière, mais flétrie, creusée par les excès, portait de longues moustaches qu'un cosmétique quelconque rendait d'un noir aussi luisant et aussi cru que celui de sa chevelure artistement frisée, qui évidemment devait aussi à l'art son ébène menteur. La physionomie de cet homme offrait un mélange de fausseté, de ruse et d'impertinence. Il avait de gros pieds, de grosses mains, et malgré ses visibles prétentions, on voyait qu'il était de ces gens vulgaires destinés non pas à imiter, mais à parodier la véritable élégance. Vêtu avec une recherche de mauvais goût, ayant un large ruban rouge noué au revers de sa redingote, il affectait aussi de se donner une tournure militaire. Conservant son chapeau sur la tête, il s'était assis à quelque distance du lit de la malade, et, tout en causant avec elle, il mordillait la pomme d'une petite canne enrichie de pierres fines.

Madame Lacombe, déjà revenue à ses habitudes atrabilaires et sardoniques, regardait l'étranger avec autant de surprise que de méfiance, et, en attendant qu'il s'expliquât, elle commençait à ressentir à son égard une certaine aversion, causée par l'air insolent et protecteur de ce personnage.

— Puisque votre filleule est sortie, ma brave femme,— avait dit l'étranger à la malade, — cela se trouve à merveille, et je vais m'expliquer clairement.

C'est à ce moment que Mariette, arrivant sur le palier et trouvant la porte entrebâillée, s'était arrêtée pour écouter. La jeune fille entendit donc l'entretien suivant :

— Monsieur, reprit la malade d'un ton revêche, vous m'avez demandé si j'étais la femme Lacombe, marraine de Mariette Moreau; je vous ai répondu que oui. Maintenant, qu'est-ce que vous me voulez? Expliquez-vous ?

— D'abord, ma brave femme...

— Je m'appelle madame Lacombe !

— Diable ! Eh bien donc, madame Lacombe, — reprit l'étranger avec un accent de déférence moqueuse, — je dois vous dire d'abord qui je suis; je vous dirai ensuite ce que je veux.

— Voyons.

— Je me nomme le commandant de la Miraudière. — Puis effleurant du doigt son ruban rouge, il ajouta : — Ancien militaire, comme vous voyez, dix campagnes, cinq blessures.

— Ça m'est égal. Après?

— J'ai les plus belles connaissances de Paris, des ducs, des comtes, des marquis.

— Qu'est-ce que ça me fait, à moi ?

— J'ai cabriolet, et je dépense au moins vingt mille francs par an.

— Pendant que moi et ma filleule nous crevons à moitié de faim avec nos vingt sous par jour, quand elle peut les gagner encore ! — dit amèrement la malade. — Voilà la justice du monde, pourtant !

— Non ! ce n'est pas juste, ma brave maman Lacombe ! — s'écria le commandant de la Miraudière.—Non ! cela n'est pas juste ! et je viens ici pour faire cesser cette injustice.

— Si c'est pour vous moquer de moi que vous êtes monté,—reprit la malade d'un air sombre et courroucé,—laissez-moi tranquille !

— Me moquer de vous, maman Lacombe, moi ! Tenez, jugez-en d'après ce que je viens vous offrir. Voulez-vous une belle chambre dans un joli appartement, une bonne pour vous servir, deux fins repas par jour, le café le matin, et cinquante francs par mois pour votre tabac, si vous prisez, ou pour vos petites fantaisies, si vous ne prisez pas, maman Lacombe? Hein ! qu'est-ce que vous dites de ça ?

— Je dis... je dis... que ça c'est des menteries... ou bien qu'il y a quelque chose là-dessous. Quand on offre tant de choses à une pauvre vieille femme estropiée, ce n'est pas pour l'amour de Dieu, bien sûr !

— Non, maman Lacombe, mais pour l'amour de deux beaux yeux.

— Quels beaux yeux ?

— Ceux de votre filleule, maman Lacombe,—répondit cyniquement le commandant de la Miraudière. — Il n'y a pas besoin d'aller par quatre chemins.

La malade fit un mouvement de surprise, ne répondit rien, jeta d'abord un regard pénétrant sur l'étranger, et reprit :

— Vous connaissez donc Mariette ?

— J'ai été plusieurs fois faire des commandes de linge chez madame Jourdan, car j'aime fort le beau linge, moi,

—ajouta cet homme en jetant un regard complaisant sur les plis brodés de sa chemise.—J'ai donc vu souvent votre filleule au magasin ; je l'ai trouvée charmante, adorable, et...

— Et vous venez me l'acheter !

— Bravo ! maman Lacombe ; vous êtes, je le vois, femme d'esprit et de bon sens ; vous comprenez pardieu les choses à demi-mot. Voici donc mes propositions : un joli appartement fraîchement meublé pour Mariette, avec qui vous logerez ; 500 fr. par mois pour sa dépense, une femme de chambre, une cuisinière qui vous servira de bonne ; un trousseau convenable pour la petite, et une bourse de 50 louis pour son entrée en *ménage*, sans compter les cadeaux si elle se conduit honnêtement. Voilà pour le solide. Quant à l'agrément, promenades en cabriolet, loges au spectacle (je connais beaucoup d'auteurs), et j'ai de superbes relations avec des dames très comme il faut, qui tiennent des tables d'hôte, donnent des bals, et font jouer à la bouillotte ; en un mot, une vie enchantée, maman Lacombe, une vie de duchesse! Voyons, ça vous va-t il ?

— Pourquoi donc pas ? — dit la malade avec un sourire sardonique. — Des canailles de pauvresses comme nous, ça n'est bon qu'à se vendre quand elles sont jeunes, ou qu'à vendre les autres quand elles sont vieilles !

— Allons, maman Lacombe, pour calmer vos honnêtes scrupules, nous mettrons soixante francs par mois pour votre tabac, et je vous ferai hommage d'un superbe châle *boiteux*, afin que vous représentiez dignement et maternellement auprès de Mariette, que vous ne quitterez pas plus que son ombre, car je suis jaloux comme un tigre, et n'aime à point être jobardé.

— Ça se trouve bien. Justement, ce matin, je disais à Mariette : Tu es une honnête fille, et tu gagnes à peine vingt sous par jour à coudre des chemises de trois cents francs pièce pour une femme entretenue.

— Des chemises de trois cents francs pièce commandées chez madame Jourdan? Attendez donc... maman Lacombe... je connais ça; mais oui, c'est pour Amandine, qui est entretenue par le marquis de Saint-Herem, mon intime. C'est moi qui ai donné sa pratique à madame Jourdan... une vraie fortune pour elle, quoique ce diable de marquis paye rarement : il aime mieux ça; mais, en revanche, il met à la mode tous les fournisseurs qu'il prend et toutes les femmes qu'il a. Cette petite Amandine était la plus obscure des parfumeuses du passage Colbert, et, en six mois, Saint-Herem en a fait la femme la plus à la mode de Paris. Voilà pourtant où peut un jour arriver Mariette, maman Lacombe ! porter des chemises de trois cents francs pièce au lieu de les coudre ! Ça ne vous fait pas suer d'orgueil.

— A moins qu'il n'arrive à Mariette ce qui est arrivé à une pauvre fille que j'ai connue, et qui s'était aussi perdue par misère.

—Et que lui est-il arrivé, à cette fille, maman Lacombe ?

— Elle a été volée.

— Volée ?

— On lui avait aussi promis des monts d'or ; son monsieur l'a logée en garni, et au bout de trois mois il l'a laissée sans le sou. Alors, de désespoir elle s'est tuée.

— Ah çà ! maman Lacombe, — dit l'étranger avec hauteur,—pour qui me prenez-vous? Est-ce que j'ai l'air d'un escroc, d'un *Robert-Macaire?*

— Je n'en sais rien, je ne m'y connais pas.

— Moi, ancien militaire ! vingt campagnes, dix blessures ! moi qui suis à tu et à toi avec tous les *lions* de Paris? moi qui ai cabriolet et qui dépense au moins vingt mille francs par an ! Voyons, parlez franchement, que diable sont-ce des sûretés, des avances que vous voulez? Soit, l'appartement sera meublé dans huit jours, le bail signé demain en votre nom, avec paiement par moi d'une année d'avance ; et de plus, si nous nous arrangeons, voilà, pour arrhes vingt-cinq ou trente louis que j'ai sur moi,—dit l'étranger.

Et, en effet, il tira de la poche de son gilet vingt-huit *pièces d'or*, qu'il jeta sur la table à ouvrage placée tout auprès du lit de la malade.

Puis il ajouta

— Je ne suis pas comme vous, moi, maman Lacombe; je n'ai pas peur d'être volé.

Au tintement de l'or, la malade se pencha vivement hors de son grabat, et jeta un regard d'âpre convoitise sur ces pièces étincelantes; de sa vie, cette femme n'avait eu en sa possession une pièce d'or: ces louis étalés devant elle lui causaient une sorte d'éblouissement; elle ne put même s'empêcher de faire jouer et miroiter entre ses doigts le brillant métal.

— Allons donc! — se dit le tentateur avec un sourire de dédain; — il a fallu te montrer l'hameçon pour t'y faire mordre, vieille mégère!

— Enfin, — dit la malade d'une voix avide et oppressée, — enfin, j'en aurai au moins touché de cet or!

— Ce n'est rien que de le toucher, maman Lacombe: le joli, c'est de le dépenser.

— Voilà pourtant, — reprit-elle en empilant les louis avec une attention puérile; — voilà pourtant de quoi vivre bien à son aise pendant cinq ou six mois!

— Allons donc, maman Lacombe, c'est chaque mois que vous et Mariette vous auriez cette somme si vous le vouliez; oui, cette somme en or, entendez-vous? en bel et bon or comme celui-là.

Après un long silence, la malade leva ses yeux caves sur l'étranger et lui dit d'une voix émue, pénétrée:

— Monsieur, vous trouvez Mariette gentille? Vous avez raison, il n'y a pas de meilleure créature au monde. Eh bien, soyez généreux envers elle; cette somme que voilà, ce n'est pas grand'chose pour un homme riche comme vous; faites-nous en cadeau.

— Hein! — s'écria l'étranger.

— Monsieur, — reprit la malade en joignant les mains et avec un accent véritablement touchant, — mon bon monsieur, soyez charitable; cette somme n'est rien pour vous, et elle nous remettrait à flot pour longtemps; nous paierions ce que nous devons; Mariette ne serait plus obligée de se tuer de travail; elle aurait le temps de chercher un ouvrage mieux payé, et nous devrions à votre bonté cinq ou six mois de tranquillité, de paradis. Nous vivons de si peu! Voyons, mon digne monsieur, faites cela, nous vous bénirons, et il sera dit qu'une fois dans ma vie j'aurai eu du bonheur.

L'accent de la malade était si sincère, sa demande si naïve, que l'étranger fut encore plus blessé que surpris de cette proposition, ne pouvant ni croire ni comprendre qu'une créature humaine fût assez stupide pour faire sérieusement une pareille demande à un homme de sa sorte, et il se dit:

— C'est peu flatteur! la vieille rouée me regarde comme un vieux *pigeonneau* bon à plumer.

Puis il ajouta tout en éclatant de rire:

— Ah çà, maman Lacombe, vous me prenez donc pour un philanthrope, pour un inspecteur du bureau de bienfaisance, ou pour un élève en prix Montyon? Oui, oui, on vous en fera des charités de six cents francs, remboursables au porteur en bénédictions, ou en reconnaissance à son ordre, merci! En voilà une banque!

La malade avait cédé à une de ces folles et soudaines espérances qui parfois entraînent malgré eux les êtres les plus défiants, les plus endurcis par le malheur de leur implacable destinée; mais, confuse et irritée de sa lourde méprise, madame Lacombe reprit avec un ricanement sardonique:

— Pardon, excuse, monsieur, de vous avoir insulté.

— Il n'y a pas de quoi, maman Lacombe; j'ai, vous le voyez, bien pris la chose; mais finissons-en. Faut-il, oui ou non, que je rempoche ces beaux louis que vous aimez tant à manier?

Et il avança la main vers les pièces d'or.

La malade, par un mouvement presque machinal, repoussa vivement la main de l'étranger; ses yeux brillèrent de cupidité au fond de leur profond orbite, et elle dit d'une voix sourde en couvant les louis du regard:

— Un moment, donc! on ne vous le mangera pas, votre or!

— Mais ce que je vous demande, au contraire, à cor et à cri, maman Lacombe, c'est que vous le mangiez, cet or, à condition de...

— Je connais Mariette, — répondit la malade, le regard toujours ardemment fixé sur les louis, — elle ne voudra pas.

— Bah! bah!

— Je vous dis qu'elle est honnête, moi; elle pourrait, comme tant d'autres, écouter quelqu'un qui lui plaise, mais vous, jamais; elle refuserait; elle a ses idées; oui, vous avez beau rire!

— D'accord; je crois à la vertu de Mariette, car je sais ce que madame Jourdan, chez qui elle travaille depuis plusieurs années, m'a dit de votre filleule.

— Eh bien, alors?

— Eh bien, je sais aussi, maman Lacombe, que vous, qui avez de l'influence sur elle, que vous, qu'elle craint comme le feu (madame Jourdan me l'a dit), vous pouvez amener, et au besoin contraindre Mariette à accepter, quoi? son bonheur; car, après tout, vous êtes logées comme des mendiantes, vous mourez de faim. Or, si vous refusez, savez-vous ce qui arrivera? Cette petite, avec son beau désintéressement, se laissera tôt ou tard enjôler par quelque mauvais gamin, ouvrier comme elle.

— C'est possible, mais elle n'aura pas vendu son âme.

— Ta, ta, ta! ce sont des mots que cela, et un beau jour son amant la plantera là peut-être, et, pour ne pas mourir de faim, la petite finira comme tant d'autres, je vous en réponds!

— Oh! c'est possible, — dit la malade avec un gémissement courroucé, — c'est une mauvaise conseillère que la faim, quand on pâtit pour soi et pour son enfant! et avec cet or que voilà, combien l'on en sauverait, de ces pauvres filles! et si Mariette devait finir comme elles, ne vaudrait-il pas mieux tout de suite?

Et pendant quelques instants les émotions les plus diverses se peignirent sur les traits hâves et contractés de la malheureuse femme. Le regard toujours attaché sur les louis, elle parut en proie à une violente lutte intérieure, puis, semblant faire un effort désespéré, et fermant soudain les yeux comme pour échapper à la fascination de l'or, elle se rejeta sur son grabat en disant à l'étranger:

— Allez-vous-en, laissez-moi tranquille!

— Comment! maman Lacombe, vous refusez?

— Oui.

— Positivement?

— Oui.

— Allons, je reprends cet or, — dit l'étranger, en ramassant lentement les louis et les faisant tinter. — Je les remets dans ma poche ces brillans jaunets.

— Que l'enfer vous confonde, vous et votre or! — s'écria la malade exaspérée; — gardez-le, et surtout allez-vous-en tout de suite; je n'ai pas recueilli Mariette pour la perdre ou pour lui conseiller de se perdre. Plutôt que de manger de ce pain-là, j'aimerais mieux allumer un réchaud de charbon et en finir tout de suite, nous deux, la petite et moi.

A peine madame Lacombe prononçait-elle les derniers mots, que Mariette pâle, indignée, les joues baignées de larmes, s'élança dans la chambre et se jeta au cou de la malade, en s'écriant:

— Oh! marraine, je savais bien que vous m'aimiez comme votre fille!

Et se retournant vers le commandant de la Miraudière, qu'elle reconnut, car souvent il l'avait obsédée de ses regards chez madame Jourdan, elle lui dit avec un profond dédain:

— Je vous prie de sortir d'ici, monsieur.

— Mais, chère petite colombe...

— J'étais là, monsieur, à cette porte; j'ai tout entendu.

— Tant mieux! vous savez mes offres, et je ne me dé-
dis pas, ma belle !

— Encore une fois, je vous prie de sortir d'ici, monsieur !

— Bon, bon, l'on s'en va ! petite Lucrèce ! on s'en va !
mais je vous donne huit jours pour réfléchir,—dit l'étranger en quittant la chambre.

Cependant, il s'arrêta au seuil de la porte et ajouta :

— Vous n'oublierez pas mon nom, chère petite : le
commandant de la Miraudière; madame Jourdan sait mon
adresse.

Et il disparut.

— Ah! marraine, — reprit la jeune fille en revenant
auprès de la malade et l'embrassant avec une nouvelle
effusion,—comme vous m'avez défendue ! comme votre
cœur a parlé pour moi !

— Oui, — reprit aigrement la malade en se dégageant
brusquement de l'étreinte de sa filleule, — oui, et avec
ces belles vertus-là, au lieu d'avoir tout à gogo, on crève
de faim.

— Mais, ma marraine...

— Allons, c'est bon, c'est dit, — s'écria la malade d'une
voix acerbe et impatiente, — c'est convenu ! J'ai fait mon
devoir, tu as fait le tien ; je suis une honnête femme, tu es
une honnête fille. Grand bien t'en arrivera, et à moi aussi !
compte là-dessus !...

— Mon Dieu! ma marraine, écoutez-moi...

— Je te dis, vois-tu, que si un beau matin on nous
trouve ici, mortes, avec un réchaud de charbon entre
nous deux, ça sera bien fait. Ah ! ah! ah!...

Et en riant ainsi d'un rire sardonique, cette malheureuse
créature, tellement ulcérée par le malheur que tout s'ai-
grissait en elle, tout jusqu'à la conscience de son honnê-
teté, rompit l'entretien avec sa filleule, et se retourna
brusquement dans la ruelle de son grabat.

La nuit était à peu près venue.

Mariette alla prendre sur le carré où elle l'avait laissé
son cabas, qui renfermait le souper de sa marraine. Elle
plaça ces alimens sur la table, près du lit, et alla ensuite
silencieusement s'asseoir auprès de l'étroite fenêtre, à travers laquelle n'arrivait qu'un jour crépusculaire. Tirant
alors de son sein les morceaux de la lettre de Louis, la
jeune ouvrière se mit à les contempler, et tomba dans un
abîme de désespoir.

. . . .

Le commandant de la Miraudière, en quittant la chambre de Mariette, s'était dit :

— Bah! bah ! c'est un premier coup de feu ; la petite ré-
fléchira, et la vieille rouée se ravisera. Ses yeux de
chouette papillottaient à l'aspect de mon or comme si
elle eût regardé le soleil en plein midi. Et puis leur igno-
ble misère parlera pour moi ; je ne désespère de rien.
Deux mois d'une bonne vie pour la *remplumer*, et cette
petite sera une des plus jolies filles de Paris; cela me fera
beaucoup d'honneur à peu de frais. Mais après les plaisirs
songeons aux affaires. Et il s'agit en faire une excellente.
Une vraie trouvaille, — ajouta-t-il en montant dans son
cabriolet, qu'il dirigea vers la rue Grenelle-Saint-Honoré.
Devant le nº 17, maison de modeste apparence, il descendit, et s'adressant au portier :

— C'est ici que demeure M. Richard ?

— Le fils et le père logent ici, monsieur.

— Je voudrais parler au fils. M. Louis Richard est-il
chez lui ?

— Oui, monsieur ; il vient à l'instant d'arriver de voyage, il est avec son père.

— Ah ! il est avec son père ? Je ne pourrais donc pas
lui parler à lui seul ?

— Ils n'ont qu'une chambre pour eux deux ; c'est difficile, monsieur.

Le commandant de la Mirandière tira de son carnet une
carte de visite où était son adresse, et il ajouta au crayon,
au-dessous de son nom : » Attendra demain chez lui, de
neuf à dix heures du matin, M. Louis Richard, pour une
communication très intéressante et qui ne souffre pas de
retard. »

— Mon cher,—dit alors M. de la Miraudière au portier,
— voici quarante sous pour boire.

— Merci, monsieur, mais à propos de quoi?

— A propos de cette carte qu'il faudra remettre à M. Louis
Richard.

— C'est bien facile, monsieur.

— Mais il faut seulement la lui remettre demain matin
quand il sortira, et surtout sans que son père en ait connaissance ; vous comprenez?

— Parfaitement, monsieur ; ça sera d'autant plus facile
que M. Louis sort tous les matins à sept heures pour se
rendre à son étude, et que le père Richard ne va, lui, à
son bureau d'écrivain public qu'à neuf heures.

— A merveille. Ainsi je peux compter sur votre promesse?

— Oui, monsieur, vous pouvez regarder la commission comme si elle était faite.

Le commandant de la Miraudière remonta en cabriolet
et s'éloigna.

Peu de temps après son départ, un facteur apporta
une lettre pour Louis Richard, lettre écrite le matin
même en présence de Mariette par l'écrivain public, qui,
on le voit, avait adressé la lettre *à Paris, rue de Grenelle*, au lieu de l'adresser *à Dreux, poste restante*, ainsi
que le lui avait demandé la jeune fille.

Nous introduirons maintenant le lecteur dans la chambre occupée par le père Richard et par son fils, qui venait
d'arriver à l'instant de Dreux.

V.

Le père Richard et son fils occupaient, au cinquième
étage d'une vieille maison, une chambre qui aurait pu
faire parfaitement le *pendant* de la demeure de Mariette et
de sa marraine. Même misère, même dénuement : un
grabat pour le père, un lit de sangle pour le fils, une
table vermoulue, quelques chaises, une sorte de vieux
bahut destiné à serrer les hardes; tel était l'ameublement.

Le père Richard, en revenant de son échoppe, avait
acheté et mis sur la table le repas du soir: une appétissante tranche de jambon, dans un morceau de papier blanc
servant d'assiette, et un pain de quatre livres tendre. Une
bouteille d'eau fraîche était placée en regard d'une maigre chandelle, qui dissipait à peine les ténèbres de la
chambre.

Louis Richard, âgé de vingt-cinq ans environ, avait une
physionomie ouverte, remplie de douceur et d'intelligence ; sa bonne grâce naturelle se faisait même jour sous ses
habits râpés, usés, blanchis sur toutes les coutures.

Les traits de l'écrivain public exprimaient une grande
joie, cependant tempérée par l'inquiétude que lui causaient, pour certains projets depuis longtemps caressés par
lui, les divers événemens de la journée.

Le jeune homme, après avoir déposé son modeste sac
de nuit, venait d'embrasser son père, qu'il adorait. Le
bonheur de se retrouver auprès de lui, la certitude de voir
Mariette le lendemain, épanouissaient la figure de Louis
et augmentaient sa bonne humeur naturelle.

— Ainsi, mon garçon, — dit le vieillard en s'asseyant
devant la table et dépeçant le jambon,— tu as fait un bon
voyage?

— Excellent, mon père.

— Ah çà! dis-moi ce que... Mais veux-tu dîner? Nous
causerons en mangeant.

— Si je veux dîner, mon père! je le crois bien! je n'ai
pas mangé à table d'hôte comme les autres voyageurs,
et... pour cause,—ajouta gaîment Louis en frappant sur
son gousset vide.

— Ma foi ! tu n'as rien à regretter,— reprit le vieillard en partageant en deux portions inégales la tranche de jambon, et donnant à son fils le plus gros morceau,—ces dîners d'auberge *sont* chers et ne valent pas le diable !

Ce disant, il offrit à Louis un formidable *croûton* de pain tendre, puis le père et le fils se mirent bravement à manger, comme on dit, *sur le pouce*, arrosant leur repas de glorieuses *rasades* d'eau claire, et faisant tous deux preuve d'un robuste appétit.

L'*entretien* continua de la sorte pendant le dîner.

— *Voyons*, mon garçon,— reprit le vieillard, — conte-moi *ton voyage*.

— Ma foi ! mon père, il est bien simple, ce voyage. Le *notaire*, mon patron, m'avait donné le projet de plusieurs *actes* à faire lire à M. Ramon. Il les a lus et étudiés, en y mettant, il faut le dire, le temps... cinq grands jours ! après lesquels ce cauteleux personnage m'a remis lesdites paperasses annotées, commentées ; puis, Dieu merci ! me voilà.

— Dieu merci ? Ah çà ! est-ce que tu te serais ennuyé à Dreux ?

— Je me suis ennuyé à la mort, mon bon père.

— Quel homme est-ce donc que ce M. Ramon chez qui les gens s'ennuient si fort ?

— La pire espèce d'homme qu'il y ait au monde, cher père... un avare !

— Hum ! hum !—fit le vieillard en toussant, comme s'il eût avalé de travers. — Ah ! il est avare ? Il faut qu'il soit riche alors ?

— Je n'en sais rien ; mais l'on peut être avare d'une petite fortune comme d'une grande, et s'il faut mesurer les biens de ce M. Ramon à sa parcimonie, il doit être archimillionnaire... Vieil Harpagon, va !—Et Louis mordit son pain avec une sorte de frénésie.

— Entre nous, mon pauvre garçon, si tu avais été élevé dans le luxe et dans l'abondance, je concevrais tes récriminations à l'endroit de ce vieil Harpagon, comme tu dis ; mais nous avons toujours vécu dans une telle pauvreté, que, si avare que soit ce monsieur Ramon, tu n'as pas dû trouver une grande différence entre son existence et la nôtre.

— Ah ! mon père, que dites-vous là !

— Comment ?

— M. Ramon a deux servantes, et nous n'en avons pas ; il occupe une maison toute entière, et nous logeons tous deux dans cette mansarde ; il a trois ou quatre plats à son dîner, et nous mangeons sur le pouce un morceau de n'importe quoi. Eh bien ! nous vivons pourtant cent fois mieux que ce grippe-sous !

— Je ne te comprends pas, mon enfant, — dit le père Richard, qui semblait de plus en plus contrarié du jugement que son fils portait sur son hôte de Dreux.—Il n'y a pourtant aucune comparaison à établir entre l'aisance de ce monsieur et notre pauvreté.

— Mon cher père, nous sommes franchement pauvres, au moins ! Nous supportons gaîment nos privations, et si, dans mes jours d'ambition, j'ai rêvé quelquefois une vie un peu meilleure, voyez-le, savez, ce n'est pas pour moi, car je me trouve satisfait de mon sort.

— Cher enfant, je connais ton bon cœur, je sais combien tu m'aimes, et ma seule consolation dans notre pauvreté est de savoir qu'au moins tu ne te plains pas de ta condition.

— M'en plaindre ! est-ce que vous ne la partagez pas ? Et puis, après tout, que nous manque-t-il ? le superflu.

— Il nous manque au moins l'aisance.

— Ma foi ! bon père, je ne m'en aperçois guère ; nous ne mangeons pas de poulets truffés, c'est vrai, mais nous mangeons à notre faim et de franc appétit, témoin ce papier vide et la rapide disparition d'un pain de quatre livres à nous deux. Nos habits sont râpés, mais ils sont chauds ; notre chambre est au cinquième, mais elle nous abrite ; nous gagnons à nous deux, bon an mal an, seize à dix-huit cents francs. Ça n'est pas lourd, mais nous ne

devons rien à personne ! Allez, cher père, que le bon Dieu ne nous envoie jamais de plus mauvais jours, et je ne me plaindrai pas.

— Je ne peux te dire, mon enfant, combien tu me fais plaisir en me parlant de la sorte, en acceptant si résolument ton sort. Vrai ! tu te trouves... tu t'es toujours trouvé heureux ainsi ?

— Très heureux.

— Bien vrai ?

— Pourquoi vous tromperais-je ? Voyons, bon père, ai-je jamais eu l'air soucieux, chagrin, comme tout homme mécontent de son sort ?

— C'est qu'aussi tu as un si rare, un si excellent caractère !

— Ça dépend, car s'il me fallait, par exemple, vivre avec M. Ramon, cet abominable fesse-mathieu, je deviendrais insupportable, indomptable, hydrophobe !

— Mais qu'as-tu donc contre ce pauvre homme ?

— Ce que j'ai ? La rancune féroce qui résulte d'un supplice de cinq jours !

— Un supplice ?

— Et qu'est-ce donc, cher père, qu'habiter une grande maison délabrée, si nue, si froide, si sombre, qu'auprès d'elle un tombeau paraîtrait une demeure réjouissante ! Et puis voir dans ce grand sépulcre aller, venir, comme des ombres, deux vieilles servantes, mornes, maigres, affamées ; et quels repas, grand Dieu ! que ceux où le maître de la maison semble compter les morceaux que vous mangez ! Et sa fille donc ? (car ce malheureux-là a une fille, et son espèce se perpétuera peut-être, hélas !) Et sa fille, qui préparait sur la table la part insuffisante des domestiques, et allait serrer elle-même, sous des doubles tours de clef, les reliefs du maigre festin ! Tout ce que je peux vous dire, cher père, c'est que moi, qui jouis d'un fameux appétit, comme vous savez, au bout de cinq minutes de séance à la table de cet Harpagon, j'étais rassasié, et, qui pis est, révolté ! Car enfin, de deux choses l'une : ou l'on a de l'aisance, et l'avarice est hideuse ; ou l'on est pauvre, et alors il est stupide de vouloir paraître jouir d'une certaine aisance.

— Ah ! Louis, Louis, toi que j'ai connu toujours si bienveillant, je te trouve étrangement hostile à ce pauvre homme et à sa fille !

— Sa fille ! peut-on appeler ça une fille !

— Que diable me chantes-tu là ! C'est peut-être une licorne ?

— Ma foi !

— Allons, tu es fou !

— Ah çà ! mon père, comment voulez-vous donc qu'on nomme une grande créature sèche, hargneuse, maussade, avec des pieds et des mains comme un homme, une figure de casse-noisette, et un nez... ah ! Dieu du ciel, quel nez ! long de ça... et d'un rouge brique ! Mais il faut être juste : en revanche, cette incomparable créature a les cheveux jaunes et les dents noires.

— Le portrait n'est pas flatté. Mais, que veux-tu ? toutes les femmes ne peuvent être belles ; va, crois-moi, souvent un bon cœur vaut mieux qu'une jolie mine ; et, quant à moi, la laideur m'a toujours inspiré de la pitié.

— A moi aussi, mon père. J'avais d'abord grande envie de plaindre cette demoiselle en la voyant si disgracieuse, et surtout condamnée à vivre avec un homme tel que son grippe-sous de père ; que voulez-vous, en fait de père, vous m'avez gâté ; mais quand j'ai vu cette créature à *nez rouge* harceler, gronder sans cesse ses deux malheureuses servantes, leur mesurer les morceaux, renchérir encore d'avarice sur son père, et cela à propos des plus petites choses, alors ma première compassion s'est changée en aversion pour ce méchant *nez rouge*, et comme, de plus, il est dans la conversation très sec, et fort tranchant, ce *nez rouge* (au figuré, s'entend), malgré la bénignité de mon caractère, j'avais à chaque instant l'envie de contredire le *nez rouge* pour le vexer ; mais craignant de nuire aux intérêts de mon patron, qui m'avait envoyé chez ce vilain client, j'ai rongé mon frein.

— Et tu le dédommages, je l'espère !

— Tiens, ça soulage ! Avoir eu pendant cinq grands jours ce *nez rouge* sur le cœur !

— Décidément, c'est un parti pris, une fâcheuse prévention, et je parierais, moi, que cette demoiselle, qui te paraît tranchante, avare et revêche, est tout simplement une femme d'un caractère ferme et d'habitudes ménagères.

— Cher père, qu'elle soit ce qu'elle voudra, peu m'importe ! seulement il y a dans certaines familles de bien singuliers contrastes.

— Que veux-tu dire ?

— Figurez-vous ma surprise en voyant dans une des chambres de cette triste maison un portrait de femme, d'une figure si charmante, si fine, si distinguée, que cette image semblait être placée là tout exprès pour faire continuellement dépit et injure au méchant *nez rouge*. Ce portrait d'ailleurs ressemblait à s'y méprendre à un de mes anciens camarades de collége. Frappé de cette circonstance, je demandai à l'harpagon quelle était cette peinture. Il me répondit d'un ton bourru que c'était le portrait de sa sœur, feu madame de Saint-Herem.—Cette dame serait-elle la mère d'un jeune homme nommé Saint-Herem ?—demandai-je à mon hôte.—Ah ! ah ! mon bon père,— dit Louis en riant aux éclats,—si tu savais !

— Eh bien ! quoi ?

— A voir la mine de M. Ramon en m'entendant seulement prononcer le nom de Saint-Herem, on aurait dit que je venais d'évoquer le diable, car le *nez rouge* s'est aussitôt signé d'un air pudibond et alarmé. (J'oubliais de te dire, pour compléter, que le *nez rouge* est très dévot.) Alors son digne père s'est écrié qu'il avait en effet le malheur d'être l'oncle d'un infernal bandit nommé Saint-Herem.

— Ce monsieur de Saint-Herem est, je le vois, un homme de fort mauvaise réputation.

— Lui ! Florestan ! le plus brave, le plus charmant garçon du monde !

— Mais enfin son oncle t'a dit que...

— Tiens, cher père, juges-en : au collége, moi et Saint-Herem nous étions très liés ; je l'avais depuis longtemps perdu de vue, lorsque, il y a six mois, passant sur le boulevard, je vois tout le monde s'arrêter pour regarder sur la chaussée ; je fais comme tout le monde, et qu'est-ce que j'aperçois ? Un phaéton attelé de deux magnifiques chevaux, avec deux petits domestiques derrière. Cet équipage était si élégant, si charmant, que tout le monde, je l'ai dit, se retournait pour l'admirer. Or, sais-tu qui conduisait cette délicieuse voiture ? Mon ancien camarade de collége, Saint-Herem, plus brillant, plus beau que jamais, car il est impossible d'avoir une plus jolie figure et une tournure plus distinguée.

— Ce monsieur de Saint-Herem m'a tout à fait l'air d'un dépensier, d'un prodigue.

— Attends donc la fin, cher père. Soudain l'équipage s'arrête, et pendant que les petits domestiques descendus de leur siége se tiennent à la tête des chevaux, Saint-Herem saute de sa voiture, court à moi et m'embrasse, dans sa joie de me retrouver après une si longue séparation. J'étais vêtu comme un pauvre diable de clerc de notaire que je suis : ma vieille redingote marron, mon pantalon noir et mes souliers lacés. Tu me vois d'ici. Mais, cher père, avoue-le, bien des élégans, bien des *lions*, comme on dit, auraient reculé devant une accolade donnée en public à un gaillard fagoté comme je l'étais. Florestan n'y fit pas seulement attention, lui, tant il avait de plaisir à me revoir. Moi, j'étais tout heureux et presque honteux de cette preuve de son amitié, car nous faisions événement, à cause même du contraste. Saint-Herem s'en aperçut et me dit : — Ces gens-là sont stupides avec leur air ébahi. Où vas-tu ?—A mon étude.— Allons, viens, je t'y mène : nous causerons plus longtemps.— Moi, — lui dis-je,—monter dans ton bel équipage, malgré mon para-

pluie, ma redingote marron et mes souliers lacés ! — Florestan lève les épaules, me prend sous le bras, et, bon gré mal gré, me pousse dans sa voiture, et me mène à mon étude ; pendant le trajet, Saint-Herem me fait promettre d'aller le voir, et il me descend à la porte de mon notaire. Eh bien ! mon père, ne peut-on pas juger un homme d'après un trait pareil ?

— Peuh !...—fit le vieillard d'un air fort peu enthousiaste.—C'est un premier bon mouvement, voilà tout ; mais je me défie fort de tous ces gens à grand étalage. D'ailleurs tu n'es pas en position de fréquenter un si gros seigneur.

— Certes. Et cependant il m'a bien fallu tenir ma promesse d'aller déjeuner chez Florestan un dimanche. Brave garçon ! il m'a reçu en grand seigneur quant au luxe et à la bonne chère ; mais quant au bon accueil, toujours en camarade, en vieil ami de collége ; puis, quelque temps après, il est parti pour un voyage, et je ne l'ai plus revu.

— C'est singulier, Louis, tu ne m'as jamais parlé de ce déjeuner ?

— Il est vrai, mais sais-tu pourquoi ? Je me suis dit : Ce pauvre bon père, qui m'aime tant, va peut-être s'imaginer, dans son inquiète sollicitude, que la vue du luxe de Florestan est capable de me tourner la tête, de me faire prendre en dégoût notre pauvre condition ; ce soupçon seul serait un chagrin pour ce cher père : cachons-lui donc qu'une fois dans ma vie j'ai fait un déjeuner de Sardanapale, de Lucullus !

— Cher et brave enfant !—dit le vieillard avec émotion, — je comprends la délicatesse de ta conduite, j'en suis profondément touché ; c'est pour moi une nouvelle preuve de ton bon et généreux cœur; mais écoute-moi, car c'est justement à ton cœur, à ta tendresse pour moi que je vais m'adresser.

— De quoi s'agit-il donc ?

— Il s'agit de quelque chose de très sérieux, de très grave, non-seulement pour toi, mais pour moi.

La physionomie du vieillard devint presque solennelle en prononçant ces derniers mots. Le jeune homme le regarda avec surprise.

A cet instant, le portier vint frapper à la porte et entra :

— Monsieur Louis,—dit il,—c'est une lettre pour vous.

— Bien,—dit le jeune homme en prenant la lettre avec distraction, car il cherchait quel pouvait être l'objet du grave entretien que son père allait avoir avec lui.

Le portier, ne trouvant pas le moment opportun pour remettre au jeune homme la carte de visite laissée par le commandant de la Miraudière, ajouta en s'en allant:

— Monsieur Louis, si vous sortez ce soir, n'oubliez pas d'entrer à la loge, j'aurais quelque chose à vous dire.

— Bien, — fit le jeune homme, en n'attachant aucune importance à ces dernières paroles du portier, qui bientôt quitta la chambre.

Le père Richard avait d'un coup d'œil reconnu la lettre que le matin même, de son échoppe, il avait adressée à son fils, à *Paris, rue de Grenelle*, au lieu de l'adresser à Dreux, poste restante, ainsi que l'en avait prié la pauvre Mariette.

Un moment, le vieillard instruit du contenu de cette lettre écrite par lui-même, fut sur le point d'engager son fils à la lire immédiatement ; mais, après réflexion, il adopta une idée contraire, et dit :

— Mon cher enfant, tu auras tout le temps de lire cette lettre. Maintenant écoute-moi, car, je te le répète, il s'agit d'une chose de la plus haute importance, et pour toi et pour moi.

— Je suis à vos ordres, mon bon père,—répondit Louis en laissant sur la table la lettre qu'il venait de recevoir.

VI.

Le père Richard garda un moment le silence, et s'adressant à son fils,

— Je t'ai prévenu, mon enfant, que je voulais faire appel à ton bon cœur, à ta tendresse.

— Oh! alors, mon père, vous n'avez qu'à parler.

— Tu m'as dit tout à l'heure que si parfois tu rêvais une existence meilleure que la nôtre, ce n'était pas pour toi, satisfait de ton humble condition, que tu formais ce désir, mais pour moi.

— Cela est vrai.

— Eh bien! mon enfant, il dépend de toi de voir réaliser ton désir.

— Que dites-vous?

— Ecoute-moi. Des revers de fortune qui ont suivi de près la mort de ta mère, alors que tu étais encore enfant, m'ont enlevé le peu que nous possédions; il m'est à peine resté de quoi pourvoir à ton éducation. Cette somme dépensée, j'ai été réduit à prendre l'état d'écrivain public.

— Oui, mon père, — répondit Louis avec émotion; —et en voyant avec quel courage, avec quelle résignation, vous supportiez la mauvaise fortune, ma tendresse et ma vénération pour vous n'ont fait qu'augmenter.

— Cette mauvaise fortune, mon cher enfant, peut empirer; l'âge arrive, ma vue baisse, et je prévois avec tristesse qu'un jour viendra où il me sera impossible de gagner le peu qui nous aide à vivre.

— Mon père, comptez sur...

— Sur toi? j'y puis compter, je le sais: mais ton avenir, à toi-même, est précaire; ton bâton de maréchal est de devenir second ou premier clerc, car il faut de l'argent pour acheter une étude, et je suis pauvre.

— Ne craignez rien, je gagnerai toujours assez pour nous deux.

— Et la maladie? Et les événemens? Que de circonstances imprévues peuvent te rendre inoccupé pendant quelques mois! Alors, toi et moi, comment vivre?

— Mon bon père, si nous autres pauvres gens nous pensions à tout ce qui nous menace, nous perdrions courage. Fermons donc les yeux devant l'avenir, ne songeons qu'au présent; Dieu merci! il n'a rien d'effrayant.

— Oui, il est plus sage en effet, lorsque l'avenir est inquiétant, d'en détourner la vue, mais lorsqu'il peut être heureux et assuré, ne faut-il pas ouvrir les yeux au lieu de les fermer?

— Certes!

— Eh bien! je te le répète, il dépend de toi absolument de faire que notre avenir soit heureux et assuré.

— Alors, c'est fait. Seulement dites-moi comment?

— Je vais bien t'étonner. Ce pauvre M. Ramon, chez qui tu as passé quelques jours et que tu juges si mal, ce M. Ramon est un ancien ami à moi.

— Lui, votre ami?

— Ton voyage à Dreux était convenu entre lui et moi.

— Mais ces actes que mon patron...

— Ton patron avait obligeamment consenti à servir notre petite ruse, en te chargeant d'une feinte mission auprès de Ramon.

— Mais cette ruse, à quoi bon?

— Ramon voulait t'observer, t'étudier, te connaître, sans que tu t'en doutasses, et je dois te déclarer qu'il est enchanté de toi. Ce matin même, j'ai reçu de lui une longue lettre dans laquelle il me fait de toi le plus grand éloge.

— Je regrette de ne pouvoir lui rendre la pareille; mais quel intérêt y a-t-il pour moi à être bien ou mal jugé par M. Ramon?

— Un très grand intérêt, mon cher enfant, car l'heureux avenir dont je te parle était subordonné à l'opinion que Ramon aurait de toi.

— Mon père, c'est une énigme.

— Ramon, sans être ce qui s'appelle riche, a une certaine aisance que son économie augmente chaque jour...

— Pesto! je le crois bien! Seulement, je vous en demande pardon pour votre ami, ce que vous appelez économie est une sordide avarice.

— Soit! ne disputons pas sur les mots; mais enfin, par suite même de cette avarice, Ramon laissera après lui à sa fille une jolie fortune... Je dis après lui, car, de son vivant, Ramon ne donne rien.

— Cela ne m'étonne pas du tout; mais, en vérité, je ne comprends pas où vous voulez en venir, mon père.

— J'hésite un peu parce que, si fausses, si injustes que soient les premières impressions, je sais combien elles sont tenaces, et tu as jugé si sévèrement mademoiselle Ramon...

— Le nez-rouge? Ah! dites donc que j'ai été très indulgent pour lui!

— Tu reviendras, j'en suis certain, de ces préventions... Crois-moi, mademoiselle Ramon est de ces personnes qui gagnent à être connues, appréciées... Je te le répète, c'est une femme d'un esprit ferme et d'une piété exemplaire; peut-on désirer mieux pour une mère de famille?

— Une mère de famille? —reprit Louis, qui jusqu'alors, très loin de soupçonner ce dont il était menacé, commençait cependant de concevoir une crainte vague, — une mère de famille? et que m'importe, à moi, que mademoiselle Ramon soit ou non bonne mère de famille!

— Cela doit t'importer plus qu'à personne.

— A moi?

— Certes.

— Et pourquoi cela? — demanda Louis avec anxiété.

— Parce que mon plus vif, mon unique désir, —dit résolument le vieillard, —serait de te voir épouser mademoiselle Ramon.

— Epouser... mademoiselle Ramon! — s'écria le malheureux Louis, en se reculant sur sa chaise par un mouvement d'épouvante, et comme s'il eût vu soudain apparaître le nez-rouge; — moi... épouser...

— Oui, mon enfant, — s'écria le vieillard de sa voix la plus pénétrante, — épouse mademoiselle Ramon, et notre sort est à jamais assuré. Nous allons habiter Dreux; la maison de Ramon est suffisante pour nous loger tous. Il ne donne rien en dot à sa fille; mais nous vivrons chez lui, c'est convenu d'avance, et il a pour toi la certitude d'une bonne petite place dans les contributions indirectes. Mais à la mort de ton beau-père, tu hériteras d'une jolie fortune. Louis, mon fils, mon fils bien-aimé, — ajouta le vieillard d'un ton suppliant et en serrant les mains de son fils entre les siennes, —je t'en conjure, consens à ce mariage, et tu me rendras le plus heureux des hommes; car au moins je mourrai rassuré sur ton avenir.

— Ah! mon père, vous ne savez pas ce que vous me demandez là! —répondit Louis avec autant d'accablement que de stupeur.

— Tu vas me dire que tu ne ressens aucun penchant pour mademoiselle Ramon. Eh! mon Dieu! en ménage une mutuelle estime est suffisante, et tu m'accorderas du moins que cette estime mademoiselle Ramon la mérite. Quant à son père, je comprends qu'à la rigueur ce que tu tiens à appeler son avarice t'ait d'abord choqué; mais elle te semblera moins odieuse lorsque tu réfléchiras qu'après tout, c'est toi qui devras profiter un jour de cette... de cette avarice. Ramon est au fond un excellent homme; son seul désir est de laisser à sa fille et au mari qu'elle choisira une petite fortune; pour arriver à ce but, il renferme ses dépenses dans de sages limites; faut-il lui en faire un crime? Allons, Louis, mon cher enfant, réponds, donne-moi une bonne parole d'espoir.

— Mon père, —dit le jeune homme d'une voix altérée, —il m'en coûte de contrarier vos projets, mais ce que vous me demandez est impossible.

— Louis, est-ce bien toi qui me réponds ainsi, lorsque je m'adresse à ton cœur, à ta tendresse pour moi?

— D'abord, il n'y a dans ce mariage aucun avantage personnel pour vous: vous ne songez qu'à moi.

— Comment! demeurer chez Ramon, et vivre chez lui sans dépenser une obole! C'est convenu, te dis-je; il nous prend tous en pension gratuitement, au lieu de donner une dot à sa fille.

— Mon père, tant que j'aurai une goutte de sang dans les veines, vous ne recevrez l'aumône de personne. Bien des fois déjà je vous ai supplié d'abandonner votre profession d'écrivain public, me faisant fort de subvenir à vos modestes besoins par un surcroît de travail.

— Mais, malheureux enfant, si tu tombes malade, si l'âge me rend incapable de gagner ma vie, il me faudra donc aller à l'hôpital !

— J'ai foi en mon courage, je ne tomberai pas malade, et vous ne manquerez de rien; mais si j'avais le malheur d'épouser mademoiselle Ramon, je mourrais de chagrin.

— Louis, une telle réponse n'est pas sérieuse.

— Elle l'est, mon père. Dans votre aveugle tendresse, vous n'avez pensé qu'à me faire contracter une union avantageuse; je vous en suis profondément reconnaissant. Mais ne parlons plus de ce mariage : il est, je vous le dis, impossible.

— Louis !...

— J'éprouve et j'éprouverai toujours une aversion invincible pour mademoiselle Ramon; et puis, il faut bien vous l'avouer, j'aime une jeune fille, et celle-là seulement sera ma femme.

— Ah! mon enfant, autrefois j'avais ta confiance, et tu as pris une résolution si grave à mon insu !

— Je me suis tu jusqu'ici à ce sujet, parce que je voulais que cette affection présentât des garanties de durée telles qu'il me fût permis de vous parler sérieusement de mes projets. Moi et la jeune fille que j'aime nous étions convenus d'attendre une année, afin de voir si nos caractères sympathiseraient longtemps, et si ce que nous prenions à son début pour une passion telle ne serait pas un attachement éphémère. Grâce à Dieu, notre amour a résisté à toutes les épreuves. L'année que nous avions fixée expire aujourd'hui même; je compte voir demain la jeune fille dont je vous parle, afin d'être d'accord sur le jour où elle ferait sa demande à sa marraine, qui l'a élevée, et où je vous ferais ma demande de mon côté. Pardon, mon père, —ajouta Louis en interrompant le vieillard qui allait prendre la parole, — un mot encore : la jeune fille que j'aime est pauvre comme nous, et ouvrière de son état; mais c'est le meilleur, le plus noble cœur que je connaisse. Jamais vous ne trouverez de fille plus dévouée. Le fruit de son travail et du mien suffira à nos besoins; elle est, ainsi que nous, habituée aux privations; je redoublerai de zèle, d'efforts, et, croyez-moi, vous trouverez le repos et les soins qui vous sont nécessaires. Permettez-moi un dernier mot. Rien ne m'est plus pénible que de différer de vues avec vous. C'est la première fois, je crois, que cela m'arrive; aussi, je vous en supplie, épargnez-moi le chagrin de vous faire de nouveaux refus. N'insistez plus au sujet de ce mariage; je ne m'y résignerai jamais, je vous en donne ma parole, comme je vous jure aussi, par ma respectueuse affection pour vous, que je n'aurai jamais d'autre femme que Mariette Moreau.

Louis prononça ces derniers mots d'un ton à la fois si respectueux, mais si résolu, que le vieillard, qui avait d'ailleurs une arrière-pensée, ne crut pas devoir alors persister, et répondit à son fils d'un air chagrin et fâché :

— Je ne puis croire, Louis, que toutes les raisons que je vous ai données en faveur de ce mariage restent sans valeur à vos yeux. J'ai plus de foi dans votre cœur que vous n'en avez vous-même; je suis certain qu'en réfléchissant, vous reviendrez à des pensées plus sages.

— Mon père, ne l'espérez pas.

— Selon votre désir, je n'insisterai point, mais je compte, vous dis-je, sur vos réflexions. Je vous donne vingt-quatre heures pour prendre une résolution définitive : d'ici là, je vous promets de ne pas vous dire un mot de ce mariage, et je vous prie, à mon tour, de ne pas m'entretenir non plus de vos désirs. Après-demain, nous aviserons.

— Soit, mon père, mais je vous assure que ce délai expiré, je...

— Nous sommes convenus de ne plus parler de cette affaire, — dit le vieillard en se levant.

Et il se promena silencieux dans la chambre, jetant parfois à la dérobée un regard sur Louis, qui, la tête appuyée dans ses deux mains, restait pensif et accoudé sur la table où était déposée la lettre qu'on lui avait remise quelques instants auparavant.

VII.

Louis Richard ayant jeté les yeux sur la lettre qui se trouvait presque devant lui, et dont l'écriture lui était inconnue, la décacheta machinalement.

Le vieillard, tout en continuant de se promener silencieusement dans la chambre, suivait son fils de l'œil.

Soudain il le vit pâlir, passer la main sur son front, comme pour s'assurer qu'il n'était pas dupe d'une illusion, puis relire avec une angoisse croissante cette lettre, à laquelle il semblait ne pouvoir se décider à croire.

Cette lettre, que le matin le père Richard, contrefaisant son écriture, avait paru recopier d'après la première dictée de Mariette, loin de reproduire les pensées de la jeune ouvrière, était ainsi conçue :

« Monsieur Louis,

» Je profite de votre absence pour vous faire part de ce
» que je n'aurais pas osé vous dire; depuis plus de
» deux mois je remets à vous avouer cela, de peur de
» vous faire peut-être de la peine. *Il faut renoncer à*
» *nos projets de mariage, monsieur Louis, et même à nous*
» *voir.*

» Il m'est impossible de vous dire la cause de ce change-
» ment, mais croyez que ma résolution est bien prise. Si
» je ne vous en préviens qu'aujourd'hui, *le six mai,* mon-
» sieur Louis, *le six mai,* c'est que j'ai voulu bien réflé-
» chir une dernière fois et surtout en *votre* absence, avant
» de vous apprendre ma détermination.

» Adieu, monsieur Louis; ne cherchez pas à me revoir;
» cela serait inutile et ne servirait qu'à me causer de
» grands chagrins. Si, au contraire, vous m'oubliez tout
» à fait, et si vous ne tâchez pas de vous rapprocher de
» moi, mon bonheur, ainsi que celui de ma pauvre mar-
» raine, est assuré.

» C'est donc au nom de notre bonheur à toutes deux,
» et de notre tranquillité, monsieur Louis, que je vous
» supplie de ne plus nous voir.

» Vous avez si bon cœur que vous ne voudrez pas me
» causer des peines qui ne vous serviraient à rien, car,
» je vous le jure, tout est *fini pour toujours entre nous*
» *deux.* Vous n'essayerez pas, je l'espère, de vouloir reve-
» nir malgré moi, lorsque je vous déclare que *je ne vous*
» *aime plus que de bonne amitié.*

» MARIETTE MOREAU.

» *P. S.* Au lieu de vous adresser cette lettre à *Dreux,*
» comme vous me l'aviez dit, je vous l'adresse à Paris,
» afin que vous la trouviez à votre retour. Augustine, qui,
» vous le savez, écrivait pour moi, étant à son pays, c'est
» une autre personne qui écrit.

» J'oubliais de vous dire que l'état de ma marraine
» est toujours le même. »

La lecture de cette lettre plongea Louis dans une stupeur accablante. L'ingénuité du style, ses détails intimes, le rappel de la date du 6 mai, tout le devait persuader que ces lignes avaient été dictées par Mariette. Aussi, s'être en vain demandé quelle pouvait être la cause de cette rupture aussi brusque qu'inattendue, la douleur, le dépit, la colère, l'amour-propre froissé, agitèrent violemment le cœur du jeune homme, et il murmura :

— Oh! non, je ne la verrai plus! Elle n'a pas besoin de moi le défendre avec tant d'insistance et de dureté!

Ces paroles remplirent d'aise le vieillard, qui, tout en continuant de se promener d'un air absorbé, épiait les suites de son stratagème.

Mais bientôt la douleur dominant la colère dans le cœur de Louis, son amour se réveilla plus tendre, plus passionné que jamais; il tâcha de se rappeler les moindres détails de sa dernière entrevue avec Mariette; il s'interrogea sur les derniers mois de leurs relations. Il lui fut impossible de trouver dans ses souvenirs la moindre trace de refroidissement de la part de la jeune fille; jamais au contraire elle n'avait paru plus aimante, plus dévouée, plus impatiente d'unir son sort au sien; et toutes ces apparences mentaient, Mariette était un monstre de dissimulation, elle qu'il avait toujours crue si pure, si candide!

Louis ne pouvait se résoudre à accepter une pareille déception. Impatient de découvrir le mystère qui semblait entourer la conduite étrange de Mariette, incapable d'endurer plus longtemps ses angoisses, il résolut de se rendre sur le champ chez elle, au risque d'indisposer sa marraine, qui, de même que le père Richard, avait ignoré jusqu'alors l'amour de Louis et de Mariette.

Aucune des émotions dont le jeune homme venait d'être tour à tour agité n'avait échappé au vieillard, qui suivait attentivement les effets de sa ruse. Aussi, croyant le moment d'agir opportun, il dit à son fils, après mûres réflexions :

— Louis, j'ai pensé qu'il serait bon que demain matin, de très bonne heure, nous partissions pour Dreux, car, si nous ne prévenons pas l'arrivée de Ramon, il sera ici après-demain, ainsi que nous en sommes convenus.

— Mon père!

— Cela, mon ami, — reprit le vieillard en attachant un regard pénétrant sur son fils, — cela ne t'engagera nullement; et si tu dois résister au vœu le plus cher de ma vie, je te demande seulement, comme satisfaction dernière, de passer quelques jours auprès de Ramon et sa fille. Tu seras ensuite libre d'agir comme tu voudras.

— Mais, voyant Louis prendre son chapeau et s'apprêter à sortir, le père Richard s'écria :

— Que fais-tu? où vas-tu?

— Je me sens un peu de mal de tête, mon père; je vais faire un tour dehors.

— Je t'en prie, mon ami, — dit le vieillard avec une inquiétude croissante; — ne sors pas; tu as l'air abattu, consterné, depuis la lecture de cette lettre. Tu m'alarmes!

— Moi, mon père? vous vous trompez, je n'ai rien. Cette lettre est fort insignifiante, je vous assure. J'ai un peu de migraine, voilà tout; je reviens dans l'instant.

Et Louis sortit brusquement.

Au moment où il passait devant la loge du portier, celui-ci l'appela et lui dit d'un air mystérieux :

— Monsieur Louis, je vous avais recommandé d'entrer à la loge parce que j'ai quelque chose à vous remettre à vous, à vous seul. Entrez donc.

— Qu'y a-t-il? — demanda Louis en entrant dans la loge.

— Voici une carte qu'un monsieur décoré m'a remise tantôt pour vous; il est descendu d'un superbe cabriolet, et il a dit que c'était très pressé.

Louis prit la carte, s'approcha d'une lampe et lut :

« LE COMMANDANT DE LA MIRAUDIÈRE,
17, rue du Mont-Blanc,

attendra demain matin chez lui M. *Louis Richard* pour une *communication très intéressante, et qui ne souffre pas de retard.* »

— Le commandant de la Miraudière! je ne connais pas ce nom, — dit Louis en examinant la carte; puis, en la retournant machinalement, il aperçut sur l'envers ces autres mots écrits au crayon :

» *Mariette Moreau, chez madame Lacombe, rue des Prêtres-Saint-Germain-l'Auxerrois.* »

En effet, M. de la Miraudière ayant noté sur le revers de l'une de ses cartes de visite, afin ne pas les oublier, l'adresse et le nom de Mariette et de sa marraine, avait, sans y songer, écrit sur cette même carte, laissée chez Louis, la demande d'entrevue qu'il sollicitait de lui.

Le jeune homme, dans une surprise et une perplexité croissantes, cherchait à pénétrer quel rapport pouvait exister entre Mariette et cet étranger dont il recevait la carte. Après un moment de silence, il dit au portier :

— Le monsieur qui a laissé cette carte n'a rien dit pour moi?

— Si, monsieur Louis; il m'a recommandé de ne vous remettre sa carte que lorsque votre père ne serait pas là.

— Cela est étrange, — pensa le jeune homme.

— A telle enseigne, monsieur Louis, — reprit le portier, — qu'il m'a donné quarante sous pour boire, afin d'être sûr que sa commission serait bien faite.

— Et quel homme est-ce? jeune ou vieux?

— C'est, ma foi! un très bel homme, monsieur Louis; un très bel homme décoré; moustache et favoris noirs comme de l'encre, et mis comme un prince, sans compter son superbe cabriolet.

Louis sortit la tête perdue. Ce nouvel incident redoublait ses angoisses. A force de chercher le motif de la brusque rupture de Mariette, il ressentit bientôt la morsure aiguë de la jalousie. Une fois sous cette impression, les soupçons les plus insensés, les craintes les plus chimériques prirent à ses yeux l'apparence de la réalité; il en vint à se demander si l'étranger dont il avait reçu la carte n'était pas un rival. Quels rapports, en effet, Mariette et sa tante pouvaient-elles avoir dans leur misère avec un jeune homme riche et beau?

Dans sa lettre, Mariette suppliait Louis de ne pas chercher à la voir, ce rapprochement, disait-elle, pouvant compromettre son bonheur et celui de sa marraine. Louis connaissait la misérable position des deux femmes. Il avait maintes fois reçu des confidences de la jeune fille sur le caractère chagrin et atrabilaire de madame Lacombe. Une horrible pensée lui traversait l'esprit. Peut-être Mariette, autant par misère que par l'obsession de sa marraine, avait accepté les brillantes propositions de l'homme dont il venait de recevoir la carte. Mais, dans ce cas, quel pouvait être le but de l'entrevue que lui demandait cet homme? La tête de Louis se perdait à pénétrer ce mystère.

Une fois lancés dans la voie vertigineuse de la jalousie, les amoureux se laissent presque toujours entraîner de préférence aux idées les plus extravagantes. Il en fut ainsi de Louis. En se supposant trahi pour un rival, il trouvait la clef de ce qu'il y avait d'inexplicable dans la lettre et dans la conduite de Mariette; il s'obstina donc à croire à une infidélité, en attendant le moment de son anxiété avec le commandant de la Miraudière, dont il comptait exiger une explication et des éclaircissemens.

Dans l'état d'angoisse et de douloureuse excitation où il se trouvait, Louis abandonna sa première résolution et ne se rendit pas chez Mariette. Vers minuit, il revint chez son père. Celui-ci, rassuré par la sombre physionomie de Louis, et certain qu'il n'avait pu revoir la jeune fille et reconnaître ainsi l'erreur dont tous deux étaient victimes, proposa de nouveau à son fils de partir pour Dreux le lendemain matin. Louis répondit qu'il désirait réfléchir sur cette grave démarche, et se jeta désespéré sur son lit.

La nuit ne fut pour ce malheureux qu'une longue et cruelle insomnie. Au point du jour, devançant le réveil du vieillard dont il voulait éviter les questions, il sortit, et, après avoir attendu sur le boulevard dans une anxiété mortelle l'heure de son entrevue avec le commandant de la Miraudière, il se rendit enfin chez ce personnage.

VIII

Lorsque Louis Richard se présenta chez le commandant de la Miraudière, celui-ci, enveloppé d'une magnifique robe de chambre, assis devant son bureau, fumait son cigare, tout en classant dans un portefeuille une grande quantité de billets et de lettres de change. Son domestique entra et lui annonça

— M. Richard.

M. de la Miraudière se leva vivement et dit :

— Priez M. Richard d'attendre un moment dans mon salon; quand je sonnerai vous l'introduirez.

Le domestique sortit. M. de la Miraudière ouvrit un des tiroirs de son bureau formant caisse de sûreté, y prit vingt-cinq billets de mille francs qu'il mit à côté d'une de ces feuilles de papier timbré destinées à faire des actes, puis il sonna.

Louis Richard entra, l'air sombre, embarrassé. Son cœur battait violemment en songeant qu'il se trouvait peut-être devant un rival heureux, car le pauvre garçon, comme tous les amoureux sincères et candides, s'exagérait les avantages de celui qu'il se croyait préféré. Aussi M. de la Miraudière, drapé dans sa robe de chambre de damas, et occupant un appartement assez élégant, semblait à Louis un concurrent fort redoutable auprès de Mariette.

— C'est à monsieur Louis Richard que j'ai l'honneur de parler?—dit M. de la Miraudière avec le plus aimable sourire.

— Oui, monsieur.

— Fils unique de M. Richard, écrivain public ?

Ces derniers mots furent prononcés d'un air à demi sardonique. Louis s'en aperçut et répondit d'un ton sec:

— Oui, monsieur, mon père est écrivain public.

— Excusez-moi, mon cher monsieur, de vous avoir dérangé, mais j'avais à vous parler en particulier. Cette conférence me paraissait fort difficile chez vous. Voilà pourquoi je vous ai prié de vous donner la peine de passer chez moi.

— Maintenant, monsieur, puis-je savoir ce que vous me voulez ?

— Vous offrir mes services, mon cher monsieur Richard, —dit M. de la Miraudière d'un ton insinuant, — car je serais très heureux de pouvoir vous appeler mon cher client.

— Votre client ? moi ! Mais qui êtes-vous donc, monsieur ?

— Ancien militaire, chef d'escadron en retraite, vingt campagnes, dix blessures, et homme d'affaires pour passer mon temps. J'ai de gros capitalistes dans ma manche, et je suis en maintes circonstances leur intermédiaire auprès de jeunes gens de famille.

— Je ne vois pas, monsieur, quels services vous pouvez me rendre.

— Quels services (mon jeune ami, permettez à un ancien, à un troupier, de vous donner ce nom) ? quels services ? Vous me demandez cela et vous êtes clerc de notaire! Vous végétez, vous partagez une misérable mansarde avec votre père, et vous êtes vêtu... Dieu sait comme!

— Monsieur !— s'écria Louis en devenant pourpre d'indignation.

— Permettez, mon jeune ami; ce sont des faits que je précise avec chagrin, je dirais presque avec indignation. Morbleu ! un jeune homme comme vous devrait dépenser vingt-cinq à trente mille francs par an, avoir des chevaux, des maîtresses, et passer la vie douce et joyeuse.

— Monsieur,— s'écria Louis en se contenant à peine,— est-ce une plaisanterie? Je ne suis pas d'humeur à l'endurer, je vous en préviens.

— Je suis ancien militaire, et j'ai fait mes preuves, mon jeune ami, —dit M. de la Miraudière d'un air malin more;—c'est vous dire que je puis laisser passer certaines vivacités, que j'excuse d'ailleurs. car, je l'avoue, ce que je vous dis doit vous sembler fort extraordinaire.

— Fort extraordinaire, monsieur !

— Voici, du moins, mon jeune ami, qui vous convaincra que je parle sérieusement, — ajouta notre homme en étalant les billets de mille francs sur son bureau. — Voici vingt-cinq mille francs que je serais enchanté de mettre à votre disposition pour vous établir en jeune homme de bonne famille, et, de plus, tous les mois, je tiendrai à votre service deux mille cinq cents francs ; je vous offre ces avances pendant cinq ans, nous compterons ensuite.

Louis regardait M. de la Miraudière d'un air abasourdi, croyant à peine à ce qu'il entendait; enfin, sortant de sa stupeur, il dit :

— C'est à moi, monsieur, que vous faites cette offre ?

— Oui, et je suis fort heureux de vous la faire.

— A moi ! Louis Richard ?

— A vous, Louis Richard.

— Beaucoup de personnes se nomment Richard, monsieur : vous me prenez pour un autre.

— Non pas, diable! je connais mon monde ; je vous prends pour ce que vous êtes : M. Louis-Désiré RICHARD, fils unique et majeur de M. Alexandre-Timoléon-Bénédict Phamphile RICHARD, âgé de soixante-sept ans, à Brie-Comte-Robert, et présentement domicilié rue de Grenelle-Saint-Honoré, n° 23, profession d'écrivain public. Vous voyez qu'il n'y a pas erreur, mon jeune ami.

— Alors, monsieur, puisque vous connaissez si bien ma famille, vous devez savoir que ma pauvreté m'empêche de contracter aucun emprunt.

— Votre pauvreté ! malheureux jeune homme !

— Mais, monsieur...

— Non, c'est indigne ! c'est abominable !—s'écria l'homme d'affaires avec un accent de récrimination courroucée; — avoir le front d'élever un pauvre jeune homme dans une erreur si grossière! le condamner à passer ses plus belles années dans la basoche! le réduire aux habits râpés, aux bas bleus et aux souliers lacés ! Mais heureusement il y a une Providence, et cette Providence, vous la voyez en moi, mon jeune ami. Elle vous apparaît sous les traits du commandant de la Miraudière.

— Monsieur, je vous déclare que tout ceci me fatigue, à la fin ! Rompons cet entretien, ou bien expliquez-vous clairement.

— Soit !... Vous croyez votre père presque dans l'indigence, n'est-ce pas?

— Je n'en rougis pas, monsieur.

— Oh ! candide jeune homme !

— Que signifie...

— Ecoutez-moi, et vous me bénirez après comme votre sauveur.

Ce disant, M. de la Miraudière ouvrit un registre où il lut ce qui suit :

« Note des biens mobiliers de M. Timoléon-Bénédict-
» Alexandre-Pamphile RICHARD (informations prises par
» le comité du crédit à la banque de France, le 1er mai
» 18..):

» 1° TROIS MILLE NEUF CENT VINGT *actions de la banque de France* (réalisables au cours actuel), ci.	924,300 fr.
» 2° OBLIGATIONS DU MONT-DE-PIÉTÉ .	875,250
» 3° Dépôt en ESPÈCES à la banque de France.	259,130
» Total .	2,038,680 »

— Vous entendez, mon jeune et candide ami, la fortune mobilière seulement connue de votre cher et honorable père se montait, au 1er de ce mois, à la bagatelle de deux millions cinquante-huit mille six cent quatre-vingts francs, d'après des informations officielles. Mais tout fait présumer que, selon le goût passionné des avares, qui, en outre de bons placemens, se plaisent à voir, à flairer, à toucher, à manier une partie de leur trésor, tout fait présumer, dis-je, que votre digne père a enfoui dans quelque cachette un *magot* quelconque, et non moins succulent que sa fortune connue. Mais, en admettant que cela ne soit pas, en mettant la chose au pis, vous voyez que l'auteur de vos jours possède au soleil plus de deux millions. Or, comme il ne dépense pas douze cents francs par an, avec un revenu de près de cent mille livres de rente, vous voyez de quelle fortune vous jouirez un jour, mon jeune ami, et vous ne vous étonnerez plus des offres que je vous fais.

Cette révélation pétrifiait Louis Richard ; mille pensées confuses se heurtaient dans son esprit. Il ne pouvait trouver une parole, et regardait l'homme d'affaires avec un saisissement inexprimable.

— Vous voilà tout ébaubi, mon jeune ami. C'est tout simple, vous croyez rêver.

— En effet, monsieur, je ne sais si je dois, si je puis croire.

— Faites comme saint Thomas, mon jeune ami, touchez ces vingt-cinq billets de mille francs ; ça vous donnera la foi, car les capitalistes qui sont derrière moi ne sont pas des gaillards à risquer leur argent, et ici je dois vous dire qu'ils vous font ces avances à huit pour cent, en y ajoutant une commission de sept pour cent pour mes obligeans services. Vous allez être trop *gentilhomme* pour chicaner sur ces misères. Intérêt et capital s'élèveront à peine chaque année à la moitié du revenu de M. votre père ; vous économisez donc, à bien dire, tout en vivant largement, cinquante mille francs par an. Il est impossible de vous montrer plus économe, mais du moins vous pourrez attendre patiemment l'heure suprême où le bonhomme, vous entendez... Du reste, j'ai pensé à tout, et, comme ledit bonhomme pourrait s'étonner de vous voir mener un certain train, sans ressources connues, j'ai imaginé quelque chose de très ingénieux, le semblant de la mise en loterie d'un superbe diamant de cinq cents louis : mille billets à dix francs. Vous aurez pris un de ces billets, la loterie sera censée se tirer après-demain, vous serez censé avoir gagné et vendu le diamant pour huit ou neuf mille francs ; cette somme, vous direz l'avoir confiée, pour la faire valoir, à un ami ; il ne manquera pas de la placer dans une magnifique entreprise rapportant trois cents pour cent par an, et, grâce à ce stratagème, vous pourrez dépenser à la barbe paternelle vos vingt-cinq ou trente mille francs par an. Maintenant, jeune homme, dites-moi si j'étais fait en prenant des airs de Providence à votre endroit. Mais qu'avez-vous ? cette figure rembrunie ! cet air soucieux ! ce silence ! moi qui m'attendais, la première surprise passée, à vous voir éclater en transports de joie, en éclats de rire, en cabrioles et autres manifestations bien pardonnables, quand, en un quart d'heure, on passe du grade de clerc de notaire à celui de millionnaire ! Jeune homme, jeune homme, répondez-moi donc ? Ah çà ! pourvu que l'étonnement, le bonheur, ne l'aient pas rendu fou !

En effet, cette révélation, qui eût jeté sans doute tout autre que Louis Richard dans une sorte de joyeux délire, lui causait de pénibles ressentimens : d'abord la longue dissimulation et la méfiance de son père à son égard, en lui laissant ignorer tant de richesses, blessait son cœur ; puis, et c'était là pour lui le coup le plus douloureux, sa seconde pensée, en songeant à la fortune dont il jouirait un jour, avait été de se dire qu'il aurait pu la partager avec Mariette sans son cruel abandon, et changer en une vie de bonheur et de luxe la vie jusqu'alors si misérable, si résignée de la jeune fille.

Cette réflexion, en ravivant ses amers chagrins, le domina tellement, que, ne pensant plus qu'aux explications qu'il était venu demander au commandant de la Miraudière, il lui dit soudain, d'un air sombre et contraint, en lui montrant sa carte de visite :

— Vous avez, monsieur, laissé hier chez moi cette carte de visite ?

— Oui, mon jeune ami, mais...

— Pourriez-vous me dire, monsieur, — ajouta Louis d'une voix altérée, — comment il se fait que le nom et l'adresse de mademoiselle Mariette Moreau se trouvent écrits au crayon sur cette carte ?

— Vous dites ? — demanda l'homme d'affaires, stupéfait de cette question dans un pareil moment. — Vous me demandez...

— Je vous demande, monsieur, comment il se fait que l'adresse de mademoiselle Mariette Moreau se trouve sur cette carte ?

— Ah çà ! mais, décidément, mon client perd la tête ! — dit l'usurier. — Comment ! mon jeune ami, je vous parle des millions paternels, de trente mille francs à dépenser par an, et vous me répondez... grisette !

— Quand je fais une question, monsieur, — s'écria Louis, — j'entends qu'on y réponde.

— Diable ! mon jeune ami... vous le prenez avec moi... sur ce ton ?

— Ce ton est le mien, monsieur ; tant pis s'il vous choque !

— Morbleu ! monsieur, — s'écria l'usurier en se redressant et caressant ses moustaches ; puis il ajouta : — Bah ! j'ai fait mes preuves, ancien militaire criblé de blessures, je puis laisser passer beaucoup de choses. Je vous répondrai, mon cher client, que le nom et l'adresse de cette petite fille se trouvent sur ma carte parce que je les y ai écrits pour ne pas les oublier.

— Ainsi vous connaissez mademoiselle Mariette ?

— Parbleu !

— Vous lui faites la cour ?

— Un peu...

— Et vous espérez ?

— Beaucoup.

— Et moi, monsieur, je vous défends de remettre les pieds chez elle !

— Tiens ! — se dit l'usurier, — un rival. C'est drôle ! Ah ! je comprends maintenant les refus de la petite. Enfonçons mon client. C'est jeune, c'est novice, c'est clerc de notaire ; ça doit être jaloux ; il donnera dans le panneau, et je l'évincerai, car je tiens à cette petite ; si le jeune homme ne donne pas dans ledit panneau, il n'en sera, pour moi, ni plus ni moins.

Et il ajouta tout haut :

— Mon cher monsieur, quand on me défend quelque chose, je regarde comme mon premier devoir de faire ce que l'on me défend.

— Nous verrons, monsieur !

— Ecoutez, jeune homme : j'ai eu cinquante-sept duels ; je peux donc me dispenser d'avoir le cinquante-huitième avec vous ; je préfère vous parler le langage de la raison. Permettez-moi une simple question. Vous êtes arrivé de voyage hier, n'est-ce pas ?

— Oui, monsieur.

— Vous êtes resté plusieurs jours absent, vous n'avez pas revu Mariette depuis votre retour ?

— Non, monsieur, mais...

— Eh bien ! mon jeune ami, il vous est arrivé ce qui arrive à tant d'autres : Mariette ne vous connaissait pas comme fils de millionnaire. Je me suis présenté pendant votre absence ; j'ai offert à cette petite fille ce qui ne peut jamais manquer de tourner la tête d'une grisette affamée. Sa marraine, qui comme elle meurt de faim, a flairé le bien-être, et, ma foi ! comme les absens ont toujours tort... hé ! hé ! vous comprenez ?

— Mon Dieu ! mon Dieu ! — dit Louis, dont le courroux faisait place à un morne désespoir, — il est donc vrai !

— Si j'avais su me trouver en concurrence avec un futur client, je me serais abstenu. Mais il est trop tard. Et, d'ailleurs, pour une de perdue, mille de retrouvées. Allons, mon jeune ami, pas d'abattement. Cette petite était pour vous trop jeunette ; c'était une éducation à faire, et vous trouverez de charmantes femmes tout élevées et très bien élevées. Je vous recommanderai particulièrement une certaine madame de Saint-Hildebrand.

— Misérable ! — s'écria Louis Richard en prenant l'homme d'affaires au collet, — Infâme !

Monsieur, — s'écria le commandant de la Miraudière, — vous me rendrez raison...

À ce moment la porte s'ouvrit brusquement, et, à un grand éclat de rire qui retentit, les deux adversaires tournèrent simultanément la tête.

— Saint-Herem ! — s'écria Louis en reconnaissant son ami d'enfance.

— Toi ici ! — dit à son tour Florestan de Saint-Herem en courant au devant du jeune homme encore pâle de colère, pendant que l'usurier rajustait le collet de sa robe de chambre en murmurant :

— Au diable le Saint-Herem en un pareil moment !

IX.

M. de Saint-Herem était un homme de trente ans au plus, d'une charmante figure, de la tournure la plus élégante. Sa physionomie fine et spirituelle prenait par fois un caractère de souveraine impertinence, lorsque par exemple, comme on va le voir, il s'adressait au commandant de la Miraudière ; mais à la vue de son ami d'enfance, M. de Saint-Herem éprouva la joie la plus vive et serra cordialement Louis entre ses bras ; affectueuse étreinte à laquelle le jeune homme répondit avec entraînement, malgré les émotions diverses dont il était agité.

Ce premier mouvement donné à la surprise et au plaisir de se revoir, les acteurs de cette scène, revenant à leurs premières pensés, reprirent à peu près la même physionomie qu'ils avaient lors de la soudaine apparition de Saint-Herem, Louis continua de jeter des regards indignés sur l'usurier, pâle encore de colère, tandis que M. de Saint-Herem lui disait d'un air moqueur :

— Ah çà ! mon cher, avouez que je suis arrivé à temps ; il me semble que, sans moi, mon ami Louis vous frottait d'importance !

— Oser porter la main sur moi ! un ancien militaire ! — s'écria le commandant de la Miraudière en faisant un pas vers Louis. — Cela ne se passera pas ainsi, monsieur Richard !

— Comme vous voudrez, monsieur de la Miraudière.

— M. de la Miraudière ? Ah ! ah ! ah ! — fit Florestan de Saint-Herem en partant d'un grand éclat de rire. — Comment ! mon brave Louis, tu réponds à cette provocation ? tu prends au sérieux ce gaillard-là ? tu crois à son grade militaire, à sa croix, à ses campagnes, à ses blessures, à ses duels, et à ce nom mirifique de la Miraudière qui devrait se prononcer de la *Maraudière* ?

— Assez de ces plaisanteries-là ! — dit le prétendu commandant en rougissant de dépit et s'adressant à M. de Saint-Herem, — toute raillerie a ses bornes, mon très cher.

— Monsieur Jérôme Porquin, — dit Florestan. Et se tournant vers Louis, — il ajouta en lui montrant l'usurier : — Il s'appelle Jérôme Porquin. Son véritable nom est Porquin, et il me semble parfaitement choisi, ce nom. — Puis, se tournant vers le prétendu commandant, Florestan ajouta d'un ton qui n'admettait pas de réplique : — Voilà la seconde fois que je suis obligé, monsieur Porquin, de vous défendre de m'appeler votre *très cher*. Moi, c'est différent, j'ai acheté et payé le droit de vous appeler mon *cher*, mon énormément *cher*, mon trop *cher* monsieur Porquin ; car vous me coûtez bon et m'avez furieusement friponné !

— Monsieur ! — s'écria l'usurier, — je ne souffrirai pas...

— Loin ! qu'est-ce que c'est ? D'où vient la farouche susceptibilité de M. Porquin ? — dit M. de Saint-Herem en regardant autour de lui d'un air étonné. — Que se passe-t-il donc ! Ah ! j'y suis. C'est toi, mon brave Louis, c'est ta présence qui force ce trop *cher* M. Porquin à se regimber, car il voit avec dépit que je démasque ses mensonges et ses vaniteuses prétentions. Or, pour en finir tout de suite (et vois bien s'il a l'effronterie de démentir), je vais te dire ce que c'est que M. le commandant de la Miraudière. Il n'a jamais servi que dans l'administration des vivres de l'armée. C'est ainsi qu'il est allé jusqu'à Madrid, lors de la dernière guerre ; et, comme on a trouvé que cet honnête *vivrier vivait* trop aux dépens du gouvernement, on l'a prié d'aller *vivre* ailleurs. Il y est allé et s'est fait soi-disant homme d'affaires, en d'autres termes prête-nom d'usuriers, agioteur, ou entremetteur de toutes sortes d'affaires véreuses ; ce ruban rouge qu'il porte est celui de l'*Éperon d'or*, ordre du pape, qu'un saint homme a fait obtenir à cet autre saint homme pour le récompenser de son aide dans une spoliation effrontée ; enfin, M. de la Miraudière s'appelle Porquin ; il n'a eu aucun duel, d'abord parce qu'il est poltron comme un lièvre, et ensuite parce qu'il est si taré, qu'il sait bien qu'un galant homme ne doit répondre à ses provocations que par le mépris, et que s'il pousse jusqu'à l'insolence, on doit aller jusqu'aux coups de bâton.

— Quand vous avez besoin de moi, monsieur, — dit l'usurier d'une voix sourde, — vous ne me traitez pas ainsi.

— Quand j'ai besoin de vous, je vous paye, monsieur Porquin ; et comme je sais vos friponneries, mon trop cher monsieur Porquin, je dois prémunir contre vous M. Richard, dont j'ai l'honneur d'être l'ami. Vous voulez sans doute le dévorer comme une mouche, et vous avez déjà probablement commencé à ourdir autour de lui votre toile d'usurier.

— Rendez donc service aux gens ! — dit M. Porquin avec amertume ; — comme l'on vous en récompense ! je révèle à votre ami un secret de la plus haute importance pour lui et...

— Je comprends maintenant, monsieur, dans quel but vous êtes venu à moi, — répondit sèchement Louis Richard — je ne vous dois aucune gratitude pour le service que vous m'avez rendu... si c'est un service, — ajouta-t-il tristement.

L'usurier n'entendait pas abandonner si facilement sa proie, et, sachant oublier à propos les mortifications dont M. Saint-Herem venait de l'accabler, il reprit en s'adressant à lui avec autant d'aisance que s'il n'eût pas été brutalement démasqué :

— M. Louis Richard pourra vous dire, monsieur, les conditions de l'affaire que je lui proposais, et dans quelle circonstance je lui faisais ces offres ; vous jugerez si mes prétentions étaient exorbitantes. Du reste, si je vous gêne dans votre entretien, messieurs, veuillez vous donner la peine de passer dans le salon ; j'attendrai ici la décision de M. Richard, s'il veut prendre vos conseils à ce sujet.

— Voilà, mon trop cher monsieur Porquin, ce que vous avez dit de mieux jusqu'à présent, — reprit Florestan.

Puis, prenant Louis par-dessous le bras, il l'emmena dans la pièce voisine, et ajouta en s'adressant à l'usurier :

— En revenant, je vous dirai le sujet de ma visite, ou plutôt je vais vous la dire : Il me faut deux cents louis pour ce soir. Tenez, examinez ces valeurs...

Et M. de Saint-Herem, tirant de sa poche quelques papiers, les jeta de loin à l'usurier, et, quittant le cabinet, entra dans la pièce voisine, accompagné de son ami.

La brutalité hautaine avec laquelle M. de Saint-Herem avait démasqué M. Porquin portait un nouveau coup à Louis Richard ; il pensait avec une douleur amère que c'était à un pareil misérable qu'il avait été sacrifié par Mariette. Aussi, une fois seul avec son ami, Louis, ne pouvant contenir davantage l'émotion qui l'oppressait ni retenir ses larmes, dit d'une voix étouffée, en prenant entre les siennes les deux mains de M. de Saint-Herem :

— Ah ! Florestan, je suis bien malheureux !

— Je m'en doute, mon pauvre Louis ; car, pour un garçon sage et laborieux comme toi, se mettre entre les griffes d'un drôle comme ce Porquin, c'est se donner au diable ! Voyons, que t'est-il arrivé ? Ta vie était modeste, presque pauvre ; aurais-tu fait quelques dettes, quelque folie ? Ce qui peut te sembler énorme ne serait peut-être rien pour moi. J'ai demandé, pour ce soir, deux cents louis à cet arabe... Je les aurai, j'en suis sûr. Veux-tu partager avec moi, veux-tu tout ? je saurai pardieu bien me retourner d'une autre façon ! Deux cents louis, ça doit payer les dettes d'un clerc de notaire. Je ne dis pas cela pour t'humilier. Voyons, te faut-il davantage ? Nous chercherons, mais, pour Dieu ! ne t'adresse pas au Porquin, sinon tu es perdu ; je connais ce drôle !

Louis écoutait l'offre généreuse de M. de Saint-Hérem avec une si douce satisfaction, qu'un moment il oublia ses chagrins.

— Cher et bon Florestan ! — lui dit-il, — si tu savais combien cette preuve de ton amitié me fait de bien, me console !

— Tant mieux ! Tu acceptes, alors ?

— Non.

— Comment ?

— Je n'ai pas besoin de tes bons services : cet usurier, que je ne connaissais pas, m'a écrit, et il m'offre de me prêter par année plus d'argent que je n'en ai dépensé dans toute ma vie.

— Que dis-tu ? Il t'offre cela à toi ? Ce coquin et l'usurier dont il est l'entremetteur n'avancent jamais un sou sans les meilleurs garanties : ces gens-là n'escomptent ni l'honneur, ni la probité, ni l'amour du travail ; or, mon pauvre Louis, je ne sache pas que tu possèdes d'autre patrimoine.

— Tu te trompes, Florestan : mon père est deux fois millionnaire.

— Ton père ! — s'écria M. de Saint-Herem stupéfait. — Ton père !

— Cet usurier a découvert, je ne sais comment, ce secret que j'ai toujours ignoré.

— Et il est venu t'offrir ses services ? Je le reconnais là ! Lui et ses pareils sont à la piste des fortunes cachées ; quand ils les découvrent, ils proposent aux fils de famille de manger leur blé en herbe. Vive Dieu ! mon brave Louis, te voilà donc riche ! car tu peux croire le Porquin ; s'il te fait ces offres, c'est qu'il est parfaitement renseigné.

— Je le crois, — répondit tristement Louis.

— De quel air accablé tu me dis cela, Louis ! On croirait que tu viens de faire une sinistre découverte. Qu'as-tu donc ? Et tes larmes de tout à l'heure ? Et ces mots : Je suis bien malheureux ! Toi, malheureux ? et pourquoi ?

— Mon ami, ne te moque pas de moi : j'aime et je suis trompé.

— Un rival ?

— Et pour comble de douleur et de honte, ce rival...

— Achève.

— C'est cet homme, ce misérable usurier !

— Porquin ? ce vieux drôle ? Lui ! préféré à toi ! Non, non, c'est impossible ! Mais qui te fait supposer ?

— De vagues soupçons, et puis il m'a dit qu'on me le préférait !

— Belle autorité ! Il ment, j'en suis certain.

— Florestan, il est riche ; celle que j'aimais, que j'aime encore malgré moi, est pauvre. Elle endure depuis longtemps une cruelle misère.

— Diable !

— Elle a, de plus, à sa charge, une parente infirme. Les offres de cet homme auront ébloui la malheureuse enfant, et, comme tant d'autres, elle aura succombé par misère... Maintenant, que veux-tu que me fasse la découverte d'une fortune inespérée ? Mon seul désir eût été de la partager avec Mariette.

— Ecoute, Louis, je te connais : tu dois avoir honorablement placé ton affection.

— Depuis un an, Mariette m'avait donné des preuves de l'attachement le plus sincère, lors qu'hier, brusquement, une lettre de rupture...

— Une honnête fille qui t'a aimé pendant un an, pauvre comme tu l'étais, ne cède pas en un jour à un vieux fripon comme Porquin. Encore une fois, il doit mentir.

Puis, appelant à haute voix l'homme d'affaires, à la grande surprise de Louis, M. de Saint-Herem s'écria :

— Hé ! monsieur le commandant de la *Maraudière* ! L'usurier parut aussitôt.

— Florestan, — dit vivement Louis, — que fais-tu ?

— Sois tranquille.

Et, s'adressant à l'usurier,

— Monsieur de la *Maraudière*, il y a, il n'en doute pas, quelque confusion dans vos souvenirs, au sujet d'une honnête jeune fille qui, selon vous, aurait été séduite par votre esprit, votre bonne grâce, et vos excellentes manières, le tout rehaussé d'un peu de cet argent que vous grugez si honorablement. Voulez-vous me faire le plaisir, monsieur le commandant, de me dire la vérité ? sinon, je sais ce que j'aurai à faire.

Le Porquin, réfléchissant qu'il serait politique à lui de sacrifier une fantaisie, qu'il avait d'ailleurs peu de chances de satisfaire, à l'avantage d'avoir Louis Richard pour client, répondit :

— Je regrette beaucoup une mauvaise plaisanterie qui me paraît avoir contrarié monsieur Richard.

— Tu vois bien, — dit Florestan à son ami. — Mais M. le commandant m'expliquera-t-il comment lui est venue l'idée de... ce qu'il appelle une mauvaise plaisanterie, et que j'appellerai, moi, une indigne calomnie ?

— Rien de plus simple, monsieur : j'ai vu mademoiselle Mariette Moreau dans l'établissement où elle travaillait ; sa beauté m'a frappé, j'ai demandé son adresse, je suis allé chez elle ; là j'ai trouvé sa marraine, et je lui ai tout bonnement proposé de...

— Assez, monsieur ! — s'écria Louis avec indignation, — assez !

— Permettez-moi seulement d'ajouter, monsieur mon futur client, — reprit Porquin, — que ladite marraine a refusé mes offres, et que mademoiselle Mariette survenant m'a mis à peu près à la porte. Vous voyez, monsieur de Saint-Herem, que je m'exécute franchement. Maintenant j'espère que cet aveu sincère me vaudra la confiance de M. Richard, et qu'il acceptera mes petits services. Quant à vous, monsieur de Saint-Herem, — ajouta l'usurier d'un air patelin, — j'ai examiné les valeurs que vous m'avez remises ; ce soir je vous porterai vos deux cents louis. Vous ne trouverez pas sans doute exagérées les conditions que j'ai proposées à M. Richard, lorsque vous les connaîtrez...

— Je n'ai pas besoin d'argent, monsieur, — dit Louis ; — vous m'avez fait injure en me croyant capable d'escompter la mort de mon père.

— Mais, mon cher client, permettez...

— Viens, Florestan, sortons, — dit Louis à son ami en interrompant l'homme d'affaires.

— Vous le voyez, mon trop cher monsieur Porquin, — dit Saint-Herem en sortant avec son ami, — vous le voyez, il y a encore d'honnêtes filles et d'honnêtes fils. Je ne vous dirai pas : Que cela vous serve d'exemple ou de leçon. Vous êtes trop vieux pécheur pour vous attendrir ; je ferai seulement des vœux sincères pour que ce double échec vous soit on ne peut plus désagréable.

— Ah ! mon cher Florestan, — dit Louis lorsqu'il eut quitté la maison de l'usurier, — grâce à toi, j'ai l'âme moins oppressée, je suis maintenant certain que Mariette ne s'est pas abaissée jusqu'à ce misérable. Mais elle n'en veut pas moins rompre avec moi.

— Elle te l'a donc dit ?

— Non, elle me l'a écrit, ou plutôt elle me l'a fait écrire.

— Comment !... elle te l'a fait écrire ?

— Tu vas me railler... la pauvre fille que j'aime ne sait ni lire ni écrire.

— Ah ! que tu es heureux ! au moins tu ne reçois pas des épîtres comme celles que m'adresse une petite gantière que j'ai enlevée à un banquier qui, par jalousie et lésinerie, l'avait enfouie dans un magasin ; je m'amuse à la mettre à la mode, je jouis des éblouissements de cette pauvre fille : c'est si amusant de rendre les gens heureux ! seulement, je ne la rendrai jamais forte en grammaire. Ah ! mon ami, quelle orthographe ! C'est d'une innocence anté-diluvienne. Eve, notre mère, devait écrire ainsi. Mais si ta Mariette ne sait pas écrire, qui te dit que son secrétaire n'aura pas altéré, dénaturé sa pensée?

— Dans quel but?

— Je n'en sais rien ; mais pourquoi ne vas-tu pas l'expliquer avec elle ? tu saurais décidément à quoi t'en tenir.

— Elle m'a supplié, au nom de son repos, de son avenir, de ne pas chercher à la revoir.

— Revois-la donc, au contraire, au nom de son avenir, maintenant que te voici millionnaire en perspective.

— Tu as raison, Florestan ; je la verrai, je vais la voir, et si ce cruel mystère s'explique, si je la retrouve comme par le passé, tendre et dévouée, oh! tiens, ce serait trop beau! Pauvre enfant! sa vie s'est passée jusqu'ici dans la misère et dans le travail ; elle connaîtrait enfin le repos, le bien-être ; car, je n'en doute pas, mon père consentirait, et... Ah! mon Dieu!

— Qu'as-tu donc?

— Ces émotions, ces événemens, m'ont fait oublier de te dire une chose qui va bien t'étonner : mon père voulait absolument me faire épouser ta cousine.

— Quelle cousine?

— Mademoiselle Ramon.

— Que dis-tu?

— Ignorant les projets de mon père, je suis allé à Dreux, d'où j'arrive ; là, j'ai vu mademoiselle Ramon, et, lors même que je ne serais pas amoureux de Mariette, la fille de ton oncle m'a paru si déplaisante, que jamais...

— Mon oncle n'est donc pas presque ruiné comme il en a fait courir le bruit depuis longues années?—dit Florestan en interrompant son ami.—Non, évidemment non, —reprit-il,—car si ton père veut te faire épouser ma cousine, c'est qu'il y trouve des avantages pour toi. Nul doute, cette ruine prétendue était une feinte !

— Mon père a employé le même prétexte. C'est ainsi qu'il m'a toujours expliqué la pauvreté dans laquelle nous vivions.

— Ah ! mon oncle Ramon, je vous savais fâcheux, maussade, insupportable ! mais je ne vous croyais pas capable de cette supériorité de conception : dès aujourd'hui, je vous vénère. Je n'hérite pas de vous, c'est vrai ; mais c'est égal, ça fait toujours plaisir de savoir qu'on a un oncle millionnaire. On y pense dans les momens difficiles ; on se livre alors à toute sorte d'hypothèses onclicides, on se laisse aller à de réjouissantes pensées d'apoplexie foudroyante, et l'on regrette un peu le choléra, cette Providence des héritiers, qui leur apparaît comme un bon génie, couleur de rose et d'or.

— Sans aller aussi loin que toi, mon cher Florestan, et sans souhaiter la mort de personne, — dit Louis en souriant,—j'avoue que j'aimerais mieux voir, par la marche naturelle des choses, la fortune de ton oncle arriver entre tes mains qu'entre celles de son insupportable nièce. Tu saurais au moins jouir de tant de biens, et avec ces richesses, je suis sûr que tu ferais...

— Des dettes! — répondit Saint-Herem avec majesté en interrompant son ami.

— Comment! Florestan, avec une si grande fortune...

— Je ferais des dettes, te dis-je; oui, forcément je ferais des dettes.

— Avec deux ou trois millions de biens?

— Avec dix, avec vingt millions, je ferais toujours des dettes. Mon système est d'ailleurs celui de l'Etat : plus la dette d'un pays est forte, plus elle prouve en faveur de son crédit ; or, qu'est-ce que le crédit? la richesse. C'est élémentaire, sans compter qu'il y a là-dedans une haute question de philosophie morale... Mais je t'expliquerai une autre fois mes idées philosophiques et financières. Cours chez Mariette, et préviens-moi de tout ce qui t'arrivera. Voici midi, j'ai promis à cette petite gantière que je m'amuse à émerveiller, de lui faire essayer aujourd'hui un nouveau cheval de selle, le plus joli hak (1) de Paris;

(1) Cheval de promenade.

il me coûte un prix fou ; et elle m'a écrit ce matin pour me rappeler que tantôt je devais la conduire o boa (de Boulogne); o-b-o-a, ça fait au bois dans la pensée de cette ingénue. Voilà pourtant où conduit l'abus de l'écriture ! Ta Mariette ne te fera jamais de ces tours-là ! Cours donc la trouver, j'ai bonne espérance ; écris-moi, ou viens me voir ; mais qu'aujourd'hui je sache ta joie ou ton chagrin : ta joie, je la partagerai ; quant au chagrin, il faudra pardieu bien que je te console. Quoi qu'il arrive, mon cher Florestan, je te tiendrai au courant. Adieu donc et à bientôt.

— Mais j'y songe ; veux-tu que je te conduise chez Mariette ?

— Non, merci, j'aime mieux aller à pied ; en marchant, j'aurai le temps de songer à tant d'événemens singuliers, et au parti que je dois prendre envers mon père au sujet de cette révélation de fortune.

— Adieu donc, mon cher Louis; il est bien convenu qu'avant demain je te verrai ou que j'aurai de tes nouvelles.

Ce disant, M. de Saint-Herem monta dans un *brougham*, voiture du matin merveilleusement bien attelée qui l'attendait à la porte de l'usurier.

Louis Richard se dirigea pédestrement vers la demeure de Mariette.

X.

Lorsque Louis Richard entra dans la chambre occupée par Mariette et par sa marraine, il s'arrêta un moment au seuil de la porte. Son cœur se brisait à la vue douloureuse du tableau qui s'offrait à ses regards.

La jeune fille, couchée tout habillée sur un matelas étendu à terre, semblait inanimée ; ses traits, couverts d'une pâleur mortelle, tressaillaient convulsivement de temps à autre ; ses yeux étaient clos : des traces de larmes séchées se voyaient sur ses joues marbrées ; dans l'une de ses deux mains crispées et croisées sur sa poitrine, elle tenait l'enveloppe où était réunis les débris de la lettre de Louis.

Madame Lacombe, dont la physionomie était ordinairement chagrine et sardonique, paraissait en proie à une douleur touchante ; agenouillée près du matelas où gisait sa filleule, elle soutenait du bout de son bras mutilé la tête appesantie de Mariette, et essayait, de son autre main, de lui faire boire un verre d'eau.

Madame Lacombe retourna vivement la tête, et ses traits reprirent leur expression de dureté habituelle, à l'aspect de Louis immobile à la porte.

— Que voulez-vous?—dit-elle brusquement. — Pourquoi entrez-vous ici sans frapper ? Je ne vous connais pas! Qui êtes-vous?

— Oh! mon Dieu!— s'écria Louis,—dans quel état je la retrouve!—Et sans répondre aux questions de madame Lacombe, il s'approcha vivement du matelas, s'agenouilla et s'écria.— Mariette, qu'avez-vous ? répondez-moi.

Madame Lacombe, d'abord aussi surprise qu'irritée de l'apparition du jeune homme, le regarda avec une attention farouche, réfléchit un moment, et dit d'une voix courroucée :

— Vous êtes Louis Richard?

— Oui, madame. Mais, au nom du ciel, qu'est-il arrivé à Mariette?

— Il lui est arrivé que vous me l'avez tuée!

— Moi, grand Dieu!

— Et quand elle sera morte, c'est vous qui me nourrirez, n'est-ce pas? malheureux que vous êtes!

— Morte ! Mariette!... c'est impossible! Mais, madame, il faut courir chercher un médecin, faire quelque chose... Ses mains sont glacées... Mariette! Mariette! Mon Dieu! mon Dieu! elle ne m'entend pas!

— Voilà comme elle est depuis cette nuit, et c'est votre lettre, mauvais garnement, qui a causé ce malheur !

— Ma lettre?... quelle lettre ?

— Oui, vous allez nier, mentir, maintenant ! mais hier soir le désespoir l'étouffait, cette pauvre petite ; le cœur lui a crevé, et elle m'a tout avoué !

— Mais, mon Dieu ! que vous a-t-elle avoué ?

— Que vous ne vouliez plus la revoir, et que vous la plantiez là pour une autre. Voilà les hommes !

— Mais au contraire ! j'ai écrit à Mariette que...

— Vous mentez ! — s'écria la vieille infirme de plus en plus irritée.— Je vous dis qu'elle a lu votre lettre ; c'est ce chiffon de papier qu'elle tient entre ses doigts. Je n'ai pas pu le lui retirer des mains depuis qu'elle s'est trouvée mal ! A-t-elle assez pleuré dessus, mon Dieu ! Allez-vous-en, garnement ! Mariette a été bien bête, et moi aussi, de refuser ce qu'on nous offrait ; et pourtant, je lui avais dit : « Nous somme honnêtes, tu verras comme ça nous servira ! » Ça n'a pas manqué, elle se meurt, et me voilà sur le pavé, sans feu ni lieu, sans pain ni rien ; car nous devons un terme, et on va tout prendre. Heureusement, — ajouta cette malheureuse avec un sourire sinistre, — heureusement, il me reste un quart de boisseau de charbon ; et le charbon, c'est la délivrance du pauvre monde !

— Ah ! c'est horrible !— s'écria Louis, ne pouvant retenir ses larmes ; — mais, je vous le jure, madame, nous sommes victimes d'une erreur désolante ! Mariette ! Mariette ! revenez à vous ! c'est moi ! moi, Louis !...

— Vous voulez donc me la tuer tout de suite ? — s'écria madame Lacombe en faisant un effort désespéré pour repousser le jeune homme loin du matelas. — Si elle reprend connaissance votre vue va l'achever.

— Soyez béni, mon Dieu !—dit Louis en résistant à madame Lacombe et se penchant vers Mariette.— Elle a fait un mouvement ; voyez, ses mains se desserrent... sa tête se soulève... ses yeux s'ouvrent... Mariette ! m'entendez-vous ? c'est moi !

En effet, la jeune fille revenait peu à peu à elle ; sa tête, languissamment penchée, se releva ; ses yeux rougis par les larmes, après avoir erré un moment dans le vide, s'arrêtèrent sur Louis. Bientôt la surprise, la joie, se peignirent dans son regard, et elle murmura d'une voix faible :

— Louis, c'est vous? Ah ! je n'espérais plus...

Puis la triste réalité se présentant sans doute à sa pensée, elle détourna la vue, laissa retomber sa tête sur le sein de madame Lacombe, qui la soutenait entre ses bras, et lui dit en gémissant :

— Ah ! marraine, il vient pour la dernière fois... tout est fini !

— Quand je vous le disais, moi, que vous alliez l'achever !—s'écria madame Lacombe exaspérée.—Mais sortez donc d'ici ! Oh ! être faible, infirme, et n'avoir pas la force de mettre ce gueux-là dehors ! Il veut me la tuer, m'ôter mon pain !

— Mariette !— s'écria Louis d'une voix suppliante, — de grâce ! écoutez-moi : je ne viens pas pour vous faire mes adieux, je viens au contraire vous dire que je vous aime plus que jamais!

— Grand Dieu ! — reprit la jeune fille en se redressant vivement sur son séant, comme si elle eût ressenti une secousse électrique, — que dit-il?

— Je dis, Mariette, que nous sommes victimes d'une erreur ; je n'ai jamais un moment cessé de vous aimer ; non, jamais ; et pendant mon absence, je n'avais qu'un désir, qu'une pensée, vous revoir et convenir avec vous de tout ce qui était relatif à notre mariage, ainsi que je vous le disais dans ma lettre.

— Votre lettre ?— s'écria Mariette avec un accent navrant.— Oh ! mon Dieu ! il ne se la rappelle seulement plus maintenant ! Tenez, Louis, la voici, votre lettre !

Et elle remit au jeune homme les débris de papier sur lesquels s'apercevaient encore la trace des larmes de la malheureuse enfant.

— Tu vas voir, — reprit amèrement madame Lacombe, pendant que Louis rassemblait à la hâte les morceaux de papier lacérés, — à cette heure, il va renier son écriture ! tu seras assez bête pour le croire, n'est-ce pas ?

— Voilà ce que je vous écrivais, Mariette,—reprit Louis en lisant à mesure qu'il rajusta les débris à côté les uns des autres :

« Ma bonne et chère Mariette,

« Je serai auprès de vous le lendemain du jour où vous » recevrez cette lettre. Ma courte absence, dont j'ai » tant souffert, m'a prouvé qu'il m'est impossible de vi- » vre loin de vous. Grâce à Dieu ! le jour de notre union » est proche : c'est demain, le *six mai*, selon nos conven- » tions. Dès mon retour, je parlerai à mon père de notre » résolution ; je ne doute pas de son consentement.

» Adieu donc, et à après-demain, ma bien aimée Mariet- » te. Je vous aime comme un fou ou plutôt comme un » sage, car la sagesse est d'avoir cherché et trouvé le » bonheur dans un cœur tel que le vôtre.

» À vous pour la vie,

» LOUIS.

» Je vous écris ce peu de mots parce que je serai à » Paris presque en même temps que ma lettre ; et puis » enfin il m'est toujours pénible de penser qu'un autre » que vous lit ce que je vous écris. Sans cela, que de » choses j'aurais à vous dire ! A vous, et pour toujours à » vous ! »

Mariette avait écouté cette lecture avec une telle stupeur qu'elle n'avait pu prononcer une parole.

— Voilà, Mariette,—reprit Louis,—voilà ce que je vous avais écrit. Comment se fait-il, mon Dieu ! que cette lettre vous ait désespérée ?

— Quoi ! monsieur Louis, il y avait cela sur votre lettre ?

— Tenez, madame, voyez plutôt,—dit Louis à madame Lacombe en lui présentant les morceaux lacérés.

— Est-ce que je sais lire, moi ! — répondit-elle brusquement.—Mais comment se fait-il qu'on ait lu à Mariette tout le contraire de ce que vous lui écriviez ?

— Mariette,—s'écria Louis, — qui vous a donc lu ma lettre ?

— L'écrivain public, — répondit la jeune fille.

— Un écrivain public ! — s'écria Louis frappé d'une idée subite. — Oh ! de grâce ! Mariette, expliquez-vous ?

— Mon Dieu ! monsieur Louis, c'est bien simple. J'étais allée chez un écrivain public du Charnier des Innocens pour lui dicter une lettre pour vous. Il l'a écrite, et même, au moment d'y mettre votre adresse à Dreux, il a renversé son encrier dessus, et a été obligé de la recommencer. En revenant ici, j'ai trouvé votre petit mot. N'ayant personne à qui le faire lire en l'absence d'Augustine, je suis retournée chez l'écrivain public, un vieillard bien respectable et rempli de bonté ; je l'ai prié de me lire ce que vous m'écriviez. Il me l'a lu et, selon lui, il y avait dans votre lettre « qu'il ne fallait plus jamais nous revoir, qu'il s'agissait pour vous de l'avenir de votre père et du vôtre, et qu'enfin vous me suppliiez de... »

La pauvre enfant ne put achever, elle se mit à fondre en larmes.

Louis comprit ou devina tout, depuis le hasard qui avait conduit Mariette chez son père, jusqu'au stratagème de l'encrier renversé sur la lettre, alors que l'adresse seule restait à inscrire ; adresse qui, éclairant sans doute le vieillard, lui avait donné la pensée d'écrire une seconde lettre dans un sens tout opposé à celui de la première, et de l'envoyer non pas à Dreux, mais à Paris, afin que Louis la trouvât dès son arrivée. Il comprit enfin que son père avait aussi improvisé la lecture d'une lettre de rupture lorsque Mariette était retournée près de lui pour la seconde fois.

En apprenant ainsi l'affligeant abus de confiance dont son père s'était rendu coupable dans un but trop évident,

Louis, accablé de douleur et de honte, n'osa pas avouer à la jeune fille quels liens l'attachaient à l'écrivain public. Mais désirant donner à Mariette et à sa marraine une explication plausible de cette tromperie, il leur dit :

— Voilà sans doute ce qui sera arrivé : cet écrivain public aura, malgré son apparente bonhomie, voulu faire une méchante et triste plaisanterie, ma pauvre Mariette : il vous aura lu tout le contraire de ce que je vous écrivais.

— Oh ! ce serait indigne ! — dit la jeune fille en joignant les mains. — Quelle fausseté de la part de ce vieillard ! il avait l'air si bon en me parlant de l'intérêt que lui inspiraient les pauvres créatures qui, comme moi, ne savaient ni lire ni écrire !

— Que voulez-vous ! il vous a trompée, Mariette, cela est certain.

— Mais la lettre que je lui ai dictée pour qu'elle vous parvînt à Dreux?

— Elle sera arrivée dans cette ville lorsque je l'aurai eu quittée, — répondit le jeune homme en cachant à Mariette que la veille cette lettre lui avait été remise à Paris. — Mais que nous importe ? — ajouta Louis, désirant terminer un entretien si pénible pour lui. — Ne sommes-nous pas à cette heure rassurés sur nos sentimens, Mariette, et...

— Un instant, — dit madame Lacombe, qui était restée pendant quelques instans pensive, — un instant, vous êtes rassurés, vous deux, mais moi, non.

— Comment, madame?

— Que voulez-vous dire, marraine ?

— Je veux dire, — reprit aigrement madame Lacombe, — que je ne veux pas de ce mariage-là.

— Madame, écoutez-moi...

— Il n'y a pas de madame ! Puisque vous êtes fils d'un écrivain public, vous n'avez pas le sou, Mariette non plus, et deux misères qui se marient en valent trois. Ma filleule m'a déjà à sa charge, il ne lui manquerait plus que d'avoir des enfans ! Beau ménage d'affamés que ça ferait là !

— Mais, marraine... — dit la jeune fille.

— Laisse-moi tranquille, toi ! Je vois bien le plan : on veut se marier pour se débarrasser de la vieille ! Oui, oui, » tôt ou tard on lui dira : « —Nous n'avons seulement pas » assez de pain pour nous et pour nos enfans, et il nous » faut encore te nourrir à rien faire. Va-t'en d'ici, la » vieille ! *vis si tu peux, meurs si tu veux* ! comme dit le » proverbe. »—Et moi, une fois dans la rue, on m'arrêtera comme *vagabonne*, on me conduira au *dépôt*, et vous serez débarrassés de ma personne. Oui, oui, le voilà, votre plan !

— Oh ! mon Dieu ! — s'écria Mariette, — pouvez-vous croire cela ?

— Madame, — se hâta de dire Louis, —rassurez-vous. Aujourd'hui même, j'ai fait une découverte à laquelle j'étais loin de m'attendre. Mon père, pour des raisons que je dois respecter, m'avait jusqu'ici caché qu'il était riche, très riche.

Mariette regarda Louis d'un air plus étonné que ravi de cette nouvelle inattendue; puis elle dit à madame Lacombe :

— Vous le voyez, marraine, vous n'aurez plus maintenant de ces craintes si navrantes pour moi.

— Ah ! ah! ah ! ah !—s'écria madame Lacombe avec un éclat de rire sardonique ; — elle donne là-dedans ! elle...

— Mais, ma marraine...

—Tu ne vois pas qu'il invente ce mensonge-là pour que je consente à ton mariage?

— Madame, je vous jure...

— Je vous dis que tout ça, c'est des tromperies, moi !— s'écria madame Lacombe ; — ou bien, si vous êtes riche, alors vous ne voudrez plus de Mariette. Allons donc ! est-ce que le fils d'un homme riche est assez bête pour épouser une pauvre ouvrière qui ne sait ni lire ni écrire !

Sans partager les doutes de sa marraine, Mariette, son-geant à la nouvelle fortune de Louis, le regarda d'un air inquiet, attristé.

Le jeune homme comprit la signification de ce regard et reprit :

— Vous vous trompez, madame Lacombe : le fils d'un homme riche tient la parole qu'il a donnée étant pauvre, lorsque le bonheur de sa vie est attaché à cette parole.

— Bah ! bah ! c'est des mots, — interrompit la malade d'un ton méfiant et bourru. — Que vous soyez riche ou pauvre, vous n'aurez pas Mariette, à moins de m'assurer de quoi vivre. Je ne demande pas beaucoup : six cents francs par an ; mais il me les faut en argent avant le contrat, et déposés chez un bon notaire.

— Ah ! marraine, — dit Mariette, ne pouvant retenir ses larmes,—vous défier ainsi de Louis !

— Ah ! bien oui !—s'écria la malheureuse créature,—ayez-en donc de la confiance, et puis un beau jour vous êtes volée ! Je connais ça : *avant*, on promettra tout ce qu'on voudra, et puis *après*, on aura de la vieille infirme par dessus les bras, et on vous la fera fourrer au dépôt, plus vite que ça ! Seule avec Mariette, je n'aurais pas craint d'être mise par elle sur le pavé : je lui suis à charge, elle a assez de moi, c'est vrai ; mais elle est bonne petite fille, l'habitude est prise, et elle me craint. Tandis qu'une fois mariés, vous me ficheriez tous les deux à la porte sans rémission, et où voulez-vous que j'aille, moi ? Qu'est-ce que vous voulez que je devienne? Est-ce que c'est de ma faute si je me suis estropiée dans mon état? Non ! non ! pas de mariage, ou six cents francs de rente pour moi dé-posés chez un bon notaire ! C'est mon idée. Pendant que madame Lacombe se livrait à ces récriminations amères, Louis et Mariette avaient échangé des regards tristement significatifs.

La jeune fille semblait dire :

— Vous l'entendez, Louis ! Avais-je tort de vous dire combien le malheur, qui s'est acharné sur elle durant toute sa vie, a aigri le caractère de ma marraine ?

— Pauvre enfant !— semblait répondre le jeune homme ; — que vous avez dû souffrir ! Voir un dévouement aussi tendre, aussi saint que le vôtre accueilli, compris, récompensé de la sorte !

— C'est le malheur qu'il faut accuser, non pas elle, Louis : elle a tant souffert ! — répondait le touchant regard de la jeune fille.

— Madame,—reprit Louis lorsque la malade eut cessé de parler,—vous pouvez être certaine que votre sort sera ce qu'il devait être : Mariette et moi, nous n'oublierons jamais que vous l'avez recueillie, que vous avez été pour elle une seconde mère, et, soit que vous consentiez à vivre auprès de nous, soit que vous préfériez vivre seule, vous serez traitée aussi dignement que vous devez l'être.

— Ah ! merci, Louis, — dit la jeune fille avec reconnaissance ; — merci de partager ainsi ce que je ressens pour ma pauvre marraine, ma seconde mère !

Et la jeune fille se pencha vers madame Lacombe pour l'embrasser ; mais la malade, la repoussant, reprit avec un accent sardonique :

— Tu ne vois pas qu'on se moque de nous? T'épouser ! Me faire une pension ! Est-ce que ça s'est jamais vu ? Il veut m'amadouer, voilà tout ; et, s'il est vraiment riche, veux-tu que je te dise ce qui t'arrivera, moi? Il t'enjôlera, te lanternera, et un beau jour tu apprendras sa noce avec une autre; aussi je lui défends de remettre les pieds ici.

— A moins, madame, que je ne me présente chez vous avec mon père, et qu'il ne vienne vous demander la main de Mariette, en vous faisant connaître les avantages qu'il nous assure et à vous aussi.

— Oui, oui, — répondit la malade en se retournant vers la ruelle, car elle s'était remise sur son lit,— quand nous vous reverrons pour nous proposer ces belles choses-là, ce sera la semaine des quatre jeudis.

— Ce sera demain, madame Lacombe,—répondit Louis. Puis, s'adressant à la jeune fille :

— Adieu, Mariette. A demain donc, je viendrai avec mon père.

— Mon Dieu! Louis, il serait vrai! — répondit-elle en serrant tendrement les mains du jeune homme entre les siennes. — Après tant de chagrins, le bonheur viendrait enfin... le bonheur pour toujours!

— Allez-vous bientôt finir? vous me rompez la tête avec votre bonheur! — s'écria aigrement la malade. — Laissez-moi donc en repos; et toi, Mariette, ne bouge pas de là : tu meurs d'envie d'accompagner ce menteur-là dans l'escalier; mais j'ai dit non, c'est non.

Louis et Mariette échangèrent un dernier regard, et le jeune homme dit tout bas :

— A demain, Mariette, ma bien-aimée, ma femme!

— Va-t-il décaniller à la fin!—s'écria la malade.

Louis quitta la chambre. Mariette revint lentement s'asseoir auprès du lit de sa marraine.

Peu d'instans après cette scène, le jeune homme se rendait en hâte à l'échoppe de son père, où il espérait le rencontrer, mais il trouva l'échoppe fermée, s'informa de M. Richard, et il apprit qu'il n'avait pas paru ce jour-là au Charnier des Innocens. Etonné de ce dérangement si grave dans les habitudes régulières du vieillard, Louis courut alors à la rue de Grenelle, leur commun logis.

XI.

Louis Richard arriva bientôt rue de Grenelle. Au moment où il passait devant la loge du portier, celui-ci lui dit :

— Monsieur Louis, votre père est sorti il y a deux heures; il a laissé cette lettre pour vous; je devais la porter à votre étude si vous n'étiez pas revenu ici avant deux heures de l'après-midi.

Le jeune homme prit cette lettre ; elle contenait ce qui suit :

« Mon cher enfant,

» Je reçois à l'instant quelques lignes de mon ami Ramon; il m'apprend qu'il part de Dreux avec sa fille en même temps que sa lettre, et qu'il arrivera aujourd'hui à Paris.

» Comme il n'a été de sa vie en chemin de fer, et qu'il » se fait un plaisir d'essayer de ce genre de locomotion, » il s'arrêtera à Versailles, où il nous prie de venir l'atten- » dre. Nous visiterons le palais et nous reviendrons tous » à Paris par l'un des derniers convois.

» Je t'attends à l'hôtel du Réservoir. Si je suis déjà parti » avec Ramon et sa fille pour notre excursion au palais, » tu sauras bien nous retrouver. Il est entendu que cette » entrevue avec mademoiselle Ramon ne t'engagera nulle- » ment pour l'avenir. Je désire seulement que, profitant de » l'occasion qui se présente aujourd'hui, tu puisses, grâce » à un sérieux examen, reconnaître l'injustice de tes pré- » ventions contre cette jeune personne. D'ailleurs, tu com- » prendras que, quels que soient tes projets, il serait très » désobligeant pour Ramon, un de mes meilleurs amis, » de te voir manquer au rendez-vous qu'il nous donne. » Viens-y donc, mon cher Louis, ne fût-ce que par con- » venance.

» Ton père qui t'aime, et qui n'a au monde qu'un désir : » ton bonheur !

» A. RICHARD. »

Louis, malgré sa déférence ordinaire aux volontés de son père, s'abstint de se rendre à Versailles, sentant la complète inutilité d'une nouvelle entrevue avec mademoiselle Ramon, puisqu'il était plus décidé que jamais à épouser Mariette.

L'étrange révélation qui lui avait fait connaître la fortune de son père changea si peu les modestes et laborieuses habitudes de Louis, qu'il se rendit en hâte à son étude afin d'y accomplir son devoir et d'excuser son absence durant la matinée. Quelques travaux pressés auxquels il se livra, non sans de nombreuses distractions causées par les divers incidens de la journée, le retinrent longtemps à son étude. Au moment où il se disposait à sortir, un de ses camarades entra en s'écriant :

— Ah! mes amis, quel événement! quel malheur!

— Quoi? qu'y a-t-il?

— Je viens de rencontrer quelqu'un qui arrive de la gare du chemin de fer de Versailles.

— Du chemin de fer! — dit Louis en tressaillant. — Eh bien! qu'est-il arrivé?

— Un épouvantable accident.

— Grand Dieu! — s'écria Louis en pâlissant.

— Achevez.

— Le convoi de retour sur Paris a déraillé; les wagons se sont amoncelés les uns sur les autres, le fourneau de la machine a mis le feu aux voitures, et l'on dit que presque tous les voyageurs ont été écrasés ou brûlés, et que...

Louis, saisi d'une angoisse mortelle, n'en put pas entendre davantage. Oubliant de prendre son chapeau, il se précipita hors de l'étude, courut à une porte cochère où se tenait habituellement un cabriolet *de régie*, et, sautant dans cette voiture, il dit au cocher :

— Vingt francs de pourboire si vous me conduisez à toute bride au chemin de fer de Versailles... et de là... ailleurs... je ne sais encore où... Mais partons, au nom du ciel, partons!

— Rive droite ou rive gauche, monsieur? — dit le cocher en fouettant son cheval.

— Comment?

— Il y a deux gares, monsieur, celle de la rive droite et celle de la rive gauche.

— Je veux aller sur la ligne où vient d'arriver un affreux malheur.

— C'est la première nouvelle que j'en apprends, monsieur.

Louis se fit reconduire à son étude, afin de se renseigner auprès de celui de ses camarades qui avait apporté la nouvelle de l'événement ; mais n'ayant plus trouvé personne chez son notaire, le fils de l'avare remonta en cabriolet avec un redoublement d'angoisse.

— Monsieur, — lui dit le cocher, — je viens d'apprendre que c'est sur la rive gauche.

Louis, tiré de son indécision, se fit mener à l'embarcadère de la rive gauche. Là, l'événement lui fut confirmé; il apprit aussi à quel endroit de la ligne cet affreux malheur était arrivé. La grande route d'abord, un chemin de traverse ensuite, lui permirent de s'avancer jusqu'à peu de distance du Bas-Meudon, vers la tombée de la nuit. Il se jeta hors du cabriolet et, guidé par les dernières lueurs de l'incendie des wagons amoncelés, il se trouva bientôt sur le lieu du sinistre.

Les récits contemporains ont si longtemps retenti de cette catastrophe, qu'il est inutile d'entrer ici dans de nouveaux détails ; nous dirons seulement que, pendant toute la nuit, en vain Louis rechercha son père parmi ces corps calcinés, défigurés ou affreusement blessés. Vers quatre heures du matin, le jeune homme, brisé de douleur, de fatigue, revint à Paris, n'ayant plus qu'un espoir, c'est que son père, ayant, ainsi qu'un petit nombre de voyageurs, échappé au danger, eût regagné sa demeure pendant la soirée.

A peine arrivé devant la porte de sa maison, Louis descendit de cabriolet et courut à la loge du portier :

— Mon père est-il rentré? — furent ses premiers mots.

— Non, monsieur Louis.

— Ah! plus de doute! — murmura-t-il en étouffant ses sanglots; — mort!... mort!...

Et ses genoux fléchissant sous lui, il fut obligé de s'asseoir, et faillit s'évanouir.

Après s'être reposé quelques instans chez le portier, qui lui offrit les banales condoléances d'usage, Louis regagna lentement sa chambre.

A la vue de cette pauvre demeure, si longtemps partagée avec un père qu'il avait si tendrement aimé, et qui venait de périr d'une mort épouvantable, la douleur de Louis atteignit à son comble ; il se jeta sur son lit, cachant sa figure entre ses mains, et donna un libre cours à ses sanglots.

Depuis une demi-heure environ, il s'abîmait dans un profond désespoir, lorsqu'il entendit frapper à sa porte, et le portier entra.

— Que voulez-vous ? —dit Louis en essuyant ses pleurs.

— Monsieur Louis, je suis bien fâché de vous déranger dans un pareil moment, mais c'est le cocher...

— Quoi?—demanda Louis, qui, tout à sa douleur, avait oublié le cabriolet.—Quel cocher ?

— Mais le cocher que vous avez gardé toute la nuit. Il paraît que vous lui avez promis vingt francs pour boire, ce qui fait, avec ses heures de course d'hier et de cette nuit, quarante-neuf francs, et il les demande.

— Eh ! mon Dieu ! — dit le jeune homme avec une douloureuse impatience , — donnez-lui cet argent, et laissez-moi !

—Mais, monsieur Louis, quarante-neuf francs, c'est une grosse somme ! Et je ne l'ai pas, moi !

— Ah! mon Dieu ! comment faire ? — s'écria Louis, rappelé par cette demande aux intérêts matériels de la vie.— Je n'ai pas d'argent.

Et il disait vrai, car jamais il n'avait eu à sa libre disposition le quart de la somme qu'il devait au cocher.

— Mais alors, monsieur , — reprit le portier, — comment prenez-vous des cabriolets de régie à l'heure, et la nuit encore , en leur promettant des pourboire de vingt francs? Vous êtes donc fou ! Comment allez-vous faire? Voyez au moins s'il n'y a pas quelque monnaie dans le tiroir de feu votre père.

A ces derniers mots, Louis se souvint de ce que, dans sa douleur, il avait jusqu'alors oublié. On lui avait dit que son père était riche. Songeant alors que peut-être il y avait dans la chambre quelque argent caché, mais ne voulant pas se livrer à ces recherches devant le portier, il lui dit :

— Il se peut que j'aie besoin du cabriolet ce matin; qu'il attende. Si d'ici à une demi-heure je ne suis pas descendu, vous remonterez; je vous remettrai l'argent.

— Mais, monsieur, cette attente va encore augmenter vos frais, et, si vous n'avez pas de quoi payer, il faudra...

— C'est bien, — reprit Louis en l'interrompant brusquement, — je sais ce que j'ai à faire.

Le portier sortit. Le jeune homme, resté seul, éprouva une sorte de remords en songeant aux recherches qu'il allait tenter ; cette investigation, dans un pareil moment, lui semblait sacrilége ; mais, forcé par la nécessité, il se résigna.

Le mobilier de la chambre se composait d'une table à écrire, d'une commode, et d'un vieux bahut en noyer pareil à ceux que l'on voit chez les paysans aisés ; il se composait de deux compartimens superposés l'un à l'autre.

Louis visita la table et la commode: il n'y trouva pas d'argent; les deux clefs du bahut étaient aux serrures des compartimens; il les ouvrit et ne vit que quelques hardes sur les planches; un long tiroir séparait les deux corps de ce meuble; dans ce tiroir, Louis ne trouva que quelques papiers sans importance. Cependant, pensant à la possibilité d'une cachette, l'idée lui vint de faire sortir ce tiroir de ses rainures ; d'abord il n'aperçut rien, mais un examen plus attentif lui fit découvrir un bouton de cuivre effleurant la rainure gauche ; il poussa ce bouton ; aussitôt il entendit dans le corps inférieur du meuble un léger grincement semblable à celui de deux charnières qui se déploient ; il se baissa et vit la planche qui semblait former le compartiment s'abaisser lentement en mettant à jour un double fond, creux de six pouces environ, et s'étendant dans toute la partie postérieure du meuble. Plusieurs tablettes transversales, disposées comme les rayons d'une bibliothèque et recouvertes de velours rouge garnissaient cette cachette ; sur chacune d'elles on voyait, symétriquement rangées, d'innombrables piles de pièces d'or, de tous les modèles, de tous les pays, de toutes les époques ; évidemment chacune de ces pièces devait avoir été souvent nettoyée, lustrée, car elles étincelaient comme si elles venaient de sortir du balancier.

Louis, malgré son accablante tristesse, resta un moment ébloui à la vue de ce trésor, dont la valeur devait être considérable. Cette première impression passée, il remarqua un papier placé sur la première tablette, le prit, et reconnaissant l'écriture de son père, il lut ces mots :

« Cette collection de pièces d'or a été commencée le
» 7 septembre 1803 ; sa valeur vénale se monte à 287,634
» fr. 10 c. (Voir le pagraphe IV de mon testament confié à
» maître Marainville, notaire, rue Sainte-Anne, n° 28, dé-
» positaire de mes titres de rentes, actions et autres va-
» leurs de portefeuille. Voir aussi l'enveloppe cachetée,
» placée derrière les piles de quadruples d'Espagne, cin-
» quième tablette.) »

Louis dérangea plusieurs piles de ces épaisses et larges pièces d'or, et trouva en effet une enveloppe cachetée de noir.

Sur cette enveloppe on lisait ces mots écrits en grosses lettres :

« A MON CHER ET BIEN-AIMÉ FILS. »

Au moment où Louis mettait la main sur cette enveloppe, on frappait à la porte. Se rappelant qu'il avait dit au portier de revenir bientôt, il n'eut que le temps de prendre un des quadruples et de pousser les ventaux du meuble, qui se refermèrent sur le trésor.

Le portier examina avec autant de surprise que de curiosité le doublon que le jeune homme venait de lui remettre, et s'écria d'un air ébahi:

— Quelle belle pièce d'or ! On la croirait toute neuve. Je n'en ai jamais vu de pareille.

— Il suffit, — reprit Louis ; — allez payer.

— Combien cela vaut-il donc, une belle pièce d'or comme cela, monsieur ?

— Cela vaut plus que la somme que je dois ; allez chez un changeur et payez le cocher.

— Monsieur Louis, — reprit le portier d'un ton mystérieux, — est-ce que le père Richard vous en a beaucoup laissé de ces belles pièces-là ? Qui est-ce qui aurait jamais cru que ce pauvre bonhomme... ...

— Sortez ! — s'écria Louis, irrité du cynisme de cette question ; — allez payer le cocher et ne revenez pas.

Le portier se hâta de se retirer. Louis, afin d'être à l'abri de nouvelles indiscrétions, s'enferma, ôta la clef de la serrure, et revint au bahut.

Avant d'ouvrir le testament de son père, et pendant un moment encore, le jeune homme contempla, presque malgré lui, l'éblouissant trésor. Mais cette fois, et quoiqu'il se reprochât cette pensée trop riante dans un si funèbre moment, il songeait à Mariette, se disant que le quart de la somme qu'il avait sous les yeux lui suffirait pour assurer à jamais le bien-être et l'indépendance de sa femme.

Puis il tâchait d'oublier le cruel stratagème employé par son père à l'égard de la pauvre ouvrière, et se plaisait même à croire que son mariage avec elle aurait obtenu l'assentiment du vieillard, et que, sans avouer les richesses qu'il possédait, il eût du moins assuré le sort des nouveaux époux.

La découverte de ces richesses n'inspirait pas à Louis une de ces joies cupides et vengeresses que ressentent presque toujours les héritiers d'un avare, lorsqu'ils songent aux privations cruelles que cette avarice leur a fait souffrir.

Ce fut, au contraire, avec un touchant et pieux respect que le jeune homme prit le testament de son père et que, d'une main tremblante d'émotion, il décacheta le pli qui contenait sans doute les dernières volontés du vieillard.

XII.

Le testament du vieillard, écrit depuis deux mois environ, était ainsi conçu :

« Mon fils bien-aimé, lorsque tu liras ces lignes j'aurai
» cessé de vivre.

» Tu m'as toujours cru pauvre ; je te laisse une grande
» fortune accumulée par mon AVARICE.

» J'ai été *avare*, je ne m'en défends pas ; loin de là,
» je m'en honore, je m'en glorifie.

» Et voici pourquoi :

» Jusqu'au jour de ta naissance, qui m'a ravi ta mère,
» j'avais, sans me montrer prodigue, été assez insoucieux
» d'augmenter mon patrimoine et la dot que m'avait ap-
» portée ma femme ; dès que j'ai eu un fils, ce sentiment
» de prévoyance, qui devient un devoir sacré lorsqu'on
» est père, s'est peu à peu changé chez moi en éco-
» nomie, puis en parcimonie, puis enfin en AVARICE.

» Du reste, les privations que je m'imposais, tu n'en
» souffris jamais dans ton enfance. Né sain et robuste,
» la mâle simplicité de ton éducation a aidé, je le crois,
» au développement de ton excellente constitution.

» Lorsque tu as été en âge de recevoir l'instruction, je
» t'ai envoyé dans une des écoles ouvertes à la pauvreté ;
» d'abord, c'était pour moi une économie (il n'y a pas de
» petites économies) ; ensuite, tu devais puiser dans cette
» éducation commune l'habitude d'une vie modeste, labo-
» rieuse. Le succès a dépassé mon attente. Elevé avec
» des enfans pauvres au lieu de l'être avec des enfans
» riches ou aisés, tu n'as ressenti aucun de ces goûts fac-
» tices, dispendieux, aucune de ces envies amères, au-
» cune de ces jalousies vaniteuses, qui influent presque
» toujours fatalement sur nos destinées.

» Je t'ai ainsi épargné beaucoup de chagrins, qui pour
» être enfantins n'en sont pas moins cruels.

» Tu n'as pas eu à comparer ta condition à des conditions
» plus hautes ou plus opulentes que la tienne.

» Tu n'as pas éprouvé une sorte de regret haineux
» en entendant tel de tes camarades parler de la splendeur
» de l'hôtel de son père, tel autre vanter l'antique no-
» blesse de sa race, tel autre, enfin, supputer les riches-
» ses dont il jouirait un jour.

» L'on croit généralement que, parce que des enfans
» de conditions très dissemblables portent le même unifor-
» me, mangent à la même table, suivent les mêmes
» cours au collége, le sentiment de l'égalité existe entre
» eux.

» Erreur profonde.

» L'inégalité sociale est aussi bien comprise parmi les
» enfans qu'elle l'est dans le monde.

» Presque toujours le fils d'un riche bourgeois, ou d'un
» grand seigneur, montre à dix ans la morgue ou la hau-
» teur qu'il déploiera quinze ans plus tard.

» Que les enfans soient de *petits hommes*, ou que les
» hommes soient de *grands enfans*, peu importe : tout
» âge a la conscience de sa condition.

» Quant à toi, élevé avec des enfans du peuple, tu les
» entendais tous parler des rudes labeurs de leur père et
» de leur mère ; aussi, l'indispensable nécessité du travail
» s'est dès ton plus jeune âge gravée dans ton esprit.

» D'autres tes condisciples racontaient les privations,
» la misère de leur famille ; ainsi tu t'es accoutumé à l'i-
» dée de notre pauvreté.

» Enfin tu as vu le plus grand nombre de ces enfans,
» résignés, courageux (la résignation, le courage, deux des
» plus grandes vertus du peuple), et jamais jusqu'ici, mon
» fils bien aimé, la résignation, le courage, ne t'ont fait dé-
» faut.

» A quinze ans, je t'ai fait concourir pour une bourse
» d'externe dans une école communale supérieure, où tu
» as achevé tes études ; ta première éducation avait déjà

» porté d'excellens fruits, car dans cette nouvelle école,
» bien que plusieurs de tes camarades appartinssent à
» l'aristocratie de naissance ou de fortune, leur contact n'a
» en rien altéré tes qualités précieuses, et tu ne con-
» nus jamais la jalouse envie.

» A dix-sept ans, tu es entré petit clerc chez un notaire,
» mon ami, qui seul a eu le secret et l'administration de
» ma fortune ; jusqu'à cette heure où j'écris ces lignes,
» la discrétion de cet ami a égalé son dévoûment ; la
» modeste carrière que tu étais appelé à parcourir ne t'ins-
» pirait pas d'éloignement ; l'amitié de ton patron pour moi
» me répondait de sa sollicitude à ton égard ; il t'a donné
» des leçons de droit public, et grâce à ses soins, aux
» travaux dont il t'a progressivement chargé, tu as ac-
» quis près de lui une parfaite connaissance des affaires ;
» ainsi, grâce à ma prévision, tu vas être à même de gé-
» rer habilement, fructueusement, les biens considérables
» que je t'ai amassés.

» Ma conscience ne me reproche rien, et cependant
» parfois, je te l'avoue, j'ai craint que tu n'adresses à ma
» mémoire ce reproche :

» *Pendant que vous entassiez des richesses, mon père,*
» *vous me voyiez sans pitié souffrir de cruelles privations.*

» Mais la réflexion chassait toujours cette crainte de
» mon cœur ; je me rappelais, mon cher enfant, combien
» de fois tu m'as dit que, bien que pauvre, ta condition te
» satisfaisait, et si tu désirais un peu de bien-être, c'était
» pour moi seul.

» En effet, ton inaltérable bonne humeur ; ta douceur,
» l'égalité de ton caractère, ta gaîté naturelle, ta tendresse
» pour moi, m'ont toujours prouvé que ton sort te con-
» tentait ; d'ailleurs, je le partageais. Ce que je gagnais,
» de mon côté, dans mon métier d'écrivain public, joint à
» tes économies, nous permettait de vivre sans toucher à
» mes revenus. Ainsi capitalisés, ils ont fructifié entre les
» mains prudentes de leur dépositaire ; cela dure depuis
» près de vingt ans. Aussi aujourd'hui, jour où j'écris ce
» testament, la fortune que je te laisserai se montera à
» près de deux millions et demi.

» Je ne sais combien d'années il me reste encore à vi-
» vre ; mais que je vive seulement encore dix ans, j'aurai
» atteint le terme moyen de l'existence humaine ; tu au-
» ras alors trente-cinq ans, et je t'aurai amassé une for-
» tune de quatre à cinq millions, puisque un capital se
» double en dix ans.

» Ainsi, selon toute probabilité (à moins qu'un coup im-
» prévu me frappe), lorsque tu entreras en possession de
» ces grands biens, tu atteindras ta complète maturité ;
» tes habitudes sobres, modestes, laborieuses, contrac-
» tées depuis l'enfance, seront pour toi une seconde na-
» ture. Ton intelligence des affaires se sera encore déve-
» loppée par la pratique. Joins à ces avantages la recti-
» tude de ton esprit, la forte trempe de ta constitution
» physique que nul excès précoce n'aura affaiblie, et
» maintenant, mon cher enfant, dis-moi si tu ne te trouve-
» ras pas dans la meilleure condition possible pour hériter
» de la fortune que je t'ai créée, et pour en user selon tes
» goûts, qui, je le pressens, seront aussi généreux qu'ho-
» norables.

» Pourquoi, te diras-tu peut-être, me suis-je borné à
» laisser mes fonds se capitaliser sans tenter quelque
» grande opération financière, ou sans me donner toutes
» les jouissances du luxe ?

» Pourquoi cela ? Je vais te le dire, mon cher enfant.

» Mon avarice a eu sa source, il est vrai, dans un senti-
» ment de prévoyance paternelle. Mais cette avarice a fini
» par prendre tous les caractères inhérens à cette violente
» passion.

» Or, j'ai pu, je puis encore me priver de tout afin d'en-
» tasser richesses sur richesses, parce que je me dis avec
» bonheur que c'est pour toi que j'entasse, et que tu hé-
» riteras un jour. Mais, de mon vivant, me dessaisir
» de mes biens dans tel ou tel but, ou les risquer dans
» des opérations financières ? Impossible, oh ! impossible !

» Ce serait me déchirer les entrailles; car sais-tu ce qui
» fait de la possession de nos trésors une seconde vie pour
» nous autres avares ? C'est que, sans dépenser, sans hasar-
» der un denier, nous nous livrons en imagination aux opé-
» rations les plus immenses, aux magnificences les plus
» inouïes. Et cela n'est pas un vain désir, un songe creux.
» Non, non, de par l'état de ma caisse, ces magnificences
» étaient réalisables demain, aujourd'hui, sur l'heure.

« Comment alors veux-tu qu'un *avare* ait le courage ou
» la volonté de se désaisir d'un pareil talisman ? Comment !
» pour un projet, pour un seul rêve réalisé, on irait sa-
» crifier mille projets, mille rêves toujours réalisables, sur-
» tout lorsqu'on se dit : — Quel mal est-ce que je fais? A
» qui portai-je dommage? Mon fils jusqu'ici ne s'est-il pas
» trouvé heureux de son sort? Ne ferait-il pas l'orgueil
» des pères les plus fiers de leur enfant? N'est-ce pas
» après tout pour lui, *pour lui seul* que je thésaurise?

» Et puis enfin, j'aurais agi différemment, voyons,
» quel bien en serait-il résulté pour mon fils et pour moi?

» Si j'avais été *prodigue*, ma prodigalité t'eût laissé dans
» la misère, mon pauvre cher enfant.

» Me serais-je borné à dépenser sagement mon revenu ?

» Alors, au lieu de nous adonner au travail, nous se-
» rions sans doute restés oisifs; au lieu de vivre pauvre-
» ment, nous aurions eu quelques jouissances physiques,
» quelques satisfactions vaniteuses. Nous eussions enfin
» vécu comme tous les bourgeois aisés de notre con-
» dition.

» A cela, qu'eussions-nous gagné ?

» Serions-nous devenus meilleurs? Je ne sais. Mais à ma
» mort je ne t'aurais laissé qu'un revenu raisonnable, et
» non suffisant à la réalisation d'aucune vaste et géné-
» reuse entreprise.

» Un dernier mot, mon cher enfant, pour répondre
» d'avance à un reproche que tu adresseras peut-être
» à ma mémoire.

» Crois-le bien, si je t'ai laissé ignorer mes richesses,
» ce n'est par un sentiment de dissimulation ou par mé-
» fiance de moi.

» Voici quelles ont été mes raisons :

» Ignorant nos richesses, tu te résignais facilement à la
» pauvreté; instruit, au contraire, de notre fortune, tu
» aurais accepté peut-être sans murmurer l'humble exis-
» tence que je t'imposais, mais tu m'aurais intérieure-
» ment accusé de dureté, de bizarre égoïsme. Qui sait
» enfin si la certitude de ta richesse à venir n'eût pas,
» peu à peu, dénaturé tes précieuses qualités?

» Ce n'est pas tout, et pardonne-moi, cher enfant, cette
» crainte insensée, cette appréhension si outrageante
» pour ton excellent cœur; mais, pour jouir de ta ten-
» dresse filiale dans tout ce que son désintéressement
» avait de plus pur, de plus touchant, de plus saint, je
» n'ai pas voulu, de mon vivant, *te donner l'arrière-pensée*
» *d'un opulent héritage.*

» Une dernière raison, enfin, et peut-être la plus grave
» de toutes, m'a conduit à te cacher ma richesse... Je t'ai-
» me tant... vois-tu, qu'il m'eût été impossible de te voir
» subir la moindre privation, si tu avais su qu'il dépendait
» de moi de te donner la vie la plus large, la plus somp-
» tueuse.

» Malgré l'apparente contradiction qui semble exister
» entre ce sentiment et ma conduite avaricieuse envers
» toi, j'espère, mon cher enfant, que tu comprendras ma
» pensée.

» Et maintenant que par la pensée je me mets face à
» face avec la mort, qui peut me frapper demain, au-
» jourd'hui, tout à l'heure... je déclare en ce moment su-
» prême et solennel, que je te bénis du plus profond de
» mon âme, cher enfant bien-aimé, toi qui ne m'as ja-
» mais donné que joie et bonheur en ce monde.

» Sois donc béni, Louis, mon bon et tendre fils, sois heu-
» reux selon tes mérites, et mes derniers désirs seront com-
» blés.

> » Ton père, A. RICHARD.

» Écrit en double, à Paris, le 25 février 18**. »

Louis, profondément ému de la lecture de ce singulier
testament, pleura longtemps, réfléchissant à la bizarrerie de son père.

Le jour touchait à sa fin, lorsque le jeune héritier entendit frapper à la porte de la mansarde, et la voix bien
connue de Florestan de Saint-Herem arriva jusqu'à lui.

XIII.

Saint-Herem se jeta dans les bras de son ami, et lui dit :

— Louis ! mon pauvre Louis ! je sais tout. Hier, je
t'avais promis de venir m'informer de ce qui t'intéressait :
tout à l'heure, lorsque je suis monté ici, ton portier m'a
appris la mort de ton père. Ah ! quel cruel et subit événement !

— Tiens, Florestan, — reprit Louis d'une voix pleine de
larmes, en remettant à Saint-Herem le testament du
vieillard, — lis, et tu comprendras si mes regrets doivent
être amers.

Lorsque Saint-Herem eut achevé la lecture du testament,
Louis reprit :

— Eh bien ! dis, maintenant, crois-tu que quelqu'un
puisse blâmer mon père de son avarice? Sa seule pensée
n'a-t-elle pas toujours été de m'enrichir, de me mettre à
même de m'enrichir davantage encore, ou de faire un
généreux usage des grands biens qu'il me laisse? C'était
pour moi qu'il thésaurisait en s'imposant les plus rudes
privations !...

— Rien ne m'étonne de la part d'un avare, — répondit
sincèrement Florestan.—Les avares sont capables de grandes choses... et je dis cela pour tous ceux qui sont en proie
à cette passion puissante et féconde.

— Florestan, n'exagérons rien.

— Cela te semble un paradoxe? Rien n'est pourtant
plus vrai. On a toujours été envers les avares d'une injustice stupide, — ajouta Saint-Herem avec un enthousiasme
croissant. — Les avares ! mais l'on devrait leur élever des
autels! Les avares ! mais c'est prodigieux, le génie qu'ils
emploient à inventer des économies inconcevables, impossibles ! C'est quelque chose de merveilleux que de les
voir, grâce à leur opiniâtre et savante parcimonie sur
toute chose, faire de l'or avec des épargnes en apparence
insaisissables, bouts d'allumettes conservés ! épingles ra-
massées ! centimes portant intérêt ! liards placés à la
grosse aventure ! Et l'on ose nier les alchimistes, les in-
venteurs de la pierre philosophale ! Mais l'avare la trouve,
lui, la pierre philosophale ! Encore une fois, ne fait-il pas
de l'or avec ce qui n'est rien pour les autres !

— Sous ce rapport tu as raison, Florestan.

— Sous ce rapport et sous tous les rapports, car enfin... Mais tiens, Louis, suis bien ma comparaison : elle
est juste et digne de mes beaux jours de rhétorique ! Voici
un terrain sec, stérile ; on y creuse un puits, qu'arrive-t-
il? les moindres sources, les plus petits filets d'eau souterraine, les plus imperceptibles pleurs de la terre, éva-
porés ou perdus jusqu'alors sans profit pour personne, se
concentrent goutte à goutte au fond de ce puits; peu à
peu l'eau monte, grandit; le réservoir s'emplit, et vienne
ensuite une main bienfaitrice qui épanche largement au
dehors cette onde salutaire : verdure et fleurs naissent
comme par enchantement sur ce sol naguère si triste, si
nu, Eh bien ! dis, Louis, ma comparaison est-elle juste?
Le trésor caché de l'avare n'est-ce pas ce puits profond
où, grâce à son opiniâtre et courageuse épargne, ses
richesses s'amassent goutte à goutte, sou à sou, et, sans
l'avare, n'eussent-elles pas été dissipées presque sans pro-

fit pour personne, ces milliers de gouttelettes de cuivre, converties en argent, puis en or, et qui, accumulées, forment un réservoir d'où peuvent s'épandre à flots le luxe, la magnificence, les prodigalités de toutes sortes !

— En vérité, Florestan, — dit Louis distrait de sa douleur par la verve de son ami,—si mon jugement sur la conduite de mon pauvre père avait pu être influencé par ma tendresse filiale, les raisons que tu me donnes, au point de vue économique, me prouveraient du moins que je ne me suis pas abusé.

— Je le crois bien, tu es dans le vrai ! car, si au point de vue philosophique nous envisageons l'avare, il est pardieu bien plus admirable encore !

— Ceci, mon ami, me paraît moins juste.

— Comment ! moins juste ? voyons, réponds : admets-tu que, tôt ou tard, les richesses si laborieusement amassées par l'avare s'épanchent presque toujours en magnificence de toutes sortes, car le proverbe a dit : *A père avare, fils prodigue.*

— Soit ; j'admets la prodigalité comme dispensatrice presque ordinaire de ces trésors si longtemps enfouis, mais où vois-tu de la philanthropie là dedans ?

— Où j'en vois ? mais partout ! mais dans tout ! Est-ce que les conséquences du luxe, de la magnificence, n'amènent pas le bien-être et l'aisance de cent familles qui tissent la soie, le velours, la dentelle ! qui cisèlent l'or et l'argent, qui montent les pierres précieuses, bâtissent des palais, sculptent l'ébène des meubles, vernissent les voitures, élèvent les chevaux de race, cultivent les fleurs rares ? Est-ce que peintres, architectes, cantatrices, musiciens, danseuses, tout ce qui est enfin métier, art, plaisir, enchantement, poésie, n'a pas une large part à la pluie d'or qui fait éclore ces merveilles ? Et cette pluie d'or, d'où sort-elle, sinon de ce magique réservoir si lentement mais si opiniâtrement rempli par l'avare ? Ainsi donc, sans l'avare, pas de réservoir, pas de pluie d'or, et aucune des merveilles que cette splendide rosée peut seule féconder. Maintenant veux-tu que nous abordions l'avare au point de vue catholique ?

— L'avare ?... au point de vue catholique !

— Certes, c'est là surtout qu'il est superbe !

— Je te l'avoue, cette thèse me semble difficile à soutenir !

— Elle est des plus simples, au contraire. Voyons. Dis-moi, une des plus grandes vertus catholiques, c'est l'abnégation, n'est-ce pas ?

— Sans doute.

— C'est le renoncement absolu aux joies du monde, une vie de privations atroces ! une vie d'anachorète dans la Thébaïde !

— Certes.

— N'est-il pas aussi d'un excellent procédé pour le salut des catholiques d'être vilipendés, bafoués, honnis, conspués, abhorrés pendant leur vie, et de supporter ces outrages avec une imperturbable sérénité ?

— C'est encore vrai.

— Eh bien ! mon cher Louis, je te défie de me citer un ordre monastique dont les membres pratiquent aussi absolument, aussi sincèrement, que la plupart des *avares* le renoncement aux plaisirs d'ici-bas. Et bien plus, presque tous les moines ne font-ils pas vœu de pauvreté comme un aveugle de naissance ferait vœu de n'y voir point clair ! Les capucins renoncent aux danseuses, au vin de Champagne, aux chevaux de courses, aux hôtels, à la chasse, au lansquenet, à l'Opéra. Je le crois pardieu bien qu'ils y renoncent ! La plupart ont de bonnes raisons pour cela ; mais l'*avare*, quelle différence ! Voilà un renoncement vraiment héroïque ! Avoir sous clef, dans son coffre, toutes les jouissances, toutes les ivresses, tous les enchantemens de l'âme, de l'esprit des et sens, et posséder l'incroyable courage de se refuser tant de délices ! Ah ! crois-moi, Louis, là est la force, là est le triomphe d'une volonté énergique.

— C'est qu'aussi l'avarice étouffe presque toujours les autres passions, et le renoncement coûte moins à l'avare qu'à tout autre. En se privant, il satisfait sa passion dominante.

— Justement ! Et n'est-ce donc pas une puissante, une grande passion, que celle-là qui aboutit à de tels renoncemens ? Et ce n'est rien encore : comme désintéressement, l'avare est sublime.

— Le désintéresessement de l'avarice ? Ah ! Florestan !

— Il est sublime de désintéressement, te dis-je ! L'avare ne s'abuse pas, lui ; il est pendant sa vie exécré, honni ; il le sait bien, et il sait bien aussi qu'à peine mort, ses héritiers danseront presque toujours sur sa tombe les plus ébouriffantes farandoles, en buvant à l'heureuse fin du *fesse-mathieu,* du *grippe-sous,* de l'*Harpagon.* Oui, l'avare sait tout cela, la pauvre et bonne âme ! cependant, citez-m'en un, un seul qui, dans une telle prévision, rancuneux par-de là le trépas, ait tenté de faire disparaître son trésor avec lui ? Chose facile (deux millions en billets de banque se brûlent en cinq minutes). Mais, non, ces doux avares, pleins de mansuétude et de pardon, pratiquant l'oubli des injures, laissent leur trésor à leurs héritiers. Tiens, Louis, sais-tu quelque chose de comparable au martyre d'un avare ? Et il dure non pas une heure, mais toute sa vie, car l'avare se dit incessamment : « Ce trésor amas-» sé avec tant de peine, au prix de privations inouïes, » ce n'est pas pour moi que je l'aurai amassé. Non, non ; » viendra l'heure fatale où cet or, auquel je tiens comme » à mon sang, sera dissipé en prodigalités fastueuses, en » folles orgies, au milieu desquelles mon nom sera ba-» foué, insulté, et ce la... par mon fils peut-être ! et pour-» tant ce trésor, je ne le fais pas disparaître avec moi pour » tromper et punir tant d'insolente cupidité ! » Ah ! crois-moi, Louis, c'est une forte, c'est une grande passion que l'avarice, et rien de ce qui est grand, de ce qui est fort n'est inutile. Le bon Dieu sait ce qu'il fait ; je crois que dans son intelligence, dans sa bonté infinie, Dieu n'a pas créé de passions sans but, c'est-à-dire de forces sans emploi. S'il a doué les avares d'une incroyable concentration de volonté, c'est qu'ils ont à accomplir quelque mystérieuse destinée. Tant pis pour le vulgaire assez peu éclairé pour ignorer la *domestication* de cette passion (comme dirait le savant docteur *Gasterini,* le grand apôtre de la GOURMANDISE), tant pis pour l'humanité si elle laisse l'avarice à l'état inculte et sauvage. Greffez le poirier des bois, il vous donne au lieu d'un fruit amer un fruit savoureux. Encore une fois, toute force a et doit avoir son expansion, toute passion bien dirigée son excellent essor. Suppose, par exemple, un avare, ministre des finances d'un État, et apportant dans la gestion, dans l'économie des deniers publics, cette inflexibilité qui caractérise l'avarice ; il enfantera des prodiges. *A l'encontre du surintendant Fouquet* (dit Saint-Simon), M. COLBERT, *malgré ses grands biens, était en son particulier étrangement ménager.* Or, Fouquet avait ruiné les finances de la France, et jamais elles ne furent plus florissantes que sous Colbert ; sans ce ministre avare, les prodigalités de Louis XIV devenaient impossibles, et tant de merveilles de magnificence et d'art et de poésie restaient dans le néant. Tu le vois donc bien, tout se relie, tout s'enchaîne ; chaque cause a son effet. Louis XIV prodigue est la conséquence de Colbert avare.

— Florestan, — reprit tristement Louis, —pendant que ce *grand roi,* dont j'ai toujours abhorré la mémoire, ruinait le pays par ses insolentes prodigalités, le peuple, écrasé d'impôts, vivait dans une atroce servitude pour subvenir au faste effronté de Louis XIV, de ses maîtresses et de ses bâtards... De nos jours, que de misères encore ! Ah ! si, comme moi, tu connaissais la vie de Mariette, par exemple ! Pauvre enfant, si vaillante au travail pourtant ! le spectacle d'un si affreux dénûment te causerait comme à moi un sentiment amer.

— C'est vrai, mais que veux-tu, je suis philanthrope et économiste à ma manière ; je prends le temps comme il est, et, faute de pouvoir faire mieux, je dépense jusqu'à mon dernier so u, morbleu ! Ce n'est pas moi que l'on accusera de faire chômer les industries de luxe.

— Mon ami, je n'accuse pas ton généreux cœur ; dans l'état des choses, celui qui dépense largement, follement même ses richesses, donne du moins du travail, et le travail c'est le pain ; et pourtant tu vantes l'avarice.

— Eh morbleu ! mon ami, raison de plus !

— Comment ?

— Qui appréciera, qui glorifiera l'excellence de l'armurier, sinon le guerrier ? L'excellence du cheval, sinon e cavalier ? L'excellence du luthier, sinon l'instrumentiste ? Paganini pape eût canonisé Stradivarius, l'auteur de ces violons merveilleux dont le grand artiste jouait si admirablement. Or, moi qui ai la prétention de jouer admirablement du million, je canoniserais mon oncle, cet héroïque martyr de l'avarice, si la justice distributive voulait que les merveilleux instrumens de prodigalité qu'il fabrique, en entassant sou sur sou, tombassent un jour entre mes mains.

— Ah ! mon Dieu !

— Qu'as-tu, Louis ?

— Tu ignores donc ?

— Quoi ?

— Mais oui ! car, ainsi que me l'avait écrit mon pauvre père, la résolution de M. Ramon de venir à Paris avait été subite.

— Mon oncle est à Paris ?

— Ah ! Florestan ! il est des événemens étranges !

— De quel air me dis-tu cela ? Que signifie...

— Et c'est moi, dans un pareil moment, et après l'entretien que nous venons d'avoir, c'est moi qui dois t'apprendre !... Ah ! encore une fois, cela est étrange !

— Que dois-tu m'apprendre ? Qu'y a-t-il d'étrange ?

— Je t'ai parlé des projets de mon pauvre père au sujet d'un mariage entre moi et ta cousine.

— Oui. Ensuite ?

— Ton oncle, ignorant mon refus et voulant hâter le moment de cette union, qu'il désirait aussi vivement que mon père, est parti hier de Dreux avec sa fille, et tous deux sont arrivés ce matin...

— A Paris ? Bien. Mais pourquoi cet embarras, cette hésitation de ta part, mon cher Louis ?

— Ton oncle et sa fille ne sont pas venus directement à Paris, ils se sont arrêtés à Versailles, Florestan, à Versailles, où mon pauvre père... est... est allé !

A cette pensée qui ravivait ses douleurs Louis ne put achever ; ses sanglots étouffèrent sa voix.

Saint-Herem, touché de l'émotion de son ami, lui dit :

— Allons, mon ami, du courage. Je comprends ton profond chagrin, le testament de ton père doit augmenter tes regrets.

— Florestan, — dit le jeune homme après un assez long silence, en essuyant ses larmes, — si j'hésitais tout à l'heure à m'expliquer, c'est que, dans les idées de tristesse et de deuil où je suis, je crains d'être péniblement affecté en voyant la satisfaction, excusable peut-être, que va sans doute te causer la nouvelle que j'ai à te donner.

— Pour Dieu ! Louis, explique-toi clairement.

— Je te l'ai dit : mon père est allé à Versailles rejoindre ton oncle et ta cousine.

— Et puis ?

— Ton oncle et sa fille, ainsi que cela avait été convenu avec mon père, auront sans nul doute pris le chemin de fer comme lui, monté dans le même wagon que lui... et...

— Eux aussi ! — s'écria Saint-Herem en mettant ses deux mains sur son visage. — Les malheureux !... ah ! ce serait horrible !

Le cri d'effroi, l'accent de pitié de Saint-Herem, furent si spontanés, si sincères, que Louis se sentit touché de cette preuve de la bonté du cœur de son ami, dont la première impression avait témoigné d'un sentiment de généreuse commisération et non d'une joie cupide et cynique.

XIV.

Pendant quelques momens, Louis Richard et Saint-Herem gardèrent le silence.

Le fils de l'avare prit le premier la parole, et dit à son ami avec effusion :

— Je ne puis t'exprimer, Florestan, combien me touche ton mouvement de sensibilité ; il est si en rapport avec ce que j'éprouve dans ce triste moment !

— Que veux-tu, mon ami, je n'éprouvais, tu le sais, aucune sympathie pour mon oncle. J'ai pu faire sur lui, et dans l'hypothèse de son héritage, de ces plaisanteries *à la Molière* et pour ainsi dire traditionnelles, railleries d'autant moins graves, d'ailleurs, que ceux dont on plaisante sont en parfaite santé ; mais, dès qu'il s'agit d'un événement aussi horrible que celui dont mon oncle et sa fille peuvent avoir été victimes comme ton pauvre père, il faudrait avoir un cœur de bronze et une cupidité infâme pour ne songer qu'à l'héritage, et ne pas se sentir profondément attristé. Quant à ce que je pense de l'avarice, cette passion dont les conséquences sont si fécondes, je ne rétracte rien ; j'aurais seulement donné à ma pensée un tour plus sérieux, si j'avais prévu qu'il s'agissait pour moi d'une question pour ainsi dire personnelle... Mais, tu le vois, je ne suis pas du moins de ces héritiers qui accueillent l'héritage avec une joie cynique. Maintenant, dis-moi, Louis, et pardonne à la nécessité d'une question qui va raviver ta douleur : dans les pénibles recherches que tu as faites pour retrouver ton père, rien n'a pu te donner l'espoir que mon oncle et sa fille auraient échappé à cette mort affreuse ?

— Tout ce que je puis te dire, Florestan, c'est que je me rappelle parfaitement n'avoir vu ni ton oncle ni ta cousine parmi les personnes blessées ou mortes sur le coup. Quant aux victimes dont ils ont sans doute, hélas ! partagé le sort, ainsi que mon père, il était impossible de reconnaître leurs traits : c'était un amas sans forme de corps calcinés, réduits presque en charbon.

Louis s'interrompit à ce terrible souvenir et des larmes coulèrent encore.

— Selon toute probabilité, mon pauvre Louis, c'est ainsi que tu me l'as dit : mon oncle et sa fille devaient se trouver dans le même wagon que ton père. Ils auront peut-être partagé son sort ; je vais d'ailleurs écrire à Dreux et faire de nouvelles et actives recherches. Si tu apprends de ton côté quelque chose de nouveau, préviens-moi. Mais, j'y songe : au milieu de tant de tristes incidens, j'avais oublié de te demander des nouvelles de Mariette.

— Il s'agissait d'un cruel malentendu, ainsi que tu l'avais soupçonné, Florestan. Je l'ai retrouvée plus *tendre*, plus dévouée que jamais.

— Son amour sera du moins pour toi une précieuse consolation à tes chagrins. Allons, bon courage, mon pauvre Louis, courage, et à bientôt ! Tout ce qui vient de se passer resserre encore les liens de notre amitié.

— Ah ! Florestan, sans cette amitié, sans l'affection de Mariette, je ne sais comment je pourrais supporter le coup qui m'accable. Adieu, mon ami, et tiens-moi aussi au courant de ce que tu découvriras relativement à ton oncle.

Les deux amis se séparèrent.

Resté seul, Louis réfléchit longtemps à la conduite qu'il devait tenir. Sa détermination arrêtée, il plaça dans son sac de nuit la somme en or qu'il avait découverte, prit le testament de son père, et se rendit chez son patron, notaire et ami du défunt, ainsi que Louis venait de l'appendre en lisant les dernières volontés de l'avare.

Le notaire, douloureusement frappé des détails de la mort plus que probable de son client, tâcha de consoler Louis, et se chargea des formalités légales qui devaient constater le décès de M. Richard père.

Ces arrangemens convenus, Louis dit à son patron :

— Maintenant, monsieur, il me reste une question à vous faire. Les tristes formalités dont vous parlez étant remplies, pourrai-je disposer des biens de mon père ?

— Certes oui, mon cher Louis.

— Voici donc, monsieur, quelles sont mes intentions. Je vous apporte une somme qui se monte à plus de deux cent mille francs ; je l'ai trouvée dans un de nos meubles ; sur cette somme, je désire assurer une pension de douze cents francs à la marraine d'une jeune orpheline que je dois épouser.

— Mais cette jeune fille est-elle dans une position de fortune qui...

— Mon cher patron, — répondit Louis en accentuant les paroles suivantes d'un ton ferme et résolu, — cette jeune fille est ouvrière et vit de son travail, je l'aime depuis longtemps ; aucune puissance humaine ne m'empêcherait de l'épouser.

— Soit, — dit le notaire, comprenant l'inutilité de ses observations ; — la pension dont vous parlez sera constituée au bénéfice de la personne que vous m'indiquerez.

— Je désire prendre ensuite sur la somme dont nous parlons quinze mille francs environ, afin de monter notre ménage d'une manière convenable.

— Quinze mille francs seulement ! — dit le notaire, surpris de la modicité de cette demande ; — cela vous suffira ?

— Ma fiancée est comme moi, mon cher patron, habituée à une vie pauvre et laborieuse. Nos désirs ne s'élèvent pas au-delà d'une modeste aisance. Aussi un revenu de mille écus par année, joint à notre travail, nous suffira largement.

— Comment, joint à votre travail ! Vous comptez donc ?...

— Rester dans votre étude, si vous ne trouvez pas que j'aie démérité de votre estime.

— Votre femme rester ouvrière, et vous clerc de notaire, avec plus de cent mille livres de rentes !

— Je ne puis, je ne veux me résoudre à croire que cette grande fortune me soit acquise, mon cher patron ; et lors même que toutes les formalités judiciaires établiraient la mort probable de mon malheureux père, je conserverai toujours au fond du cœur une vague espérance de revoir celui que je regrette, que je regretterai toujours.

— Hélas ! vous vous abusez, mon pauvre Louis.

— Je m'abuserai le plus longtemps possible, monsieur, et tant que durera cette illusion, je ne me croirai pas libre de disposer des biens de mon père, si ce n'est dans la limite que je vous indique.

— L'on ne saurait, mon cher Louis, agir avec une plus parfaite, une plus honorable réserve ; mais quel emploi ferez-vous de l'excédant de ces grands biens ?

— Je ne prendrai à ce sujet aucune résolution, monsieur, tant que je conserverai la moindre espérance de retrouver mon père. Veuillez donc demeurer dépositaire de ces richesses, et les gérer comme vous les avez gérées jusqu'ici.

— Je ne puis que vous louer, que vous admirer, mon cher Louis, — répondit le notaire avec une émotion profonde. — Votre conduite est d'ailleurs conforme à celle que vous avez toujours tenue... vous ne pouviez mieux honorer la mémoire de votre père qu'en agissant ainsi... Il sera fait comme vous le désirez : je resterai dépositaire de votre fortune, et cette somme en or restera ici intacte, sauf ce que vous prélèverez pour vos besoins. Je vais dès aujourd'hui dresser le contrat de pension viagère dont vous m'avez parlé.

— A ce sujet, mon cher patron, je dois entrer dans un détail qui peut-être vous semblera puéril, mais qui cependant a son côté pénible.

— Que voulez-vous dire ?

— La pauvre femme à qui je désire assurer cette pension a été si cruellement éprouvée par le malheur durant sa longue vie, que son caractère, généreux au fond, s'est aigri et est devenu farouche, défiant ; la moindre promesse de bonheur serait vaine à ses yeux, si cette promesse ne s'appuyait sur une preuve palpable, matérielle... Aussi, pour convaincre cette infortunée de la réalité de la pension dont nous parlons, j'emporterai une quinzaine de mille francs en or ; ils représenteront à peu près le capital de la rente viagère. C'est le seul moyen de convaincre cette pauvre femme de mes bonnes intentions pour elle.

— Rien de plus simple, mon cher Louis ; prenez ce que vous désirez, et dès aujourd'hui l'acte sera dressé.

Louis, quittant le notaire, se rendit chez Mariette.

XV.

Lorsque Louis Richard entra chez Mariette, la jeune ouvrière travaillait auprès du lit de sa marraine, qui semblait profondément endormie.

La pâleur du jeune homme, l'altération de ses traits, leur expression douloureuse, frappèrent la jeune fille, et elle s'écria en se levant et allant vivement à lui :

— Mon Dieu ! Louis, il vous est arrivé quelque chose... un malheur peut-être ?

— Un grand malheur, Mariette. Avez-vous entendu parler du terrible accident arrivé hier sur le chemin de fer de Versailles ?

— Oh ! oui, c'est affreux. On parle de je ne sais combien de victimes.

— Je n'en puis presque plus douter, mon père est au nombre de ces victimes...

Mariette, par un mouvement plus rapide que la pensée, se jeta en sanglotant au cou de Louis, et il sentit les larmes de la jeune fille inonder ses joues.

Longtemps les deux jeunes gens restèrent ainsi enlacés, sans prononcer une parole. Louis rompit le premier ce douloureux silence.

— Mariette, vous savez dans quels termes je vous ai toujours parlé de mon père... c'est vous dire mon désespoir.

— Oh ! c'est un grand malheur, Louis !

— A ce chagrin, il n'est pour moi qu'une consolation au monde, c'est votre amour, Mariette, et de cet amour e viens vous demander une nouvelle preuve.

— Parlez, ordonnez, mon cœur est à vous.

— Il faut nous marier dans le plus bref délai possible.

— Ah ! Louis ! pouviez-vous douter un moment de mon consentement ? Est-ce donc là cette preuve d'amour que vous me demandiez ? — dit la jeune fille.

Mais bientôt et comme par réflexion, elle ajouta tristement :

— Cependant, nous marier avant la fin de votre deuil, qui commence aujourd'hui, est-ce possible ?

— Je viens vous supplier, Mariette, de ne pas vous arrêter à ce scrupule, si respectable qu'il paraisse.

— Moi... je ferai ce que vous voudrez.

— Ecoutez, Mariette : longtemps, bien longtemps encore, mon cœur sera brisé par les regrets. Le véritable deuil est celui de l'âme, et chez moi il ne dépassera que trop le terme de convention fixé pour le deuil apparent. J'ai la conscience d'honorer autant qu'il est en moi la mémoire de mon père. C'est pour cela, Mariette, que je crois pouvoir ne pas me conformer à un usage de pure convenance. Ah ! croyez-moi, un mariage contracté sous l'impression douloureuse de la perte que j'ai faite aura un caractère encore plus solennel, encore plus sacré, que si nous nous mariions dans d'autres circonstances.

— Vous avez peut-être raison, Louis ; mais cependant l'usage !

— Franchement, Mariette, parce que vous serez ma femme, parce que vous pleurerez mon père avec moi, parce que vous porterez son deuil, parce qu'un lien presque filial vous rattachera désormais à sa mémoire vénérée, sera-t-il moins pieusement regretté par nous ? Et puis enfin, Mariette, dans l'accablement où je suis vivre

longtemps seul, isolé de vous, me serait impossible... Tenez... je mourrais de chagrin.

— Je ne suis qu'une pauvre ouvrière, ignorante des
usages du monde, je ne peux que vous dire ce que je
sens, Louis. Tout à l'heure votre offre de nous marier si
tôt m'avait par réflexion paru blesser ce que vous appelez les convenances ; mais les raisons que vous me donnez me font partager votre avis. Peut-être ai-je tort ; peut-
être le désir d'être à vous, de faire ce qui vous plaît
m'influence-t-il ? Je ne sais, Louis, mais à cette heure je
n'éprouverais ni regret ni remords à nous marier le
plus tôt possible. Et pourtant, il me semble que j'ai le
cœur aussi susceptible qu'un autre.

— Oui, et plus ingrat qu'un autre!—s'écria soudain madame Lacombe de sa voix aigre en se dressant sur son
séant. Puis, voyant la surprise se peindre sur les traits
de sa filleule et de Louis, elle ajouta d'un ton sardonique :

— C'est ça, on croyait la vieille endormie ! et l'on ne se
gênait pas pour parler de noce. Mais j'ai tout entendu,
moi.

— Et il n'y avait rien que vous ne pussiez entendre,
madame,—reprit Louis gravement.—Mariette et moi n'a-
vons pas à rétracter une seule de nos paroles.

— Pardi !... je le crois bien... vous ne pensez qu'à vous...
Vous n'avez pas d'autre idée en tête que ce damné mariage
ge... Quant à moi, on y pense... comme si j'étais ma
bière... Aussi, je ne veux pas que...

— Permettez-moi de vous interrompre, madame, — dit
Louis,— et de vous prouver que je n'ai pas oublié dans ma
promesse...

Ce disant, il prit un petit coffret de bois qu'il avait en
entrant déposé sur la table, le posa sur le lit de madame Lacombe, et lui dit, en lui remettant une clef :

— Veuillez ouvrir ce coffret, madame, ce qu'il contient
vous appartient.

Madame Lacombe prit la clef d'un air défiant, ouvrit
le coffret, jeta les yeux sur son contenu, et s'écria éblouie,
stupéfiée :

— Ah ! mon Dieu ! ah ! grand Dieu !

Ce premier moment de stupeur passé, la malade renversa le coffret sur son lit, et bientôt elle eut devant elle un
monceau de quadruples d'or étincelans.

Madame Lacombe ne pouvait en croire ses yeux ; elle regardait les doublons, les maniait, les faisait tinter, en murmurant d'une voix entrecoupée, palpitante :

— Oh ! que d'or ! que d'or ! Et c'est du bel et bon or,
pour sûr ? il ne sonne pas faux ! Mon Dieu ! les belles pièces ! On dirait des pièces de cent sous en or. Quelle grosse
somme ça doit faire !

Et elle ajouta avec un soupir :

— Il y aurait pourtant là dedans le repos et l'aisance de
la vie à deux pauvres femmes comme moi et Mariette !

— Il y a là, madame, — reprit Louis, — quinze mille
francs environ... ils sont à vous.

— A moi !—s'écria la malade. — Comment ! à moi ?...

Puis elle secoua la tête d'un air incrédule et reprit aigrement :

— C'est ça, moquez-vous de la vieille. Laissez-moi donc
tranquille ! Je vous demande un peu pourquoi cet or serait
à moi ? ..

— Parce que cet or, — reprit affectueusement Louis, —
doit servir à vous assurer une pension de douze cents
francs, soit qu'après le mariage de Mariette vous veuilliez
vivre seule, soit que vous préfériez rester auprès de nous ;
car dès demain notre contrat sera signé, en même temps
que le contrat de votre rente, et cet acte, vous le recevrez
en échange de cet or. J'ai tenu à vous l'apporter afin de
vous convaincre de la sincérité de mes promesses. Maintenant, madame, puisque vous nous avez écoutés, vous savez les raisons qui me font supplier Mariette de hâter
notre mariage. Votre sort est, vous le voyez, désormais
parfaitement assuré. Trouvez-vous encore quelque empê-
chement à mon union avec Mariette, pour qui vous serez
toujours une seconde mère ? Dites-le nous, je vous en

supplie, madame. Tout ce qui dépendra d'elle et de moi
pour vous contenter, nous le ferons. Notre bonheur serait
incomplet s'il vous manquait quelque chose. Allons, madame, courage ; oubliez vos longues souffrances en pensant
à une position plus heureuse.

A ces bonnes paroles de Louis prononcées d'une voix
émue et pénétrante, madame Lacombe ne répondit rien
d'abord, puis elle mit soudain sa main sur ses yeux et se
renversa sur son traversin en poussant un soupir douloureux.

Louis et Mariette se regardèrent interdits ; la jeune fille,
s'agenouillant au chevet de la malade, reprit :

— Marraine, qu'avez-vous ?

Mais ne recevant pas de réponse, Mariette, se penchant
davantage, vit des larmes ruisseler à travers les doigts de
la malade, et s'écria, sans dissimuler sa surprise :

— O mon Dieu ! Louis, ma marraine pleure ! Depuis dix
ans, c'est la première fois !

— Madame, — dit vivement le jeune homme en se penchant vers madame Lacombe, — au nom du ciel ! répondez, qu'avez-vous ?

— J'ai l'air d'une mendiante ; j'ai l'air de ne penser qu'à
l'argent... et j'ai honte, — reprit la malheureuse créature
en sanglotant et en continuant de cacher son visage qui,
de livide, devint pourpre de confusion. — Oui, oui, vous
croyez que je ne veux rien faire que pour de l'argent ;
vous croyez que je vous vends Mariette pour le mariage...
comme je l'aurais vendue pour la débauche, si j'avais été
une mauvaise femme !

— Marraine ! — s'écria Mariette en embrassant la malade avec effusion, — ne dites pas cela. Pouvez-vous
croire que Louis et moi nous ayons pensé à vous humilier
en vous apportant cet argent ? Louis a fait ce que vous lui
avez demandé, voilà tout.

— Je le sais bien ; mais que veux-tu, petite ? c'est la
peur de mourir dans la rue ! la peur de te voir, par ce
mariage, plus malheureuse encore que tu l'es, qui m'a fait
demander cette rente. Je disais cela, moi, par manière de
parler ; je sais bien que je n'ai pas le droit d'en avoir,
des rentes ! mais si l'on se figurait ce que c'est que la
crainte de se voir, comme tant d'autres, sur le pavé, à mon
âge, et infirme ! C'est égal, j'ai demandé trop, j'ai eu tort.
Qu'est-ce qu'il me faut ? Un matelas dans un coin, un morceau à manger, et surtout que Mariette ne me laisse pas
toute seule. Je suis si habituée à la voir aller et venir autour de moi avec sa douce petite figure ! Si elle n'était plus
là, je me croirais dans la nuit de la bière... Et puis, il n'y
a qu'elle au monde qui puisse être bonne pour une vieille infirme comme moi... Je ne désire pas autre chose que
de rester avec Mariette ; mais me voir jeter ce tas d'or à la
figure, eh bien ! oui, ça m'a ébloui une minute ; mais
ça m'a tant humiliée, là, au fin fond du cœur, que j'en ai
pleuré, que j'en pleure, — ajouta-t-elle en essuyant ses
yeux du revers de sa main. —On a beau n'être qu'un ver de
terre, on a son amour-propre aussi. Et pourtant, quand
ce mauvais homme de l'autre jour est venu m'offrir de
l'or pour que je lui vende Mariette, ça aurait dû m'humilier encore plus qu'aujourd'hui. Eh bien, non ! ce que c'est
que de nous ! ça m'a rendue furieuse, voilà tout. Mais
cette fois-ci, oh ! c'est bien différent ! je pleure, et, tu es
là pour le dire, petite, il y a peut-être dix ans que ça ne
m'est arrivé. Dame ! voyez-vous, le fiel ça ronge le cœur,
mais *ça ne se pleure pas.*

— Ah ! pleurez, pleurez, marraine, ces pleurs-là font du
bien !

— Allons, ma bonne madame Lacombe, ayez confiance
dans l'avenir, — reprit Louis, de plus en plus attendri. —
Mariette ne vous quittera jamais ; nous ne vivrons pas
dans le luxe, mais dans une modeste aisance ; Mariette
continuera de vous aimer comme sa mère, et moi je vous
aimerai comme un bon fils.

La malade, après quelques instans de silence, reprit en
tâchant de lire au plus profond du cœur des jeunes gens,

— C'est pour de bon ce que vous me dites? Vous me prendrez avec vous... bien vrai?

A cette nouvelle preuve de l'invincible défiance de cette infortunée, défiance, hélas! légitimée par l'acharnement du malheur, Louis et Mariette échangèrent un regard de compassion; la jeune ouvrière prit la main de la malade et lui dit de sa voix la plus tendre, la plus touchante:

— Oui, marraine, nous vous garderons avec nous, nous vous soignerons, ainsi que notre mère; vous verrez comme nous vous rendrons heureuse... vrai!... oh! bien vrai!

— Vrai... — ajouta Louis avec expansion; — bien vrai, *bonne mère!*

La voix, l'accent, la physionomie de Louis et de Mariette eussent convaincu le scepticisme en personne; mais, hélas! une créance absolue, complète, à un bonheur inespéré ne pouvait pénétrer, attendrir aussi brusquement cette pauvre âme depuis si longtemps corrodée par la souffrance. La malade répondit donc en soupirant et en tâchant de cacher son doute involontaire, de crainte d'affliger les deux jeunes gens:

— Je vous crois, mes enfans. Oui, je crois que M. Louis a de l'argent; je crois que vous avez tous les deux de la bonne amitié pour moi... Mais, dame! vous savez, au nouveau tout est beau! En commençant on a comme ça bien de la bonne volonté, et puis plus tard... ça change! Enfin, nous verrons. Et d'ailleurs, je serai gênante peut-être pour vous. De nouveaux mariés, ça aime à être seuls, et une vieille sempiternelle comme moi ça déparera votre gentil ménage; vous craindrez que je vous bougonne; vous vous lasserez de moi... Enfin, qui vivra verra.

Mariette, pénétrant la pensée de la pauvre vieille, lui dit avec un accent de douloureux reproche:

— Ah! marraine, vous doutez encore de nous! pourtant...

— Faut me pardonner, mes enfans, c'est plus fort que moi, — répondit la malheureuse en sanglotant; puis, souriant d'un air navré, elle reprit: — Ça vaut peut-être mieux pour moi que je doute, car si, après cinquante ans de peine et de misères, j'allais tout d'un coup croire au bonheur, ça me rendrait peut-être folle. — Et elle ajouta avec un accent d'inexprimable amertume:

Ma foi! ça ne m'étonnerait pas... j'ai toujours eu tant de chance, moi!

XVI.

Cinq ans s'étaient écoulés depuis les événemens que nous avons racontés.

La scène suivante se passait dans la soirée du 12 mai 18**, anniversaire du sinistre arrivé le 12 mai 18** sur le chemin de fer de Versailles.

Il était environ neuf heures et demie du soir: une jeune femme de vingt-cinq à vingt-six ans, très brune, d'une taille remplie d'élégance, d'une figure aussi agréable que distinguée, et d'une physionomie à la fois spirituelle et décidée, achevait une éblouissante toilette de bal; deux de ses femmes l'assistaient; l'une venait d'agrafer au cou de cette séduisante personne une étincelante *rivière* de diamans gros comme des noisettes, tandis que l'autre femme de chambre posait sur les beaux cheveux noirs de sa maîtresse un magnifique diadème dont les diamans égalaient en grosseur ceux du collier. Ajoutons enfin que le corsage en pointe de la robe de pou-de-soie vert tendre, garnie de dentelles magnifiques et de nœuds de satin rose, que portait la jeune femme, étincelait de merveilleuses pierreries.

Le choix de ces diamans n'avait, sans doute, prévalu qu'après réflexion, car sur un meuble on voyait plusieurs écrins renfermant des parures complètes et non moins splendides; deux d'entre elles, l'une en rubis énormes, l'autre en perles fines, d'un *orient* et d'une grosseur extraordinaires, eussent fait l'admiration d'un joaillier.

L'une des deux femmes de chambre, beaucoup plus âgée que sa compagne, semblait, grâce à ses longs services, jouir d'une sorte de familiarité auprès de sa maîtresse qui, ainsi qu'elle, était Russe; la seconde femme, jeune Française n'entendant pas le russe, assista donc sans le comprendre à l'entretien suivant, qui eut lieu entre madame la comtesse Zomaloff et sa camériste de confiance, mademoiselle Katinka:

— Madame trouve-t-elle son diadème bien placé ainsi?

— Oui... assez bien, — répondit la comtesse.

Et jetant un dernier regard sur la glace, elle ajouta en se levant:

— Où est mon bouquet?

— Le voici, madame.

Mais madame Zomaloff se reculant s'écria:

— Ah! mon Dieu! qu'est-ce que cet affreux bouquet jauni, usé, fané?

— C'est M. le duc qui l'a envoyé tantôt pour madame la comtesse.

— Je reconnais là son bon goût, — dit madame Zomaloff en haussant les épaules, et elle ajouta d'un air moqueur: — C'est, je le parierais, un bouquet de *hasard*; quelque amant qui, rompant hier matin avec sa maîtresse, n'aura pas envoyé chercher le soir le bouquet commandé. Il n'y a que M. de Riancourt au monde pour découvrir de pareils bons marchés!

— Ah! madame, croyez-vous que M. le duc lésine à ce point?... il est si riche!

— Raison de plus!

Quelqu'un frappant à la porte d'une pièce qui précédait le salon de toilette, la femme de chambre française disparut un moment et revint dire:

— M. le duc de Riancourt est arrivé; il est aux ordres de madame la comtesse.

— Qu'il m'attende! — répondit madame Zomaloff. — La princesse est sans doute au salon?

— Oui, madame la comtesse.

— C'est bien. Tiens, Katinka, agrafe ce bracelet, — reprit la jeune femme en tendant son bras charmant à sa camériste. — Mais quelle heure est-il donc?

Et comme Katinka allait lui répondre, madame Zomaloff ajouta en souriant de son air moqueur:

— Après tout, qu'ai-je besoin de te faire cette question! le duc vient d'arriver, neuf heures et demie doivent...

Le tintement d'une demie qui sonnait en ce moment à la pendule de la cheminée interrompit la comtesse. Elle reprit en riant aux éclats:

— Quand je te le disais, Katinka: c'est une véritable horloge pour l'exactitude que M. de Riancourt.

— Madame, cela vous prouve son empressement, son amour.

— Je lui préférerais un amour un peu plus déréglé. Ces gens à la minute, qui adorent à heure fixe, me paraissent avoir une montre à la place du cœur. Donne-moi un flacon... non, pas celui-ci, un autre; oui, celui-ci. Maintenant je suis presque fâchée d'être complétement habillée et de ne pas avoir à faire attendre plus longtemps ce pauvre duc pour le récompenser de son impitoyable exactitude.

— Mon Dieu! madame, comme vous êtes désobligeante pour lui; alors, pourquoi l'épousez-vous?

— Ah! pourquoi? — répondit la comtesse d'un air distrait en donnant un dernier coup d'œil à son miroir, — pourquoi j'épouse M. de Riancourt? Tu es plus curieuse que moi, Katinka; est-ce qu'on sait jamais pourquoi l'on se remarie?

— La raison de ce mariage paraît pourtant fort simple à tout le monde: M. le duc, sans avoir certainement comme madame la comtesse des mines d'or en Crimée, des mines d'argent dans les monts Ourals, des...

— Katinka, trêve sur mes richesses.

— Enfin, madame, M. le duc, sans avoir comme vous des biens immenses, est un des plus riches et des plus grands seigneurs de France, il est jeune, sa figure est agréable; il n'a pas, comme tant d'autres jeunes gens, mené une conduite dissipée, débauchée; il est très religieux, il est très...

— Il est, si tu le veux, digne de porter une couronne de fleurs d'oranger le jour de notre mariage, droit que moi je n'aurai pas; mais fais-moi grâce du reste de ses vertus : il me semble entendre ma tante me vanter son favori.

— En effet, madame la princesse fait grand cas de M. le duc, et elle n'est pas la seule qui...

— Donne-moi un manteau : les soirées sont encore fraîches.

— Madame a-t-elle pensé aux commandes qu'elle a à faire pour le 20 de ce mois ?

— Quelles commandes?

— Madame oublie donc que son mariage a lieu d'aujourd'hui en huit?

— Comment! d'aujourd'hui en huit?... Déjà!

— Certainement, madame : vous l'avez fixé au 20 mai, et nous sommes le 12.

— Allons, si j'ai dit le 20, il faudra bien que ce soit le 20... Donne-moi mes éventails.

Et, tout en choisissant un délicieux éventail, véritable *Watteau*, par mi une collection de petits chefs-d'œuvre en ce genre, la comtesse ajouta :

— Comme c'est singulier pourtant ! On a la plus grande existence, on est jeune, on est libre, on abhorre la contrainte, et l'on n'a rien de plus pressé que de se donner de nouveau un maître !

— Un maître ! M. le duc! lui si doux, si bénin ! Vous ferez de lui tout ce que vous voudrez, madame.

— Je n'en ferai jamais un homme charmant, et pourtant je l'épouse. Ah! ma tante, ma tante, vous me conseillez peut-être une grande sottise ! — dit la comtesse moitié souriante, moitié pensive, en regardant machinalement un *colin-maillard* de petits amours par *Watteau*, que représentait son *éventail*.

— Eh, mon Dieu ! — ajouta-t-elle, — tel a été mon mariage : un véritable colin-maillard, un choix à l'aveuglette parmi des hommes du monde qui ne valaient guère mieux les uns que les autres ; tous à peu près égaux en richesse et en naissance, mais tous si médiocres, si effacés, si nuls, qu'il n'y avait guère à s'inquiéter du choix. Voilà le motif de ma préférence pour M. de Riancourt, Katinka ; et puis enfin, le veuvage a ses inconvéniens, je le sais; mais le mariage n'en a-t-il pas aussi de bien grands? Bah ! il vaut mieux encore se marier; l'on n'a plus du moins l'ennui de se dire : Que ferai-je ?

Et ce disant, la comtesse Zomaloff se rendit au salon, où elle trouva sa tante et le duc de Riancourt.

La princesse Wileska, tante de madame Zomaloff, était une grande femme, du meilleur air, portant ses cheveux blancs légèrement poudrés.

Le duc de Riancourt, petit homme de trente ans environ, au cou un peu tors, à la mine béate, onctueuse, à l'œil oblique, aux cheveux longs et plats, séparés par une raie située presqu'au milieu du front, avait l'air singulièrement sournois et cafard ; tous ses mouvemens calculés, réglés, compassés, annonçaient un grand empire sur soi même. Lorsque madame Zomaloff entra, il alla vers elle, la salua profondément, et porta près de ses lèvres, avec une respectueuse courtoisie, la jolie main que la comtesse lui tendit familièrement; puis il se redressa, resta un moment ébloui et s'écria :

— Ah! madame la comtesse, je ne vous avais pas encore vu tous vos diamans ! je ne crois pas qu'il y ait au monde des diamans pareils. Ah ! qu'ils sont beaux ! mon Dieu ! qu'ils sont donc beaux !

— Vraiment, mon cher duc? — dit madame Zomaloff en feignant de minauder. — Ah! vous me rendez confuse... pour le joaillier qui a vendu ces pierreries ; il est impossible d'être plus galant que vous l'êtes... pour lui ; et puisque ses colliers et ses diadèmes vous causent une si tendre émotion, vous inspirent de si gracieux complimens, de si ingénieuses flatteries, je puis vous dire en confidence le nom charmant de ce trop séduisant lapidaire... Il se nomme *Ezéchiel Rabstautencraff*, de Francfort.

Pendant que M. de Riancourt, d'abord un peu étourdi de la railleuse réponse de madame Zomaloff, cherchait une réponse, la tante de la jeune femme lui adressa un regard de reproche, et dit au duc en souriant d'un air forcé :

— Voyez un peu, mon cher duc, comme cette méchante Fœdora se plaît à vous tourmenter. C'est ainsi que l'on cache toujours l'affection que l'on a pour les gens...

— Je vous avouerai humblement, ma chère princesse, — reprit M. de Riancourt, afin de réparer sa maladresse, — je vous avouerai que, ébloui de ces magnifiques pierreries, je n'ai pu tout d'abord rendre hommage à la grâce de celle qui les portait. Mais... mais... ne peut-on être ébloui par le soleil en regardant une fleur charmante ?

— Je trouve si galante, si juste, cette comparaison de coup de soleil et de fleurs, —répondit la malicieuse jeune femme, — que je serais tentée de croire que ce même coup de soleil dont vous parlez aura outrageusement flétri ces pauvres fleurs,—ajouta-t-elle en riant comme une folle et montrant à M. de Riancourt le bouquet fané qu'il lui avait envoyé.

Le béat personnage rougit jusqu'aux oreilles et ne sut que répondre ; la princesse fronça les sourcils d'un air impatient et fâché, tandis que la comtesse Zomaloff, parfaitement indifférente à ces divers ressentimens, dit au duc en se dirigeant vers la porte :

— Donnez votre bras à ma tante, mon cher monsieur de Riancourt. J'ai promis à l'ambassadrice de Sardaigne d'arriver chez elle de très bonne heure ; elle doit me présenter à l'une de ses parentes, et vous savez qu'il nous faut d'abord aller visiter dans tous ses détails ce merveilleux hôtel, ce palais enchanté, où l'on nous attend. Visite fort bizarre à une pareille heure de la soirée, il est vrai ; mais j'avoue mon faible, ma passion pour le bizarre. C'est chose si rare et si charmante que l'originalité !

Et la jeune femme, précédant sa tante et M. de Riancourt, descendit légèrement l'escalier d'un des plus comfortables hôtels garnis de la rue de Rivoli, car la belle étrangère n'avait pas encore de maison à Paris et cherchait un hôtel à acquérir.

Le duc conduisait ce soir-là les deux femmes dans sa voiture; familiarité concevable, les bans de son mariage avec madame Zomaloff étant depuis longtemps publiés.

Après quelques instans d'attente sous le péristyle de l'hôtel, la comtesse et sa tante virent s'avancer péniblement sous la voûte un énorme landau jaune traîné par deux maigres chevaux fouaillés à tour de bras par un cocher à trogne rouge et à petit carrick bleu.

Le valet de pied de M. de Riancourt ouvrit la portière de cette lourde machine.

La jeune veuve, regardant le duc avec surprise, lui dit :

— Mais... ce n'est pas là votre voiture?

— Je vous demande pardon, madame.

— Et qu'est donc devenue cette berline bleue attelée d'assez jolis chevaux gris que vous aviez mise à nos ordres hier matin ?

— Je puis vous avouer ce petit détail de *ménage*, au point où nous en sommes, ma chère comtesse, —répondit le duc avec un touchant abandon.—Afin de ne pas fatiguer mes chevaux gris, qui m'ont coûté, ma foi ! fort cher, je loue une voiture de remise pour la soirée. Il y a encore économie à ce marché, car ainsi on ne risque pas la nuit un attelage de prix.

— Et vous avez parfaitement raison, mon cher duc, — se hâta de dire la princesse, qui, à la physionomie de sa nièce, redoutait un nouveau sarcasme ; aussi se hâta-t-elle de monter dans le fabuleux landau en s'appuyant sur le bras de M. de Riancourt. Celui-ci offrait sa main à la jeune veuve pour l'aider à monter à son tour, lorsque, s'arrêtant un instant, le bout de son petit soulier de satin blanc posé sur la dernière feuille du marchepied, la moqueuse dit à la princesse le plus sérieusement du monde et d'un air d'appréhension :

— Ma tante, je vous en supplie, regardez donc bien partout dans cette voiture.

— Pourquoi donc cela, ma chère ? — demanda naïvement la princesse. — A quoi bon cette précaution ?

— C'est que j'ai peur qu'il soit resté dans un coin obscur de cette espèce de coche quelque maigre miss rousse ou quelque gros marchand de la Cité, car c'est particulièrement dans ces sortes d'équipages que ces dignes insulaires se promènent tout le jour en famille ; j'aurais donc une peur horrible de trouver là-dedans quelqu'un oublié par mégarde.

Et la jeune veuve, se remettant à rire comme une folle, monta dans le landau, pendant que la princesse lui disait à mi-voix d'un air peiné :

— En vérité, Fœdora, je ne vous comprends pas. Vous êtes d'une incroyable causticité envers M. de Riancourt... A quoi pensez-vous donc ?

— A le corriger de ses maladresses, de ses impertinentes lésineries. Puis-je mieux lui témoigner mon intérêt ?

A ce moment, le duc monta et prit sa place sur le devant de la voiture. Il paraissait endurer très chrétiennement les railleries de cette jeune femme qui avait de si beaux diamans et possédait toutes sortes de mines d'or et d'argent. Seulement de temps à autre, au regard oblique qu'il jetait sur elle à la dérobée, à une certaine contraction de ses lèvres pincées, on devinait la sournoise et patiente rancune du dévot. Son valet de pied lui ayant demandé ses ordres, M. de Riancourt lui dit :

— A l'hôtel Saint-Ramon !

— Pardon, monsieur le duc, — répondit le valet de pied, — mais je ne sais pas où est l'hôtel Saint-Ramon.

— Au bout du Cours-la-Reine, — reprit M. de Riancourt, — du côté du quartier Jean-Goujon.

— Monsieur le duc veut peut-être parler de ce grand hôtel où l'on travaille depuis plusieurs années ?

— C'est cela même, allez.

Le valet de pied referma la portière, donna ses instructions au cocher, qui fouetta de nouveau ses maigres haridelles, et le landau se dirigea vers le Cours-la-Reine, chemin du merveilleux hôtel SAINT-RAMON.

XVII.

Le pesant landau de M. de Riancourt s'avançait si lentement, que lorsqu'il arriva au commencement du *Cours-la-Reine*, un piéton, qui suivait le même chemin que la voiture, put marcher parallèlement à elle.

Ce piéton, pauvrement vêtu, ne semblait pourtant pas fort ingambe : il s'appuyait péniblement sur une canne ; sa longue barbe était blanche comme ses cheveux et ses sourcils épais, tandis que la couleur fortement bistrée de sa figure ridée, creusée par l'âge, lui donnait l'apparence d'un vieux mulâtre. Il marcha donc parallèlement au landau de M. de Riancourt jusque vers le milieu du *Cours-la-Reine* ; là, le landau fut obligé de prendre, comme on dit, *la file* des voitures qui se dirigeaient vers l'hôtel SAINT-RAMON.

Le vieux mulâtre, devançant alors la voiture de M. de Riancourt, continua son chemin jusqu'à l'entrée d'une avenue étincelante de verres de couleur, et qu'une longue suite de voitures encombrait dans toute sa longueur.

Quoique le vieux mulâtre parût profondément absorbé, il ne put s'empêcher de remarquer auprès de la grille qui servait d'entrée à cette allée éblouissante de lumière un assez grand rassemblement. Alors il s'arrêta et, s'adressant à l'un des curieux.

— Monsieur, pourriez-vous me dire ce que l'on regarde là ?

— On regarde les voitures qui se rendent à l'ouverture du fameux hôtel *Saint-Ramon*, — répondit le curieux.

— *Saint-Ramon !* — reprit le vieillard d'un air surpris et comme se parlant à lui-même. — Cela est étrange !

Et il ajouta :

— Qu'est-ce que c'est que l'hôtel *Saint-Ramon*, monsieur ?

— Ma foi ! on dit que c'est au moins la huitième merveille du monde. Voilà près de cinq ans qu'on y travaille : on dit que c'est aujourd'hui que l'on y pend la crémaillère.

— Et... à qui appartient cet hôtel, monsieur ?

— A un jeune homme riche à millions, qui, dit-on, a fait là dedans des folies.

— Et quel est le nom de ce millionnaire ?

— Je crois que c'est *Saint-Harem* ou *Saint-Herem...*

— Plus de doute, — murmura le vieillard. — Mais alors pourquoi donner à cet hôtel le nom de Saint-Ramon ?

Et il parut de nouveau s'absorber dans de tristes pensées. Il en fut distrait par le curieux auquel il s'était d'abord adressé, et qui dit :

— Voilà, par exemple, quelque chose de bien singulier.

— Quoi donc, monsieur ? — reprit le vieux mulâtre avec distraction. — Qu'est-ce qui vous paraît singulier ?

— Un marquis millionnaire, ça ne devrait connaître que des gens à équipage, et voyez : à part trois ou quatre voitures bourgeoises, la file n'est composée que de fiacres et de cabriolets *milords...*

— En effet, c'est fort singulier, — répondit le vieillard, et après un silence d'un instant, il reprit : — Auriez-vous la bonté de me dire quelle heure il est, monsieur ?

— Dix heures et demie viennent de sonner.

— Merci, monsieur, — répondit le vieux mulâtre en se rapprochant de la grille. — Dix heures et demie, — se dit-il ; — je ne dois être à Chaillot qu'à minuit. J'ai le temps de tâcher de découvrir ce mystère. Combien cette rencontre est étrange, mon Dieu !

Et après une légère hésitation, le vieillard passa le seuil de la grille, se glissa dans l'obscurité d'une contre-allée d'ormes séculaires qui longeait l'avenue principale, s'achemina vers l'hôtel, et, malgré sa préoccupation, il ne put s'empêcher de remarquer l'immense quantité de fleurs qui s'étageaient en gradins de chaque côté de l'allée du milieu, et dont les mille nuances étaient vivement éclairées par une incroyable profusion d'ifs, de girandoles et de vases simulés en verres de couleur.

Cette avenue d'un aspect féerique aboutissait à un vaste hémicycle pareillement illuminé, au delà duquel s'élevait l'hôtel *Saint-Ramon*, véritable palais, qui, par la richesse à la fois grandiose et charmante de son architecture, rappelait le plus beau temps de la Renaissance.

Le vieillard traversa l'hémicycle, et arriva au pied d'un immense perron conduisant au péristyle. A travers les portes de glace qui fermaient cette espèce d'antichambre dans sa longueur, il aperçut une haie de grands valets de pied poudrés, vêtus de magnifiques livrées. De minute en minute, les fiacres s'arrêtaient au bas du péristyle, et y déposaient des hommes, des femmes, des jeunes filles, dont la mise, extrêmement simple, semblait en complet désaccord avec les splendeurs de ce palais magique.

Le vieux mulâtre, poussé par une invincible curiosité, suivit plusieurs de ces nouveaux venus, et, ainsi confondu parmi les invités, il arriva comme eux jusque sous le péristyle. Là deux grands suisses, portant la hallebarde et le baudrier aux couleurs des livrées, ouvraient à tous les survenans les deux ventaux d'une immense porte en glace, et à chacune de ces entrées ces suisses faisaient résonner les dalles de marbre sous les coups répétés de la crosse de leur hallebarde. Toujours confondu avec le groupes d'invités, le vieillard traversa une double haie de valets de pied, à livrée bleu clair galonnée d'argent sur toutes les coutures, droits, impassibles comme des soldats en bataille, et arriva dans le salon d'attente. Là se tenaient les valets de chambre et les maîtres d'hôtel; habit bleu clair à la française liséré de blanc, culotte de soie noire et bas de soie blancs, telle était la tenue de ces gens d'office, et tous, ainsi que les gens de livrée, témoignaient de leur déférence respectueuse pour les invités, dont la mise modeste semblait au vieillard si discordante avec le luxe princier de la demeure où ils étaient reçus. De ce salon il passa dans une galerie de musique destinée aux concerts; elle aboutissait à un immense salon circulaire à vaste coupole, formant pour ainsi dire le rond-point de trois autres galeries, dont l'une servait de salle de bal, l'autre de salle de souper, et la dernière de salle de jeu; ces quatre galeries (on y comprenant la salle de concert) communiquaient entre elles par de larges allées, pavées de riches mosaïques, plantées d'arbres exotiques, et recouvertes d'un dôme vitré comme un jardin d'hiver.

Il faut renoncer à décrire la splendeur, l'élégance, la noblesse grandiose et le somptueux ameublement de ces vastes pièces, étincelantes de peintures et de dorures, éblouissantes de lumières, de cristaux et de fleurs, répétées à l'infini par des glaces énormes; nous insisterons seulement sur une magnificence rare de nos jours, et qui donnait à cette demeure un caractère monumental royal. Le salon et les quatre galeries étaient, selon la destination de chaque pièce, ornés de peintures et de sculptures allégoriques qui eussent fait le renom des plus beaux palais connus. Les plus illustres artistes de ce temps-ci avaient concouru à cette œuvre superbe; le pinceau magistral d'Ingres, de Delacroix, de Scheffer, de Paul Delaroche, illustraient cet hôtel, et des noms moins célèbres alors, mais qui appartenaient à l'avenir, tels que Couture, Gérôme, etc., etc., avaient été devinés dans leur gloire future par l'opulent et intelligent créateur de ce palais. Mentionnons seulement, en parlant d'objets d'art, un buffet dressé dans la galerie destinée au souper. Sur ce buffet l'on voyait une merveilleuse argenterie dont les grandes pièces eussent été dignes du siècle de Benvenuto; candélabres, aiguières, bassins à glaces, coupes à fruits, corbeilles à fleurs, surtouts, girandoles, tout était admirable et aurait fait l'ornement d'un musée par la rare pureté de la forme et par le fini précieux des moindres ciselures.

Un mot encore à propos d'une assez bizarre particularité du grand salon circulaire.

Au-dessus d'une gigantesque cheminée de marbre blanc, véritable monument dû au mâle génie de David (d'Angers), notre Michel-Ange, des figures allégoriques en ronde-bosse, représentant les arts et l'industrie, soutenaient un large cadre ovale et doré incrusté dans l'entablement de la cheminée. Ce cadre contenait une peinture que l'on aurait pu attribuer à Velasquez. C'était le portrait d'un homme pâle, à la figure rude et austère, aux joues creuses, aux orbites profonds, au front dégarni; une sorte de robe brune, tenant le milieu entre la robe de chambre et la robe de moine, donnait à cette figure l'imposant caractère de ces portraits de saints ou de martyrs si nombreux dans l'école espagnole; apparence complétée d'ailleurs par une auréole d'or qui, étincelant sur le fond sombre de la toile, semblait jeter ses reflets sur cette figure austère et pensive. Enfin on lisait ces mots tracés en lettres gothiques dans un cartouche formé par les rinceaux de la bordure:

SAINT RAMON.

Le vieux mulâtre ayant suivi le flot de la foule, arriva en face de cette cheminée.

À la vue du portrait, il resta frappé de stupeur; son émotion fut si vive, qu'une larme brilla dans ses yeux, et il ne put s'empêcher de murmurer tout bas:

— Pauvre ami! c'est lui, c'est bien lui! — Puis il se dit: — Mais pourquoi ce mot *saint* ajouté à son nom? Pourquoi cette auréole d'or autour de son front? Pourquoi cette apparence mystique? Et puis enfin, quelle fête étran-

ge! Vêtu pauvrement comme je le suis, inconnu du maître de la maison, l'on m'a laissé entrer ici.

À ce moment, un maître d'hôtel, porteur d'un plateau de vermeil chargé de glaces et de fruits confits, s'arrêta devant le vieillard, et lui offrit respectueusement des rafraîchissemens qu'il refusa; il cherchait, mais en vain, à deviner quelle pouvait être la condition des invités qui l'entouraient; les hommes, presque tous modestement mais proprement vêtus, ceux-ci d'habits, ceux-là de redingotes, d'autres de blouses neuves, avaient un maintien discret, réservé, parlaient bas entre eux, semblaient ravis d'assister à cette fête; et cependant, loin de paraître émerveillés des richesses accumulées dans ce palais, on eût dit qu'ils se trouvaient là fort à l'aise, et, comme on dit vulgairement, *en pays de connaissance.*

Les femmes et les jeunes filles, dont un grand nombre étaient fort jolies, avaient l'air plus de paysées; timides et pleines de modestie, elles admiraient ingénuement ces splendeurs, échangeant à voix basse leurs observations; les jeunes filles, toutes coiffées en cheveux, portaient généralement des robes blanches d'une étoffe peu coûteuse, mais éblouissante de fraîcheur.

Le vieillard, de plus en plus désireux de pénétrer ce mystère singulier, s'approcha d'un groupe de plusieurs personnes, hommes et femmes, qui, arrêtés devant la grande cheminée de marbre, s'entretenaient à demi-voix, en contemplant le portrait de SAINT RAMON.

Telle était une des conversations que le vieux mulâtre écoutait avec un intérêt croissant.

— Vois-tu ce portrait-là, ma petite Juliette? — disait à sa jeune femme un homme de robuste stature et d'une figure avenante et ouverte. — Ce digne homme a fièrement raison de s'appeler saint Ramon, va! Il y a au paradis des saints qui auprès de lui ne sont que des flâneurs, si l'on en juge par le bien qu'il a fait.

— Comment donc cela, Michel?

— Dame! grâce à ce brave saint-là, pendant près de cinq ans, moi comme les autres camarades qui sont là, j'ai eu de l'ouvrage ici, ouvrage crânement payé, je m'en vante, parce que c'était du soigné, et que le bourgeois d'ici voulait que tout le monde fût content. Ce bonheur-là, ma petite Juliette, moi et les amis nous l'avons dû à ce brave homme dont voilà le portrait, à M. *Saint-Ramon* enfin! Grâce à lui, pendant tout ce temps-là, je n'ai pas eu un moment de chômage, et mon salaire a été assez fort pour que nous ayons pu bien vivre, nous et nos enfans, et mettre quelque chose à la caisse d'épargne.

— Mais, Michel, ce n'est pourtant pas ce digne monsieur, dont voilà le portrait, qui a commandé et si bien payé les travaux. C'est M. Saint-Herem, qui a l'air si gai, si bon, si peu fier, et qui, en entrant tout à l'heure, nous a dit des choses bien avenantes.

— Sans doute, ma petite Juliette, c'est monsieur Saint-Herem qui a commandé les travaux, mais, comme il nous le disait toujours en venant nous voir à la besogne, — « Mes enfans, sans les richesses que j'ai héritées, je ne » pourrais vous donner des travaux et vous payer largement comme de braves et intelligens ouvriers! Gardez » donc toute votre reconnaissance pour la mémoire de » celui-là seul qui m'a laissé tant d'argent; il a fait, » lui, la chose la plus rude, il a thésaurisé sou sur sou en » se privant de tout, tandis que moi, mes enfans, je n'ai » que le plaisir de dépenser grandement ces trésors. Dé- » penser, c'est mon devoir. À quoi bon la richesse, sinon » pour la prodiguer! Gardez donc le souvenir du bon » vieux avare; bénissez son avarice: elle nous donne, à » moi la jouissance de vous faire travailler à de belles et » grandes choses, à vous de larges salaires bravement ga- » gnés!

— C'est égal, vois-tu, Michel, s'il faut rendre grâce à ce digne avare, il ne faut pas oublier non plus M. Saint-Herem. Tant de gens riches ne dépensent rien, ou, s'ils nous occupent, combien ils lésinent sur le prix de notre travail, qu'ils nous font encore souvent attendre long-temps !

— Pardieu ! je suis de ton avis, ma petite Juliette : vaut mieux avoir deux personnes à aimer qu'une seule, et la part de cœur que nous ferons à ce bon saint Ramon ne rognera pas celle de M. de Saint-Herem. Brave jeune homme ! On peut dire que c'est une fameuse paire d'hommes que lui et son oncle !

Le vieux mulâtre avait écouté cet entretien avec autant d'intérêt que d'étonnement ; il prêta l'oreille à d'autres conversations. Dans tous les groupes, il entendit un concert de louanges et de bénédictions en faveur de Saint-Ramon, le digne avare ; partout aussi, l'on vantait le noble cœur, la libéralité de M. de Saint-Herem.

— Est-ce un rêve ? — se disait le vieillard. — Qui pourrait jamais croire que ces éloges, ces respects, s'adressent à la mémoire d'un avare, mémoire ordinairement honnie, vilipendée, exécrée ! Et c'est un dissipateur, un prodigue, l'héritier de cet avare, qui le réhabilite ainsi ! Encore une fois, est-ce un rêve ? Puis, par quelle autre bizarrerie ces artisans sont-ils conviés à cette fête d'inauguration ?

Les étonnemens du vieillard, loin de cesser, augmentèrent encore en remarquant un contraste assez singulier : parfois, quelques hommes, portant plusieurs décorations à leurs boutonnières et mis avec recherche, traversaient les salons, donnant le bras à des femmes remarquables par leur grande élégance ; mais cette classe d'invités était très peu nombreuse.

Florestan de Saint-Herem, plus beau, plus gai, plus brillant que jamais, semblait s'épanouir au milieu de cette atmosphère de luxe et de splendeur ; il faisait à merveille les honneurs de cette fête, accueillant ses invités avec une bonne grâce, une courtoisie parfaites. En maître de maison qui sait vivre, il s'était placé à l'extrémité de la galerie à laquelle aboutissait le salon d'attente, et il n'entrait pas une femme ou une jeune fille à laquelle il n'adressât quelques paroles empreintes de cette affabilité gracieuse et cordiale qui, par sa sincérité, charme et met à l'aise les plus timides.

Florestan de Saint-Herem accomplissait ainsi les devoirs de la plus aimable hospitalité, lorsqu'il vit entrer dans le premier salon la comtesse Zomaloff, la princesse Wileska et le duc de Riancourt.

XVIII.

M. Saint-Herem rencontrait pour la première fois de sa vie la comtesse Zomaloff et sa tante la princesse Wileska, mais il connaissait depuis longtemps M. de Riancourt ; aussi, le voyant entrer dans le salon accompagné de deux femmes, Florestan alla vivement à sa rencontre.

— Mon cher Saint-Herem, — lui dit M. de Riancourt, — permettez-moi de vous présenter à madame la princesse Wileska et à madame la comtesse Zomaloff... Ces dames n'ont pas cru être indiscrètes en venant avec moi visiter votre hôtel et ses merveilles, selon l'invitation que vous m'avez faite hier.

— Mon cher duc, — reprit Florestan, — je suis très heureux d'avoir l'honneur de recevoir ces dames, et je m'empresse de me mettre à leurs ordres pour leur montrer ce que vous voulez bien appeler les merveilles de cette maison.

— M. de Riancourt a raison de parler de merveilles, — reprit madame Zomaloff, — car, je vous l'avoue, monsieur, on est, en entrant ici, tellement ébloui, que l'on ne peut tout d'abord admirer en conscience.

— S'il faut tout vous dire, mon cher Saint-Herem, — reprit M. de Riancourt, — la visite de madame la comtesse Zomaloff est un peu intéressée ; car je lui ai fait part de vos intentions au sujet de cet hôtel, et comme je serai assez heureux pour avoir l'honneur de donner dans huit jours mon nom à madame la comtesse, vous sentez que je ne pouvais rien décider sans elle... puisqu'enfin je suis à peu près... un mari.

— Franchement, madame, dès que M. de Riancourt anticipe ainsi sur son bonheur, — dit gaiement Florestan à madame Zomaloff, — ne trouvez-vous pas juste qu'il subisse toutes les conséquences de sa révélation ? Or, comme un mari ne donne jamais le bras à sa femme, vous me ferez peut-être la grâce d'accepter le mien ?

Saint-Herem s'épargnait par cette plaisanterie l'obligation d'offrir, selon les convenances, son bras à la princesse Wileska, qui lui semblait beaucoup moins agréable à accompagner que sa jeune et jolie nièce. Celle-ci accepta l'offre de Florestan et prit son bras, tandis que M. de Riancourt conduisait la princesse.

— J'ai beaucoup voyagé, monsieur, — disait madame Zomaloff à Saint-Herem, — et je n'ai jamais rien vu qui pût approcher... non pas de cette magnificence (le premier millionnaire venu peut acheter de la magnificence pour son argent), mais rien qui pût approcher du goût merveilleux qui a présidé à la construction de cet hôtel. C'est réellement un musée splendide. Permettez-moi, de grâce, d'admirer encore les superbes peintures de ce plafond.

— Après l'admiration de l'œuvre doit venir la récompense de l'auteur. N'est-il pas vrai, madame ? — dit Florestan en souriant. — Aussi dépend-il de vous de rendre très heureux et très fier le grand artiste qui a peint ce plafond.

Et Saint-Herem désigna à madame Zomaloff un des plus illustres maîtres de l'école moderne.

— Ah ! mille fois merci, monsieur, de me procurer une pareille bonne fortune ! — dit la jeune femme en s'avançant avec Florestan au devant de l'artiste.

— Mon ami, — lui dit Saint-Herem, — madame la comtesse Zomaloff désire vous dire toute son admiration pour votre œuvre.

— Et ce n'est pas seulement mon admiration que je vous exprime, monsieur, mais encore ma reconnaissance, — dit gracieusement la jeune femme au grand peintre. — Le noble plaisir que cause la vue d'un tel chef-d'œuvre est une dette que l'on contracte envers celui qui l'a créé.

— Si flatteur, si précieux que me soit cet éloge, — répondit l'éminent artiste avec une modestie remplie de bon goût, afin de détourner le compliment qu'on lui adressait, — cet éloge, je ne puis l'accepter qu'à demi... Mais souffrez que je me mette hors de cause, l'expression de ma pensée sera plus libre. Parlons, par exemple, des peintures de la galerie des concerts, que vous admirerez tout à l'heure. Elles sont dues à notre Raphaël. Ai-je besoin, madame, de vous nommer M. Ingres ? Eh bien ! cette œuvre monumentale, qui doit dans l'avenir fournir aux pieux pèlerins de l'art autant de sujets d'adoration que les plus belles fresques de Rome, de Pise ou de Florence, ce chef-d'œuvre, en un mot, n'existerait peut-être pas sans mon excellent ami Saint-Herem. N'est-ce pas lui qui a donné au Raphaël français le prétexte d'une de ses pages immortelles ? Franchement, madame, par ce temps de gros luxe et de brutale magnificence financière, n'est-ce donc pas un phénomène de rencontrer un *Médicis*, comme au plus beau temps des républiques italiennes ?

— Il est vrai, monsieur, — reprit vivement la comtesse Zomaloff, — et l'histoire a été juste en illustrant...

— Pardonnez-moi si je vous interromps, madame la comtesse, — dit Saint-Herem en souriant, — je suis non moins modeste que mon illustre ami : aussi, de crainte de laisser s'égarer votre admiration, je dois vous signaler le véritable Médicis, le voici.

Et Florestan indiqua du geste à madame Zomaloff le portrait de saint Ramon.

— Quelle figure austère et pensive ! — dit la jeune femme en examinant cette peinture avec autant de surprise que de curiosité. Puis, ayant [illegible] au milieu du cartouche le nom de saint Ramon, elle ajouta en regardant Florestan avec un étonnement croissant :

— Saint Ramon ?... Quel est ce saint ?

— Un saint de ma façon, madame. C'est mon oncle, — reprit gaiement Florestan.— Quoique je ne sois pas encore pape, je me suis permis de canoniser un peu cet admirable homme en récompense du long martyre de sa vie et des miracles qu'il a faits après sa mort.

— Le long martyre de sa vie ?... les miracles qu'il a faits après sa mort ?... — répéta madame Zomaloff en regardant Florestan comme si elle eût douté de ses paroles.— Franchement, monsieur, c'est une plaisanterie...

— Pas du tout, madame... Mon oncle Ramon a enduré pendant sa longue vie des privations atroces, car il était d'une impitoyable et sublime avarice. Voilà pour son martyre. J'ai hérité de lui de biens considérables ; ils ont enfanté ces prodiges de l'art que vous admirez, madame. Voilà pour ses miracles. J'ai divinisé son souvenir par reconnaissance. Voilà pour sa canonisation. Vous le voyez, c'est une véritable légende de la Vie des saints.

Madame Zomaloff, de plus en plus frappée de l'originalité de Saint-Herem, garda un moment de silence pendant lequel M. de Riancourt, qui s'était jusqu'alors tenu à quelque distance, s'approcha de Florestan et lui dit :

— Mon cher Florestan, j'ai, depuis notre arrivée, une question à vous adresser. Qu'est-ce donc que tous ces gens qui sont ici ? J'ai bien reconnu, par-ci par-là, trois ou quatre grands peintres et un architecte renommé, donnant le bras à leurs femmes sans doute ; mais les autres, qu'est-ce que c'est donc que ça ? Moi et la princesse nous cherchons en vain le mot de l'énigme. Tout ce monde-là me paraît d'ailleurs tranquille et réservé. Ces petites jeunes personnes ont l'air modeste ; il y en a même de fort gentilles ; mais, encore une fois, qu'est-ce donc que cette société-là ?

Madame Zomaloff, rompant le silence qu'elle gardait depuis quelques instans, dit à Saint-Herem :

— Puisque M. de Riancourt a pris sur lui de vous adresser, monsieur, une question peut-être indiscrète, je vous avouerai que je partage sa curiosité.

— Vous avez sans doute remarqué, madame,—dit Saint-Herem en souriant,—que la plupart des personnes que j'ai réunies ce soir chez moi, avec un plaisir extrême, n'appartiennent pas à ce que notre petit monde aristocratique appelle le *grand* monde.

— Il est vrai, monsieur.

— Cependant, madame, tout à l'heure vous avez été heureuse, n'est-ce pas, de rencontrer ici le grand artiste auteur la coupole que vous avez tant admirée ?

— En effet, monsieur, je vous ai dit le plaisir que me causait cette rencontre.

— Vous m'approuvez aussi, je pense, de l'avoir invité, ainsi que plusieurs de ses collègues, à l'inauguration de leur œuvre commune ?

— Il me semble que cette invitation devenait presque un devoir pour vous, monsieur.

— Eh bien ! madame, ce devoir inspiré par la gratitude, j'ai voulu le remplir envers tous ceux qui ont concouru, de quelque manière que ce soit, à la construction de cet hôtel ; depuis les grands artistes jusqu'aux plus humbles artisans. Tous sont ici avec leur famille, jouissant à bon droit des magnificences qu'ils ont créées. Voyons, madame, n'est-il pas juste que l'habile et obscur ouvrier qui a ciselé la coupe d'or puisse au moins une fois y tremper ses lèvres ?

— Comment ! — s'écria M. de Riancourt stupéfait, — il y aurait ici des menuisiers, des doreurs, des serruriers, des tapissiers, des charpentiers, des ébénistes, des maçons !... Quoi ! il y aurait jusqu'à des maçons ! Mais c'est inouï, exorbitant, incroyable !

— Mon cher duc, connaissez-vous les mœurs des abeilles ?

— Fort peu.

— Ces mœurs-là, mon cher duc, sont des **plus sauvages**,

des plus impertinentes ; ces insolentes mouches (sous ce fabuleux prétexte qu'elles ont construit leurs alvéoles) n'ont-elles pas la prétention de les habiter ? Bien plus, scandale énorme ! elles parlent de leur droit au miel parfumé qu'elles ont élaboré pour l'hiver avec tant de peine et d'intelligence.

— Eh bien ! mon cher, que concluez-vous de là ?

— Je conclus de là qu'il faut, au moins par reconnaissance, donner aux pauvres et laborieuses abeilles humaines l'innocent plaisir d'habiter un jour l'alvéole dorée qu'elles ont bâtie pour nous, frelons oisifs, pour nous qui savourons le miel recueilli par autrui.

Madame Zomaloff avait un instant quitté le bras de Florestan. Elle le reprit, et faisant quelques pas afin de laisser derrière elle sa tante et M. de Riancourt, elle dit à Saint-Herem avec émotion :

— Monsieur, votre idée est charmante, plus que cela, elle est d'une touchante délicatesse. Je ne m'étonne plus maintenant de l'expression de contentement que je remarquais sur les traits de tous vos invités. Oui, plus j'y songe, plus cette pensée me paraît généreuse et juste. Après tout, ainsi que vous le dites, c'est l'œuvre commune de ces laborieux artisans, et c'est honorer, dignifier le travail, que de lui donner une pareille fête. Aussi, monsieur, d'après votre manière élevée d'envisager les choses, cet hôtel doit être à vos yeux bien plus encore qu'une jouissance d'art et de luxe ; à sa création se rattacheront toujours pour vous de précieux souvenirs.

— Certes, madame.

— Alors... monsieur...

— Achevez, madame.

— Il m'est impossible de comprendre comment...

— Vous hésitez, madame ; de grâce, expliquez votre pensée.

— Monsieur, — reprit madame Zomaloff avec embarras et après un moment de silence, —M. de Riancourt ne vous a point laissé ignorer notre prochain mariage. Il y a deux jours, causant avec lui de l'assez grande difficulté de trouver un hôtel aussi vaste et aussi somptueux que je le désirais, M. de Riancourt crut se rappeler que, la veille, on lui avait assuré que vous consentiriez, peut-être, à vous défaire de cette habitation achevée d'hier.

— En effet, madame, M. de Riancourt m'a écrit pour me demander à visiter l'hôtel ; je l'ai prié d'attendre jusqu'à aujourd'hui, lui disant que je donnais une fête, et qu'il pourrait ainsi beaucoup mieux juger de l'ensemble des appartemens de réception... mais je ne m'attendais pas, madame, à avoir l'honneur de vous recevoir.

— Monsieur, — reprit la jeune femme avec une nouvelle hésitation, —je me suis déjà permis de vous adresser plusieurs questions. Soyez donc indulgent encore une fois.

— L'indulgence m'a été jusqu'ici, madame, si agréable et si douce, que je vous remercie de me donner l'occasion de l'exercer encore. Voyons, de quoi s'agit-il ?

— Eh bien ! monsieur, — reprit résolument madame Zomaloff, — comment avez-vous le courage.... ou.... je vais dire un mot bien dur, — ajouta-t-elle en souriant d'un air presque mélancolique,—comment avez-vous l'ingratitude d'abandonner cette demeure que vous avez créée avec tant d'amour, cette demeure à laquelle se rattachent déjà pour vous tant de bons et généreux souvenirs ?

— Mon Dieu ! madame,— répondit Saint-Herem de l'air le plus riant, le plus dégagé, comme s'il disait la chose la plus simple du monde, — je vends cet hôtel parce que je suis ruiné, complétement ruiné. C'est aujourd'hui mon dernier jour de fortune, et vous m'avouerez, madame, que, grâce à votre présence ici, ce jour ne pouvait avoir un soir plus brillant et plus heureux !

XIX.

Florestan de Saint-Herem avait prononcé ces mots : *Je suis ruiné!* avec tant de bonhomie et d'insouciance, que madame Zomaloff le regarda d'un air stupéfait ; elle ne pouvait croire à ce qu'elle entendait. Aussi, reprit-elle :

— Comment ! monsieur, vous êtes...

— Ruiné ! madame, complétement ruiné ! Mon Dieu ! mon compte est fort simple : il y a cinq ans, mon saint homme d'oncle m'a laissé cinq millions environ ; je les ai dépensés, plus à peu près dix-huit cent mille francs, que je dois ; ils seront payés et au delà par la vente de cet hôtel, de son mobilier, argenterie, etc., et il me restera une centaine de mille francs, avec lesquels j'irai vivre dans quelque riante retraite de roi ; je me ferai berger ; contraste charmant, surtout en me rappelant mon existence passée. Quels rêves merveilleux, impossibles, changés en réalités pour moi, pour mes amis, pour mes maîtresses, que mon tourbillon doré emportait à ma suite ! quelle renommée que la mienne ! comme tout ce qui était beau, élégant, somptueux, recherché, venait se fondre dans mon orbite éblouissant ! Croiriez-vous, madame, que ma réputation de libéralité était devenue européenne ? Que dis-je ! un lapidaire de Chandernagor ne m'a-t-il pas envoyé un sabre indien dont la poignée ruisselait de pierreries. A cette arme était joint ce joli billet d'un laconisme héroïque : « Le cimeterre a appartenu à Tippo-» Saëb ; il doit appartenir à M. Saint-Herem. Cette arme » vaut vingt-cinq mille francs, payables à la maison » Rothschild, à Paris. — Reçu vingt-cinq mille francs. » Oui, madame, c'était ainsi : les objets d'art les plus rares, les plus précieux, m'étaient naïvement adressés de tous les coins du monde ; les plus beaux chevaux d'Angleterre vénaient d'eux-même se placer dans mes écuries ; les vins les plus exquis du globe affluaient à ma cave ; les plus illustres cuisiniers se disputaient la gloire de me servir, et le célèbre docteur Gasterini... connaissez-vous, madame ?

— Qui n'a pas entendu parler du plus fameux gourmand du monde connu !

— Eh bien, madame, ce grand homme a dit et proclamé qu'il avait aussi bien dîné chez moi que chez lui... et il n'accordait pas même cette louange à la table de M. de Talleyrand. Ah ! madame, la belle vie, si complète, si grande ! et les femmes ! Ah ! les femmes !

— Monsieur...

— Ne craignez rien, madame, je ne vous parlerai des femmes que comme d'objets d'art. Mais, franchement, est-il de plus charmans prétextes à la magnificence ? C'est si joli à parer, à orner, à entourer de tous les produits des arts ! Le luxe n'est que l'accessoire de la femme. Aussi, madame, croyez-moi, j'ai la conscience de m'être généreusement, noblement, intelligemment ruiné. Je n'ai à me reprocher ni une sotte dépense ni une méchante action ! C'est l'esprit rempli de souvenirs délicieux, le cœur plein de sérénité, que je vois s'envoler ma fortune :

L'accent de Saint-Herem était si sincère, la vérité de ses sentimens et de ses paroles se lisait en caractères si visibles sur sa loyale et charmante figure, que madame Zomaloff, convaincue de la réalité de ce qu'il disait, reprit :

— En vérité, monsieur, une pareille philosophie me confond ! A l'heure de renoncer à une vie pareille, pas un mot d'amertume de votre part !

— De l'amertume, moi ! après tant de joies, tant de bonheurs savourés ? Ah ! madame, ce serait blasphémer.

— Ainsi vous abandonnerez sans un regret, sans un soupir, ce palais enchanté, et cela, au moment même où vous alliez en jouir ?

— Que voulez-vous, madame, je ne me croyais pas si avancé dans ma ruine ; il n'y a guère que huit jours que

mon fripon d'intendant m'a montré mes comptes, et, vous le voyez, madame, je m'exécute franchement. Et d'ailleurs, en quittant ce palais créé avec tant d'amour, je suis comme le poëte qui a écrit le dernier vers de son poëme, comme le peintre qui a donné la dernière touche à son tableau, après quoi il leur reste l'impérissable gloire d'avoir créé un chef-d'œuvre. Il en est ainsi de moi, madame (excusez ma vanité d'artiste) : ce palais restera comme un monument d'art et de magnificence, il sera toujours le temple du luxe, des fêtes, des plaisirs, et que dis-je, madame, voyez combien je suis prédestiné, combien je serais ingrat de me plaindre du sort ! C'est vous, madame, vous qui allez être la divinité de ce temple, car, n'est-ce pas, vous achèterez cette maison ? elle vous ira si bien !... ne laissez pas échapper cette occasion, car j'ignore si M. de Riancourt vous a dit cela, mais il sait que lord Wilmot me fait des offres très pressantes. Or, je serais désolé d'être forcé de traiter avec lui : il est si laid, et sa femme aussi, et ses cinq filles aussi !... Jugez un peu quelles divinités pour ce temple splendide, qui semble vraiment bâti pour vous ! Voyons, madame, gardez-le, pour l'amour de l'art, que vous appréciez si bien. Seulement, grâce pour mon digne oncle ! c'est une grand peinture magnifique, et quoique le portrait et le nom de *saint Ramon* se trouvent répétés plusieurs fois en médaillons sculptés dans divers endroits de la façade de l'hôtel, je serais ravi de penser que du haut de son monument de marbre situé au centre des salons de l'hôtel, ce brave oncle assistera pendant des siècles aux plaisirs dont il s'est privé durant sa vie !

L'entretien de la comtesse et de Saint-Herem fut interrompu par M. de Riancourt. On avait, en causant, fait le tour des appartemens de réception. Le duc dit à Florestan :

— Mon cher, tout ceci est superbe et entendu à merveille. Mais dix-huit cent mille francs, mobilier et argenterie compris, bien entendu, c'est un prix exorbitant.

Je suis complétement désintéressé dans la question, cher duc, — reprit Florestan en souriant ; — ces dix-huit cent mille francs doivent appartenir à mes créanciers : aussi serai-je horriblement tenace pour les conditions ; d'ailleurs, je vous l'ai dit, lord Wilmot m'offre cette somme, et me presse d'accepter.

— Soit, mais vous ferez bien en ma faveur, mon cher, ce que vous refuseriez à lord Wilmot. Voyons, Saint-Herem, ne soyez pas inflexible, accordez-moi une diminution, et...

— Monsieur, — dit la comtesse Zomaloff à Florestan, en interrompant le duc, — M. de Riancourt voudra bien me permettre d'aller sur ses brisées, car je prends cet hôtel aux conditions que vous avez proposées, monsieur ; si cela vous convient, je vous donne ma parole, et je vous demande la vôtre.

— Vive Dieu ! madame, mon étoile ne m'abandonne jamais, — dit Florestan en tendant cordialement la main à madame Zomaloff, — c'est affaire conclue.

— Mais, madame... — dit vivement M. de Riancourt, très surpris et très contrarié de la facilité de sa future femme, car il avait espéré obtenir de Saint-Herem une réduction de prix, — mais, madame, permettez... il s'agit d'un immeuble d'un prix considérable ! il est impossible qu'aux termes où nous en sommes, vous vous engagiez ainsi sans mon autorisation. De grâce ! attendez que nous soyons mariés, et alors...

— Monsieur de Saint-Herem, vous avez ma parole, — dit madame Zomaloff en interrompant le duc ; — je fais de cette acquisition une affaire personnelle ; demain, si vous le permettez, mon intendant ira s'entendre avec le vôtre.

— C'est convenu, madame, — dit Saint-Herem ; puis il ajouta gaiement, en s'adressant à M. de Riancourt : — j'espère que vous ne m'en voudrez pas, mon cher duc ; mais, c'est votre faute, il fallait vous montrer vraiment grand seigneur, et ne pas marchander comme un banquier.

À ce moment, l'orchestre, qui avait cessé de se faire entendre pendant un quart d'heure, donna le signal d'une nouvelle contredanse.

— Pardon si je vous quitte, madame la comtesse, — dit Saint-Herem à madame Zomaloff, — mais j'ai invité pour cette contredanse la charmante fille d'un des meilleurs ouvriers qui aient travaillé à cet hôtel, ou plutôt, madame, à votre hôtel. Je suis heureux d'emporter du moins cette pensée en vous quittant.

Et Saint-Herem, saluant respectueusement madame Zomaloff, alla rejoindre une charmante jeune fille qu'il avait engagée, et le bal continua.

— Ma chère Fœdora, — dit la princesse, qui avait remarqué avec une soucieuse impatience le long entretien de sa nièce et de Saint-Herem, — il se fait tard, et vous avez promis à madame l'ambassadrice de Sardaigne d'arriver chez elle de bonne heure.

— Permettez-moi de vous le faire observer, madame, — dit à son tour M. de Riancourt en s'adressant à sa *future*, — vous avez été un peu trop vite en affaires. Saint-Herem est obligé de vendre cet hôtel pour payer ses dettes, et avec un peu de persévérance, nous aurions pu obtenir un rabais de cinquante mille écus au moins, surtout si vous aviez insisté vous-même; il est de ces choses qu'il est si difficile de refuser à une jolie femme ! — ajouta M. de Riancourt avec le plus aimable sourire.

— Fœdora, à quoi pensez-vous donc, ma chère ? — reprit la princesse en touchant légèrement le bras de la jeune femme, qui, accoudée à une console dorée chargée de fleurs, rêvait profondément et n'avait pas entendu un seul mot de ce que sa tante et le duc lui avaient dit. — Fœdora, — reprit la princesse en attirant enfin l'attention de sa nièce, — encore une fois à quoi pensez-vous donc ?

— Je pense à M. de Saint-Herem, — dit la jeune femme en sortant comme à regret de sa rêverie. — Tout ce qui s'est passé ici est tellement bizarre...

— Entre nous, comtesse, — dit M. de Riancourt d'un air sentencieux, — je crois que le désespoir de se voir ruiné aura détraqué le cerveau de ce pauvre Saint-Herem. Il faut être timbré pour imaginer une pareille fête. Inaugurer son hôtel par un bal d'artisans, cela sent le socialisme d'une lieue !

— Ce cher duc a raison, c'est d'un ridicule achevé, — reprit la princesse. — Quelle amusante nouvelle nous allons apporter ce soir à l'ambassade ! Ce bal d'ouvriers fera merveille ; on en rira fort ! Mais, Fœdora, vous ne répondez rien. Qu'avez-vous donc ?

— Je ne sais, — dit la jeune femme ; — ce que j'éprouve est fort singulier.

— Vous avez besoin d'air, sans doute, ma chère comtesse, — dit M. de Riancourt avec empressement ; — cela ne m'étonne point : cette agglomération de populaire est étouffante, et quoique les appartemens soient très vastes...

— Fœdora, — dit la princesse avec une inquiétude croissante, — est-ce que vous vous sentez indisposée ?

— Non, certes, l'émotion que j'éprouve est au contraire remplie de douceur et de charme ; aussi je ne sais en vérité, mon cher duc, comment exprimer...

— Comtesse, de grâce ; — dit M. de Riancourt ; — peut-être la forte odeur de ces fleurs vous cause-t-elle un de ces malaises qui ont une sorte d'agrément ?

— Non, ce n'est pas cela. J'hésite à tout vous dire ; vous et ma tante vous allez me trouver si étrange, si extravagante...

— Ah ! comtesse, — dit galamment M. de Riancourt, — extravagante, vous !

— Fœdora, — dit la princesse, — expliquez-vous donc.

— Je le veux bien, mais vous allez être fort surpris, — ajouta la jeune veuve d'un air confidentiel et coquet ; puis, se tournant vers M. de Riancourt, elle lui dit à mi-voix :

— Il me semble...

— Il vous semble, chère comtesse ?

— Que...

— Achevez, de grâce !

— Que je meurs d'envie d'épouser M. de Saint-Herem.

— Madame ! — s'écria le duc stupéfait et devenant cramoisi. — Madame !

— Qu'il y a-t-il donc, cher duc ? — demanda vivement la princesse. — Comme vous êtes rouge !

— Madame la comtesse, — reprit M. de Riancourt en souriant d'un air forcé, — la plaisanterie est un peu vive, et...

— Allons, donnez-moi votre bras, mon cher duc, — reprit madame Zomaloff de l'air le plus naturel du monde, — et faites demander vos gens, car il est tard. Nous devrions être déjà à l'ambassade. C'est votre faute aussi : comment vous, l'exactitude en personne, ne m'avez-vous pas sonné onze heures depuis longtemps ?

— Ah ! madame, je n'ai pas envie de rire ! — dit le duc d'un ton sentimental et pénétré. — Quel mal m'a fait votre cruelle plaisanterie de tout à l'heure ! J'en ai le cœur navré.

— Mon pauvre monsieur de Riancourt, je ne vous savais pas le cœur si vulnérable...

— Ah ! madame, ce soupçon m'afflige ; vous êtes bien injuste ; moi qui sacrifierais ma vie pour vous !

— Vraiment !

Pour unique réponse, le duc leva les yeux au ciel et poussa un long soupir.

— Allons, mon cher duc, — reprit la jeune femme en souriant, — si j'avais quelque chose à vous demander, ce ne serait pas un sacrifice si héroïque.

La voiture de M. de Riancourt étant arrivée au bas du perron, madame Zomaloff, sa tante et le duc, quittèrent l'hôtel Saint-Ramon.

Presqu'au même instant le vieux mulâtre abandonnait aussi cette opulente demeure, ébloui, confondu de ce qu'il venait de voir, d'entendre, et songeant toujours aux bénédictions dont le nom de saint Ramon était comblé par les invités de cette fête singulière.

Onze heures et demie sonnaient alors dans le lointain à l'église de Chaillot.

— Onze heures et demie ! — se dit le vieillard ; j'ai le temps d'arriver pour minuit. — Ah ! que vais-je apprendre ! quelle angoisse est la mienne !

Et le vieillard commença de gravir lentement les hauteurs qui, du bord de la Seine, s'étagent jusqu'à la rue de Chaillot.

XX.

Le vieux mulâtre s'était lentement acheminé vers les hauteurs de Chaillot ; il arriva bientôt dans la rue où s'élève l'église de ce faubourg pauvre et populeux.

Contre l'usage, cette église était éclairée cette nuit-là. À travers la grande porte ouverte, on voyait la nef et l'autel brillamment illuminés de cierges, quoique l'église fût encore vide ; quelque cérémonie imposante allait sans doute avoir lieu, car, bien que minuit dût bientôt sonner, l'on apercevait des lumières et des curieux aux fenêtres des maisons voisines de l'église, tandis que des groupes nombreux stationnaient sur le parvis. Le vieux mulâtre, s'approchant de l'un de ces rassemblemens, prêta l'oreille et entendit ce qui suit :

— Ils ne peuvent maintenant beaucoup tarder.

— Non, car voilà bientôt minuit.

— C'est tout de même une drôle d'heure pour se marier.

— Ma foi ! quand on est si bien doté, l'on peut passer par là-dessus.

— Qui donc va se marier à cette heure, messieurs ? — demanda le vieux mulâtre ; — quel est ce singulier mariage dont vous parlez ?

— On voit, mon brave homme, que vous n'êtes pas du quartier !

— En effet, monsieur, je suis étranger.

— A la bonne heure ! sans cela vous sauriez ce que c'est que *le mariage des* six, qui a lieu depuis quatre ans, pendant la nuit du 11 au 12 mai.

— Du 11 au 12 mai,—se dit le vieillard en tressaillant, —et il reprit :

— Mais, monsieur, pourquoi appelle-t-on ce mariage *le mariage des six?*

— Parce qu'il y a chaque année six jeunes filles mariées et bien dotées, ma foi! chacune de dix mille francs !

— Dotées, et par qui?

— Par la volonté d'un digne homme, mort depuis cinq ans, et dont le nom est aussi populaire et aussi béni dans Chaillot que celui du *Petit manteau bleu* dans Paris.

— Et,—demanda le vieux mulâtre avec un léger tremblement dans la voix,—comment s'appelait ce digne homme, au nom de qui l'on dote si généreusement de jeunes filles ?

— Il se nomme le *père Richard*, monsieur, — répondit avec un accent de déférence la personne que le vieillard interrogeait.

Celui-ci, contenant à peine son émotion croissante, reprit :

— Et pourquoi ce père Richard fait-il tant de bien après sa mort ?

— Dame! parce que c'était son idée, et qu'il a un brave fils, M. Louis Richard, qui exécute religieusement les dernières volontés de son père. Ah ! voilà un autre digne homme que M. Louis ! Tout le monde sait que lui, sa femme et son enfant, vivent tout au plus avec trois ou quatre mille francs par an, et pourtant il faut qu'ils aient hérité du père Richard une fameuse fortune pour doter chaque année six jeunes filles de dix mille francs chacune , sans compter les frais de l'école et de la maison *du bon Dieu*, ou du père Richard, si vous aimez mieux.

— Pardonnez, monsieur, à la curiosité d'un étranger ; mais vous parlez d'une maison appelée la maison du bon Dieu, d'une école ?

— Oui... l'école du père Richard. C'est madame Mariette qui la dirige.

— Madame Mariette ?—demanda le vieillard,—qui est-elle ?

— La femme de M. Louis Richard... Cette école est fondée pour vingt-cinq petits garçons et vingt-cinq petites filles qui y restent jusqu'à l'âge de douze ans, époque où ils entrent en apprentissage chez des maîtres choisis; les enfans sont nourris ; on leur donne en outre un habillement pour l'hiver et un pour l'été ; de plus ils reçoivent chacun dix sous par jour. De cette façon-là, les parens, au lieu de faire comme tant d'autres qui, pressés par la misère, mettent trop tôt leurs enfans en apprentissage, sont intéressés à leur faire donner de l'instruction.

— Et c'est la femme de... de M. Louis Richard qui dirige cette école ?

— Oui, monsieur ; et elle dit qu'elle y prend d'autant plus de plaisir qu'elle était avant son mariage une pauvre ouvrière ne sachant ni lire ni écrire, et qu'elle a si cruellement souffert du manque d'éducation, qu'elle se trouve heureuse d'être à même d'empêcher les autres de souffrir ce qu'elle a souffert. Voilà, monsieur, ce que c'est que l'école du père Richard.

— Mais, monsieur, vous m'aviez aussi parlé d'une maison...

— Cette maison est fondée pour douze pauvres ouvrières infirmes ou hors d'état de travailler. C'est madame Lacombe qui la dirige.

— Qu'est-ce que c'est que madame Lacombe?

— La marraine de madame Mariette, une bonne et digne femme, qui a le poignet coupé ; c'est la douceur, la patience, la bonté en personne... Que voulez-vous ! elle doit s'y connaître en pauvres vieilles femmes infirmes! car elle dit à qui veut l'entendre qu'avant le mariage de sa filleule avec M. Louis, toutes deux ne mangeaient pas tous les jours du pain à leur faim; mais, tenez, mon brave homme, voilà les mariages ; placez-vous devant moi , vous les

verrez mieux défiler ; nous pourrons ensuite entrer dans l'église.

En effet, le vieillard vit bientôt s'avancer une sorte de cortège, à la tête duquel marchaient Louis Richard donnant le bras à madame Lacombe, puis Mariette tenant par la main un charmant petit garçon de quatre ans.

Madame Lacombe n'était plus reconnaissable; sa figure, autrefois si creuse, si maladive, était pleine, vermeille, et annonçait la santé ; sa physionomie, jadis chagrine, sombre, presque farouche, exprimait alors la plus heureuse mansuétude: elle portait ses cheveux blancs en bandeaux sous un bonnet de dentelle, et un beau châle de cachemire français cachait à demi sa robe de soie.

Les traits de Louis Richard, qui donnait le bras à la marraine de Mariette, étaient empreints d'une félicité sérieuse et contenue. On voyait qu'il comprenait la grandeur des devoirs qu'il s'était imposés. Mariette, plus jolie que jamais, se distinguait par un air de gravité douce qui sied si bien aux jeunes mères ; dans son légitime orgueil, elle avait toujours, malgré son mariage, conservé le modeste costume de sa première condition; fidèle au coquet petit bonnet de l'ouvrière, elle n'avait jamais voulu porter de chapeau ; le *bon Dieu* l'en récompensait, car elle était ravissante de fraîcheur, de grâce et de beauté, sous son frais bavolet de dentelle à nœuds de rubans bleu ciel. De temps à autre elle souriait avec un amour ineffable à son petit garçon, blond, rose et joli comme elle.

Après Louis, sa femme, son enfant et madame Lacombe, venaient, vêtues de blanc et couronnées de fleurs d'oranger, les six jeunes filles dotées cette année-là : elles donnaient le bras aux parens ou aux témoins de leurs fiancés ; ceux-ci conduisaient les parens et les témoins de leurs promises; tous appartenaient à la classe des travailleurs. Derrière ce groupe s'avançaient les vingt-quatre ménages unis depuis quatre ans, puis les enfans de l'école du père Richard, puis enfin celles des vieilles femmes de la maison de refuge à qui leurs infirmités permettaient d'assister à cette touchante cérémonie.

Il fallut près d'un quart d'heure pour le défilé de ce cortège, qui prit enfin place dans l'église.

Le vieux mulâtre avait assisté muet et pensif à ce défilé, pendant qu'autour de lui les curieux disaient :

— C'est pourtant grâce au père Richard que ces jeunes filles laborieuses vont devenir de bonnes et heureuses ménagères.

— Et les mariées des autres années ont-elles l'air heureux! Et ce bonheur, à qui le doivent elles? Au père Richard !

— C'est vrai... toujours au père Richard !

— Et aussi à M. Louis, qui remplit si bien les intentions de son brave père.

— Sans doute ; mais enfin, toujours est-il que sans la grosse fortune que le père Richard lui a laissée, pour en faire un si bon usage, M. Louis n'aurait eu que sa bonne volonté.

— Et l'école du père Richard? avez-vous vu les enfans, les petits garçons avec leurs bonnes blouses de drap, les petites filles avec leurs bonnes robes de mérinos? Comme tous ont l'air content !

— Savez-vous qu'il ne manque pas plus de cinq ou six de ces pauvres vieilles infirmes qui, grâce au père Richard, trouvent au moins du pain et du repos pour leurs vieux jours?

— Savez-vous une chose, mes amis?

— Quoi donc ?

— C'est que voilà peut-être cent cinquante personnes qui passent devant nous et qui toutes ont eu plus ou moins part aux bienfaits du père Richard.

— C'est vrai, et quand on songe que c'est la même chose depuis quatre ans, ça fait déjà six à sept cents personnes soutenues, instruites, aidées ou mariées grâce à ce digne homme.

— Sans compter que, pourvu que M. Louis vive encore

pendant trente ans, je suppose, ça fera cinq ou six mille personnes qui, grâce au père Richard, auront eu la vie bonne et heureuse, au lieu de l'avoir eu mauvaise... et coupable peut-être ; la misère perd tant de monde !

— Qu'est-ce que vous dites donc, cinq ou six mille personnes, mais ça ferait bien plus que cela !

— Comment ?

— Ces ménages que l'on dote chaque année, choisis parmi les plus pauvres et les plus honnêtes artisans, ces ménages auront des enfans ; ceux-ci d'abord participeront au bien-être de leurs familles, ils seront bien élevés, et ils auront plus tard leur part du petit pécule grossi certainement par l'économie et le travail de leurs parens, car c'est facile de mettre de côté quand on s'établit avec quelque chose ; on n'est pas forcé de s'endetter pendant le chômage en mettant au mont-de-piété, qui nous ruine par les gros intérêts !

— C'est, ma foi ! vrai, en calculant ainsi, ça double, ça triple la somme des bienfaits du père Richard ; et si l'on osait songer à une deuxième, à une troisième génération de bienfaiteurs, en multipliant, comme on dit, se obligés par eux-mêmes, ça deviendrait incalculable le bien dont il aurait été la souche, ce digne et excellent homme !

— Et dire pourtant que le bien est si facile à faire, et qu'il y a tant de gens, du petit au grand, qui ne savent à quoi dépenser leur argent !

— C'est vrai... car enfin de l'argent ça représente le bonheur de bien du monde, et avoir entre les mains beaucoup d'argent, c'est avoir le moyen de faire, si on le voulait, beaucoup d'heureux !

— Ah dame ! c'est que les père et fils Richard ne sont pas très communs,—dit le dernier interlocuteur qui avait servi de cicerone au vieux mulâtre ; puis, voyant ce dernier laisser couler des larmes, il ajouta :— Eh bien ! mon brave homme, que diable ! avez-vous à pleurer ainsi ?

— C'est... c'est l'émotion, — dit le vieillard. — Le bien que j'entends dire de ce... ce... père Richard et de son fils... la vue du cortége de gens si heureux... tout cela me cause une impression extraordinaire.

— Oh ! mon digne homme, si telle est la cause de vos larmes, je ne vous plains pas, elle vous font honneur. Mais, tenez, puisque cela vous intéresse, entrons dans l'église, nous verrons la fin de la cérémonie, et après, vous pourrez aller jusqu'à la maison du bon Dieu, car, cette nuit-ci, y entre qui veut.

— Je vous remercie de votre conseil, monsieur, et je le suivrai,— dit le vieux mulâtre en essuyant ses pleurs et en entrant dans l'église avec son cicerone.

La foule était si compacte, que le vieillard dut renoncer à arriver jusqu'aux premiers rangs des spectateurs qui se pressaient à l'entrée du chœur ; mais un moment de réflexion le consola bientôt, et il revint se placer auprès du bénitier situé non loin de la porte de l'église.

Pendant l'accomplissement de la cérémonie des mariages, à laquelle tous les assistans prirent part avec recueillement, la physionomie du mulâtre exprima une émotion profonde, étrange ; il semblait plongé dans une sorte d'extase, comme si une révélation soudaine lui eût ouvert des horizons immenses, éblouissans, mais jusque-là voilés à sa vue ; aussi, après un moment de méditation fervente, s'agenouilla-t-il, et, joignant les mains, il laissa tomber sur sa poitrine sa tête blanchie.

Dans l'église le silence était solennel ; tout à coup la voix grave et sonore du prêtre qui officiait à l'autel fit entendre ces paroles, qu'il adressait aux nouveaux mariés :

« Et maintenant que votre union est consacrée par
» Dieu, jeunes époux, continuez la vie honnête et laborieu-
» se qui vous a mérité le bonheur dont vous allez jouir ;
» n'oubliez jamais que cette juste rémunération de votre
» dignité dans la pauvreté, de votre courage dans le tra-
» vail, vous la devez à un homme doué de la plus ten-
» dre, de la plus juste affection pour ses frères ; car, fidèle
» aux devoirs du vrai chrétien, il ne s'est pas regardé com-
» me le maître, mais comme l'aumônier de ses richesses.

» Le Christ n'a-t-il pas dit : *Aimez-vous les uns les autres,*
» *et que ceux qui ont donnent à ceux qui n'ont pas...* Aussi
» le Seigneur, en accordant au père Richard un fils digne
» de lui, a récompensé ce grand homme de bien, et par
» son obéissance aux lois de l'évangélique fraternité, il a
» mérité que sa mémoire vécût parmi les hommes. Cette
» immortalité, votre reconnaissance la lui accordera ; que
» son nom soit donc à jamais béni par vous, par vos en-
» fans, par les enfans de vos enfans ; que vos cœurs con-
» servent toujours comme le souvenir d'une rare vertu le
» nom vénéré du père Richard ! »

Le murmure approbateur de la foule accueillit ces paroles et couvrit les sanglots étouffés du vieux mulâtre, qui, toujours agenouillé, semblait éprouver un ressentiment ineffable.

La cérémonie était terminée.

Le bruit que firent les assistans en quittant leurs places, afin de sortir de l'église, rappela à lui le vieillard ; il se releva précipitamment, et s'appuya au bénitier, car il se sentait près de défaillir.

Bientôt il vit du fond de l'église s'avancer de son côté Louis Richard, qui, donnant le bras à madame Lacombe, se dirigeait vers la porte de l'église.

Le vieillard trembla de tous ses membres, et au moment où Louis Richard allait passer devant lui, il trempa ses doigts dans le bénitier, et baissant à demi la tête, il offrit l'eau sainte d'une main tremblante à l'époux de Mariette.

— Merci, bon père,—répondit affectueusement Louis en effleurant de ses doigts la main vacillante ; puis, remarquant la pauvreté de ses vêtemens et la tête blanchie du donneux d'eau bénite, et voyant dans son offre une demande d'aumône, le jeune homme lui glissa dans la main une pièce de monnaie, en lui disant avec bonté :

— Tenez, et priez Dieu pour le père Richard.

Le vieillard saisit avidement la pièce de monnaie, la porta à ses lèvres et la baisa en fondant de nouveau en larmes.

Ce singulier incident ne fut pas aperçu de Louis Richard ; il sortit de l'église ainsi que le cortége, et une grande partie des spectateurs se dirigea vers ce que l'on appelait à Chaillot la Maison du bon Dieu.

Le vieux mulâtre, brisé par une profonde émotion, s'appuya péniblement sur son bâton, et se dirigea aussi vers la maison du bon Dieu.

XXI.

La *Maison du bon Dieu* était bâtie sur les dernières hauteurs de Chaillot, dans une situation aussi riante que salubre ; un grand et ombreux jardin entourait les bâtimens d'une élégante simplicité.

Cette nuit de mai était pleine de douceur et de sérénité ; les parfums printaniers embaumaient l'air, de nombreux becs de gaz éclairaient la grande allée couverte qui conduisait au corps de logis principal, au-devant duquel s'élevait un perron de quelques marches.

Le vieux mulâtre avait suivi le cortége ; il le vit se ranger silencieusement en demi-cercle à l'entour du perron, car aucune salle n'aurait pu contenir l'affluence de la foule.

Bientôt Louis Richard, selon son habitude de chaque année, s'avança sur le perron et prononça d'une voix émue et chaleureuse les quelques paroles suivantes :

« Mes amis, il y a cette nuit cinq ans que je perdais le
» meilleur des pères ; il périssait d'une mort affreuse,
» lors du sinistre du chemin de fer de Versailles. Mon
» père, maître d'un patrimoine assez considérable, aurait
» pu vivre dans l'aisance et l'oisiveté ; il a vécu pauvre et
» laborieux. Tandis qu'il renonçait ainsi à tout bien-être,

» gagnant par son travail le pain quotidien, sa parci-
» monie sublime accumulait lentement de grandes riches-
» ses, son abnégation les augmentait chaque année. Vin
» le jour prématuré de sa mort. J'eus à pleurer un des
» plus fervens amis de l'humanité, car, selon ses derniè-
» res volontés, j'ai consacré ses biens à l'accomplissement
» de trois saints et grands devoirs :
» Envers les enfans,
» Envers les jeunes filles,
» Envers les femmes que l'âge ou les infirmités rendaient
» incapables de travailler.
» Aux enfans pauvres si souvent privés d'une éducation
» tutélaire, mon père a voulu que l'instruction élémen-
» taire et plus tard professionnelle fût assurée.
» Aux jeunes filles laborieuses et probes qu'un sa-
» laire insuffisant, la souffrance, la misère, n'exposent que
» trop fréquemment aux séductions du vice, mon père a
» voulu qu'une dot modeste fût assurée. Cette assistance,
» jointe aux fruits du travail de chaque ménage, lui per-
» mettra du moins de goûter dans toute leur douceur et
» leur pureté les saintes joies de la famille, joies souvent,
» hélas! ignorées au milieu des maux qu'enfante la pau-
» vreté.
» Enfin, aux femmes âgées ou infirmes qui, après une
» longue vie de labeur, sont hors d'état de gagner leur
» subsistance, mon père a voulu assurer du moins le repos
» et le bien-être de leurs vieux jours.
» Ces dernières volontés de mon père, je les ai reli-
» gieusement remplies dans la limite des moyens d'action
» qu'il m'a laissés. Sans doute, le bien qu'il dispense ainsi
» chaque année par mes mains est peu de chose, si l'on
» songe aux innombrables misères de l'humanité; mais
» celui-là *qui fait tout le bien qu'il peut faire*, ne parta-
» geât-il que son morceau de pain avec son frère affamé,
» celui-là agit comme il doit agir: il accomplit le devoir
» que l'humanité lui impose.
» Ce devoir est celui de tout homme de bien, et il doit
» employer tous ses efforts à se rapprocher de cet idéal
» par des actes. Ainsi a fait mon père. De sa généreuse
» pensée, je ne suis que l'écho, que l'agent. L'accomplis-
» sement de ce glorieux devoir remplirait ma vie d'une
» félicité sans mélange et sans borne, si je n'avais à pleu-
» rer la mort d'un père à jamais regretté. »

A peine Louis Richard avait-il prononcé ces dernières paroles, qu'un certain tumulte s'éleva au milieu de la foule dont le perron était entouré : le vieux mulâtre, suc-combant à son émotion, sentit ses forces lui manquer, et tomba sans mouvement dans les bras de ceux qui se trou-vaient à côté de lui.

Louis Richard, instruit de la cause de cette subite agita-tion, accourut auprès du vieillard, et, afin de mieux s'as-surer de son état et de pouvoir lui donner des soins plus prompts, il le fit transporter dans son appartement, situé au rez-de-chaussée, puis il pria les nouveaux époux de se rendre au souper destiné à les réunir aux *ménages* des an-nées précédentes. Madame Lacombe et Mariette devaient, en l'absence momentanée de Louis Richard, le suppléer dans la présidence de ce repas servi dans le jardin sous une tente immense.

Le vieux mulâtre avait été transporté, toujours éva-noui, dans le cabinet de Louis. Celui-ci, par un pieux res-pect pour la mémoire de son père, ne s'était pas séparé du pauvre mobilier de la chambre qu'ils avaient si longtemps habitée en commun : la table de bois noirci, la vieille commode, l'antique bahut, tout avait été gardé, ainsi que la couchette peinte en gris, sur laquelle on avait jeté une courte-pointe, et qui servait de lit de repos à Louis Richard. C'est sur cette couche que le vieillard fut porté.

Une bougie allumée à la hâte éclairait faiblement cette pièce.

Louis, dès qu'il y entra, envoya un domestique à une petite pharmacie dépendante de la maison, demander quelques spiritueux, et resta seul avec le vieux mulâtre. Ses épais cheveux blancs retombaient sur son front; son inculte et longue barbe cachait presque entièrement ses traits. Louis prit sa main pour consulter son pouls.

A ce moment le vieillard fit un léger mouvement, e prononça quelques mots inintelligibles.

Le son de cette voix frappa cependant Louis; il tâcha de mieux distinguer les traits de celui qu'il secourait; mais la demi-obscurité de la chambre, et la longueur des che-veux et de la barbe du mulâtre rendirent infructueux cet examen.

Soudain son hôte releva languissamment la tête, regar-da autour de lui, et ses yeux s'étant arrêtés sur le dossier du lit peint en gris et contourné d'une façon particulière, il fit un mouvement de surprise ; mais lorsqu'il eut aperçu le bahut si reconnaissable par sa forme, il ne put retenir ces mots :

— Où suis-je? Est-ce un rêve ?... Mon Dieu ! mon Dieu !

L'accent de cette voix de plus en plus distincte frappa Louis de nouveau ; il tressaillit légèrement ; mais bientôt, secouant la tête et souriant avec amertume, il se dit tout bas :

— Hélas ! les regrets nous causent souvent des illusions étranges.

S'adressant alors au vieillard d'un ton affectueux,

— Eh bien ! comment vous trouvez-vous, bon père ?

A ces mots, le mulâtre, se dressant sur son séant, sai-sit vivement la main de Louis avant que celui-ci eût pu s'y opposer, et la couvrit de larmes et de baisers.

L'époux de Mariette, surpris, touché de ce mouvemen d'effusion, reprit :

— Allons, calmez-vous, bon père. En vérité, je n'ai rien fait jusqu'ici qui puisse me mériter votre reconnaissance. Un jour, je serai peut-être plus heureux... Mais dites-moi, comment vous trouvez-vous? Est-ce la fatigue, la faibles-se, qui ont causé votre évanouissement?

Le vieillard resta muet, baissa la tête sur sa poitrine sans quitter la main de Louis, dont il semblait ne pouvoir se détacher; il la serrait contre sa poitrine haletante dans une étreinte convulsive.

Le jeune homme, gagné par une émotion singulière et croissante, sentit les larmes lui venir aux yeux, et reprit :

— Bon père, écoutez-moi.

— Oh! encore !—murmura le vieux mulâtre d'une voix étouffée, — encore !...

— Comment ! que je vous dise encore *Bon père* ?

— Oui, —répondit le vieillard, qui tremblait de tous ses membres,—oui ! Oh ! encore !

— Eh bien ! bon père...

Le jeune homme ne put achever.

Son hôte, incapable de se vaincre plus longtemps, se redressa et s'écria d'une voix vibrante de tendresse :

— Louis !!

Ce nom, prononcé avec l'expression de toutes les forces de l'âme, ce mot seul était une foudroyante révélation.

Le jeune homme pâlit, se rejeta en arrière et resta pé-trifié, les yeux fixes, hagards.

La commotion était trop violente, l'ébranlement moral trop profond, pour qu'il ne s'écoulât pas quelques instans avant que cette pensée :—*Mon père n'est pas mort !* — pût arriver jusqu'à l'entendement de Louis.

Ainsi, la brusque transition d'une nuit profonde à l'éclat du soleil nous éblouit et nous rend momentanément aveugles.

Mais lorsque Louis, remis de cette violente secousse, envisagea la réalité sans vertige, il se jeta sur le lit du vieillard, écarta d'une main convulsive ses longs che-veux blancs ; puis, parcourant d'un œil avide, radieux, eni-vré, les traits de son père enduits d'un bistre factice, il ne conserva plus aucun doute, et ne put que balbutier ces mots dans une sorte de délire filial : — Toi!... oh ! mon Dieu ! toi, mon père !

. . . .

Renonçons à peindre cette première explosion de tendresse qui jeta le père et le fils dans les bras l'un de l'autre.

Qui pourrait rendre ces étreintes, ces mots sans suite, ces cris, ces déchiremens d'une joie trop aiguë, ces défaillances de l'esprit et du corps trop faible pour un pareil ravissement, mais bientôt suivies de ces élans passionnés qui emportent l'âme jusqu'aux dernières limites de la félicité?

À ces emportemens de bonheur succéda enfin un moment de calme.

Le père Richard dit à son fils :

— En deux mots, mon cher enfant, voici mon histoire : j'ai dormi pendant cinq ans; il y a quarante-huit heures que je me suis complètement éveillé.

— Que dites-vous?

— Je me trouvais avec le pauvre Ramon et sa fille dans un des wagons les plus maltraité lors de la catastrophe. Un hasard providentiel, encore inexplicable pour moi, m'a sauvé la vie, quoique j'aie eu la cuisse droite cassée et que l'épouvante m'ait rendu fou.

— Vous, mon père?

— Oui, je suis devenu fou de terreur... J'ai complètement perdu la raison.

— Oh! mon Dieu!

— Conduit loin du lieu du sinistre, chez un digne médecin, ma fracture guérie, j'ai été transporté dans un hospice d'aliénés à Versailles. Ma folie était inoffensive, je ne parlais que de mes trésors perdus. Pendant près de quatre ans mon insanité fut incurable, mais, grâce aux soins des médecins, mon intelligence s'éclaircit peu à peu, lentement et par intermittence; puis, ma guérison fit de nouveaux progrès, avança et devint enfin complète, assurée, car il y a deux jours, je te le répète, mon enfant, j'ai pu sortir de l'hospice. Te dire ce que j'ai éprouvé lorsque je me suis retrouvé en possession de toute ma raison, de tous mes souvenirs, me serait impossible. Je m'éveillais, je te l'ai dit, d'un long et profond sommeil de cinq années. Ma première pensée, je te dois cet humiliant aveu, ma première pensée fut une pensée d'avare... Qu'étaient devenus mes biens? quel usage en avais-tu fait? Hier, lorsque les portes de l'hospice se sont ouvertes devant moi, j'ai couru chez mon notaire, ton ancien patron et mon ami... Sa stupeur, tu la comprends. Voici quelles ont été ses paroles : « La première idée de votre fils, lorsqu'il a partagé » l'erreur commune au sujet de votre mort, a été se considérer seulement comme dépositaire de vos richesses, » de n'en disposer qu'à l'âge de trente-six ans, en distrayant seulement une faible somme destinée à son entretien et à celui de sa femme; mais au bout de six mois, » après une assez grave maladie, pensant que la mort » pourrait le frapper avant qu'il eût accompli ce qu'il considérait comme un devoir sacré, votre fils a changé d'avis et m'a fait part de ses projets, auxquels j'ai adhéré » de toute mon âme.»—Mais ces projets, quels étaient-ils? ai-je demandé à ton ancien patron.—« Ayez le courage » d'attendre jusqu'à demain minuit,—m'a-t-il répondu ;— » rendez-vous alors à l'église de Chaillot: vous saurez » tout, et vous remercierez Dieu de vous avoir donné un » fils tel que le vôtre.»—J'ai eu le courage d'attendre jusqu'à ce soir, mon cher Louis ; ma longue barbe, mes cheveux tout blancs, me changeaient déjà beaucoup ; j'ai bistré mes traits, afin de me défigurer tout à fait et de pouvoir ainsi m'approcher de toi sans être reconnu. Oh! tendre et noble enfant !—ajouta le père Richard en pleurant d'attendrissement,—si tu savais ce que j'ai vu, ce que j'ai entendu !Mon nom vénéré, adoré, grâce à la grandeur de ton âme et à une pieuse supercherie de ton amour filial! Si tu savais la révolution subite qui s'est opérée en moi ! Oh! tiens, vois-tu, pendant un moment, j'ai éprouvé une sorte d'extase. Oui, pendant qu'en ma présence l'on bénissait ainsi ma mémoire, il m'a semblé que mon âme, dégagée de ses liens terrestres, planait dans le ciel comme planent sans doute les âmes des hommes de bien qui entendent encore ici-bas l'expression de l'amour et de la reconnaissance qu'ils ont laissés après eux. Hélas! cette illusion a été de courte durée. Je n'étais pour rien dans ces touchantes actions dont on me glorifiait !

— Que dites-vous, mon père !... Sans vous, sans votre persévérante épargne, comment donc aurais-je accompli le bien? Ne m'aviez-vous pas laissé un tout-puissant levier ? Mon seul mérite a été de bien user de cette force immense concentrée par vous au prix de tant de sacrifices, de tant de privations. Maître de cette grande fortune que je n'avais pas gagnée par mon travail, j'ai compris les devoirs qu'elle m'imposait. L'horrible misère et l'ignorance dont ma femme bien-aimée avait souffert, les dangers auxquels cette ignorance et cette misère l'avaient exposée, la cruelle infirmité de sa marraine, tout a été un enseignement pour moi, et, ainsi que Mariette et madame Lacombe, nous avons voulu, autant qu'il serait en nous, épargner aux autres la peine dont nous avions tant souffert.

— Cher enfant !

— Cela n'est pas mon œuvre, mon père, c'est la vôtre. Jouissez de votre gloire, mon père ; vous avez laborieusement semé, je n'ai fait que recueillir : la moisson vous appartient.

Soudain la porte du cabinet s'ouvrit brusquement. Florestan de Saint-Herem entra, se jeta dans les bras de Louis avec tant d'impétuosité qu'il n'aperçut pas le père Richard, et s'écria :

— Embrasse-moi, Louis; réjouis-toi ! tu es mon meilleur ami ; à toi la première nouvelle. Je comptais te trouver ici, car ce n'est pas de cette année que je sais comment tu fêtes les anniversaires du 12 mai. Aussi, je n'ai pas voulu perdre une minute pour venir t'apprendre que *saint Ramon* devient un bel et bon saint, car il vient de faire le plus incroyable des miracles...

— Que veux-tu dire?

— Il y a deux heures, j'étais complètement ruiné, ou peu s'en faut; maintenant je suis plus riche que je ne l'ai jamais été, et surtout que je ne le serai jamais! Louis, des mines d'or, des mines d'argent, des diamans à remuer à la pelle, des richesses fabuleuses, une fortune qui se compte par dizaines de millions. Oh! saint Ramon ! saint Ramon ! que votre nom soit sanctifié ! Combien j'ai eu raison de vous canoniser, car, vive Dieu! vous n'êtes pas ingrat !

— Florestan, de grâce, explique-toi.

— Il y a une heure, la fête que je donnais, tu le sais, à ces dignes artisans, touchait à sa fin. Un de mes gens me prévient qu'une femme venue en fiacre s'est fait conduire dans mon appartement et demande instamment à me parler; je monte chez moi : que vois-je ? la comtesse Zomaloff, jeune et charmante veuve qui, dans huit jours, devait épouser le duc de Riancourt; cette nuit elle était venue visiter mon hôtel pour l'acquérir, elle l'avait acheté en effet. Stupéfait de la revoir, je reste un moment muet. Sais-tu ce qu'elle me dit du ton le plus naturel du monde?

» Monsieur de Saint-Herem, mille pardons de vous déranger, j'ai seulement deux mots à vous dire : je suis veuve, j'ai vingt-huit ans; je ne sais trop pourquoi j'avais promis à de Riancourt de l'épouser ; peut-être aurais-je accompli ce sot mariage si je ne vous avais pas rencontré. Votre cœur est généreux, votre âme élevée, la fête que vous avez donnée ce soir me le prouve ; votre esprit me séduit, votre caractère me charme, votre bonté me touche et votre personne me plaît. Quant à moi, la démarche que je fais en ce moment vous donne la mesure de ce que je suis, de ce que je vaux, en bien et en mal.

» Cette démarche étrange, inconvenante, extravagante peut-être, et vous l'apprécierez : si votre jugement m'est favorable, je serai fière et heureuse de devenir madame de Saint-Herem, et d'habiter avec vous l'hôtel Saint-Ra-

» mon ; j'ai une fortune colossale, vous en disposerez com-
» me vous l'entendrez, car je vous confie aveuglément mon
» avenir. J'attendrai donc votre décision. Bonsoir, mon-
» sieur de Saint-Herem. » — A ces mots, mon cher Louis,
la fée disparaît et me laisse dans un tel éblouissement de
bonheur, que j'ai cru en perdre la tête.

— Florestan, — lui dit Richard d'un air grave et affectueux, — la confiance aveugle de cette jeune femme, venue
à toi avec tant de franchise et de confiance, t'impose de
grands devoirs.

— Je comprends mon ami, — répondit Saint-Herem avec
accent rempli de sincérité. — J'ai pu dissiper les biens qui
m'appartenaient et me ruiner, mais me montrer ainsi
prodigue d'une fortune qui n'est pas la mienne, ruiner une
femme qui me confie si loyalement son avenir, ce serait
une infamie !

. . . .

Environ un mois après ces divers événemens, madame
Zomaloff épousait Florestan de Saint-Herem.

Louis Richard, son père et Mariette, assistaient à la cérémonie nuptiale.

Le père Richard, malgré sa *résurrection*, ne changea
rien à l'usage que Louis avait fait jusqu'alors des biens
paternels; seulement le vieillard demanda instamment
d'être l'économe de la maison, et, en cette qualité, il y rendit de très grands services.

Tous les ans, on célébrait doublement le 12 mai.

Louis, son père et Mariette, qui voyaient fréquemment
M. et madame de Saint-Herem, assistaient à une fête magnifique donnée à l'hôtel Saint-Ramon le jour anniversaire
de leur union ; mais, à minuit, Florestan et sa femme, qui
s'adoraient, car ce mariage avait fini par devenir un mariage d'amour, allaient partager le dîner de noces des deux
nouveaux ménages dans la maison du *Bon Dieu*.

FIN DE L'AVARICE.

Eugène Sue.

LA GOURMANDISE.

LE DOCTEUR GASTERINI.

I.

Vers la fin du mois d'octobre 18..., l'entretien suivant avait lieu, dans le couvent de Sainte-Rosalie, entre la supérieure de cette maison, nommée sœur Prudence, et un certain abbé Ledoux, dont les lecteurs de ces récits se souviendront peut-être (1).

L'abbé venait d'entrer dans le parloir particulier de sœur Prudence, femme de cinquante ans environ, à la figure pâle et grave, à l'œil fin et pénétrant.

— Eh bien! cher abbé, dit-elle, quelles nouvelles de dom Diégo? Quand arrive-t-il?

— Le chanoine est arrivé, ma chère sœur.

— Avec sa nièce?

— Avec sa nièce.

— Dieu soit béni!... Maintenant, mon cher abbé, prions le ciel de favoriser nos projets.

— Sans doute, ma chère sœur, prions-le; mais surtout jouons serré, car la partie ne sera pas facile à gagner.

— Que dites-vous?

— La vérité. Cette vérité, je l'ai seulement apprise ce matin, et la voici. Prêtez-moi, je vous prie, toute votre attention.

— Je vous écoute, mon cher frère.

— Du reste, afin de nous mieux recorder, et de voir bien clair dans nos affaires, établissons nettement l'état des choses. Il y a deux mois, le révérend père Benoît, attaché aux missions étrangères, et actuellement à Cadix, m'écrivit pour me recommander très particulièrement le seigneur dom Diégo, chanoine d'Alcantara. Il devait s'embarquer à Cadix pour la France avec sa nièce Dolorès Salcèdo.

— Très bien, mon cher frère.

— Le père Benoît ajoutait qu'il connaissait assez le caractère et les dispositions de la senora Dolorès Salcèdo pour être certain qu'elle se déciderait facilement à pren-

dre le voile; résolution qui aurait l'agrément de dom Diégo, son oncle.

— Et comme elle doit être l'unique héritière du riche chanoine, la maison dans laquelle entrerait la senora Dolorès bénéficierait de la fortune qui un jour lui reviendra.

— C'est cela même, ma chère sœur. Aussi ai-je tout naturellement songé pour la senora Dolorès à notre maison de Sainte-Rosalie, et je vous ai parlé de ces projets.

— Je les ai adoptés, mon cher frère, car ayant quelque pratique, quelque expérience des jeunes filles, je suis presque assurée de pouvoir, par la persuasion, sauvegarder cette colombe innocente des piéges d'un monde tentateur et corrompu, en la décidant à prendre le voile dans notre maison. C'est une œuvre doublement bonne à faire : sauver une jeune fille, et faire tourner au bien des pauvres des richesses dont l'emploi pourrait devenir mauvais dans d'autres mains; je ne pouvais hésiter.

— Sans doute; mais maintenant, ma chère sœur, l'inconvénient est que l'innocente colombe a un amoureux.

— Jésus! que dites-vous, mon frère? Quelle horreur! Mais alors nos projets...

— Aussi vous ai-je avertie qu'il nous fallait jouer serré.

— Et comment avez-vous été instruit de cette abomination, mon cher frère?

— Par le majordome de dom Diégo, un modeste serviteur qui doit me tenir au courant de tout ce qu'il saura sur le chanoine et sur sa nièce.

— Ces renseignemens sont indispensables, mon frère, car ils nous mettront à même d'agir avec connaissance de cause et sécurité. Mais quelles notions vous a données le majordome sur ce malencontreux amour, mon cher frère?

— Voici comment les choses se sont passées. Le chanoine et sa nièce se sont embarqués à Cadix à bord d'un trois-mâts venant des Indes et en partance por Bordeaux. Or, en vérité, il y a souvent des fatalités étranges!

— Quelles fatalités?

— D'abord le trois-mâts à bord duquel s'est embarqué le chanoine avait pour nom le *Gastronome.*

— En effet, singulier nom pour un vaisseau!

(1) Voir l'*Orgueil* (la duchesse).

— Moins singulier qu'il ne le paraît d'abord, ma chère sœur ; car ce navire, après avoir porté aux Indes des vins des meilleurs crûs de Bordeaux et du Midi, des jambons de Bayonne, des langues fumées de Troyes, des pâtés d'Amiens et de Strasbourg, du thon et des olives de Marseille, des fromages de Suisse, des fruits confits de Touraine et de Montpellier, etc., etc., etc., revenait du cap de Bonne-Espérance avec un chargement de vins de Constance, de poivre, de kari, de cannelle, de gingembre, de clous de girofle, de thé, de salaisons de Hachar, et autres comestibles des Indes. Il devait compléter son chargement, en prenant à Cadix une grande quantité de vins d'Espagne, et ensuite retourner à Bordeaux.

— Bon Dieu ! mon frère, que de vins ! que de victuailles ! c'est à faire frémir ! Je comprends maintenant que ce vaisseau soit bien nommé le *Gastronome* !

— Et vous comprendrez tout à l'heure, ma sœur, pourquoi je vous parlais de fatalités étranges, et comment le chanoine dom Diégo devait préférer de s'embarquer plutôt sur le *Gastronome* que sur tout autre vaisseau, sans compter que la destination de Bordeaux devait extrêmement plaire au chanoine.

— De grâce, expliquez-vous, mon frère.

— Pour cela je dois d'abord vous apprendre ce que j'ignorais moi-même avant d'avoir secrètement conféré avec le majordome du seigneur chanoine : c'est que celui-ci est d'une gourmandise inouïe, fabuleuse !

— Ah ! mon frère, l'horrible péché !

— Horrible péché, soit, mais enfin n'en médisons pas trop, ma chère sœur, de ce péché ; car c'est peut-être grâce à lui que nous pourrons arriver à nos louables fins et gagner la partie.

— Et comment cela, mon frère ?

— Je vais vous le dire. Le chanoine est doué d'une gourmandise idéale. Toutes ses facultés, toutes ses pensées, sont concentrées sur une seule jouissance : *la table*, et il paraît qu'à Madrid et à Cadix sa table était véritablement merveilleuse, car je me rappelle maintenant que mon médecin, le *docteur* GASTERINI...

— Un abominable athée !... un sardanapale ! — dit sœur Prudence en levant les mains au ciel et interrompant l'abbé Ledoux ; — je n'ai jamais compris pourquoi vous receviez des soins d'un tel mécréant.

— Je vous dirai cela quelque jour, ma chère sœur ; mais, croyez-moi, je sais ce que je fais. Et d'ailleurs le docteur *Gasterini*, malgré son grand âge, est encore le premier médecin de Paris, comme il est encore le premier gourmand du monde. Car, ainsi que je vous le disais, ma sœur, je me rappelle maintenant l'avoir entendu parler de la table d'un chanoine espagnol, table qui, d'après une correspondance de Madrid reçue par lui-même, était, disait-on, vraiment remarquable. Alors j'étais loin de me douter qu'il s'agît de dom Diégo. C'est du reste un sot et pauvre homme, d'un esprit borné, accessible à toutes les ridicules superstitions méridionales. Aussi, d'après son majordome, serait-il très-facile de faire voir à ce gourmand chanoine le diable en chair et en os.

— Un moment, mon cher frère ; cette sotte superstition ne me déplaît point du tout chez le chanoine.

— Ni à moi non plus, ma sœur ; au contraire : elle m'agrée fort. Ce n'est pas tout, le chanoine, grâce à un fond de religion tel quel, ne s'abuse pas sur la vilenie de sa passion dominante. Il sait que la gourmandise est un des sept péchés capitaux, il croit que ce péché doit le conduire en enfer, et pourtant il n'a pas le courage de résister à son vice : il mange avec volupté. Seulement, lorsqu'il n'a plus faim, arrive l'heure des remords.

— Au lieu de remords, ce sont des indigestions qu'il devrait avoir, le malheureux ! — s'écria sœur Prudence. — Cela du moins le corrigerait peut-être.

— Il est vrai, ma sœur, mais il n'en est pas ainsi. Néanmoins, la vie du chanoine se passe à jouir et à regretter d'avoir joui ; quelquefois même, ses remords et sa superstition aidant, il s'attend à quelque soudaine et terrible punition céleste ; mais lorsque l'appétit revient, avec lui revient l'oubli des remords, et il en a été longtemps ainsi pour le chanoine.

— Après tout, mon frère, je le trouve encore moins coupable que ces sardanapales, comme votre docteur Gasierini, qui jouissent effrontément sans la moindre appréhension. Le chanoine a du moins conscience de son péché : c'est déjà quelque chose.

— Le caractère du chanoine ainsi posé, vous ne vous étonnerez donc plus que se trouvant à Cadix, et apprenant qu'un navire, appelé le *Gastronome*, était en partance pour la France, dom Diégo ait saisi cette occasion de s'embarquer sur un vaisseau si heureusement nommé et de pouvoir, en arrivant à Bordeaux, acheter sur place quelques tonnes de vin, des crûs les plus précieux.

— Certes, je comprends cela, mon cher frère.

— Voici donc le seigneur dom Diégo embarqué avec sa nièce sur le trois-mâts le *Gastronome*. Il est impossible d'imaginer, m'a dit le majordome, la quantité de provisions, de denrées, de rafraîchissemens de toutes sortes, dont le chanoine avait encombré le pont de ce vaisseau, encombrement défendu d'ailleurs par toutes les règles de la navigation ; mais le commandant du bâtiment, un certain capitaine Horace, mécréant s'il en est, n'avait que trop de raisons d'oublier la discipline, et de tâcher de se rendre agréable au chanoine.

— Et ces raisons, mon frère ?

— Frappé de la beauté de la nièce de dom Diégo, lorsque celui-ci était allé avec elle stipuler les conditions de son passage, ce misérable capitaine, devenant soudain épris de Dolorès Salcèdo, et comptant profiter des facilités de la traversée, accorda tout ce que dom Diégo lui demanda, afin d'être certain de le voir s'embarquer à son bord avec sa nièce.

— Quelle scélératesse de la part de ce capitaine, mon frère !

— Heureusement, le ciel l'en a puni, et cela peut nous sauver. Voici donc le chanoine et sa nièce embarqués à bord du *Gastronome*, encombré des provisions de bouche de dom Diégo. À peine à la sortie du port, une horrible tempête éclate, et la sûreté du navire exige que, pour plus de rapidité dans la manœuvre, on jette à la mer, non-seulement toutes les victuailles du chanoine, mais encore les cages à volailles et les bestiaux embarqués pour la nourriture des passagers. Ce coup de vent, qui poussait d'ailleurs le navire du côté de Bordeaux, dura si longtemps et avec une telle furie, que, pendant presque toute la traversée, il devint impossible de faire la cuisine à bord, et passagers, matelots, officiers, tous furent réduits à manger du biscuit sec et quelques salaisons.

— Ah ! le malheureux chanoine ! Lui, si gourmand, que devint-il ?

— Il devint furieux, ma sœur ; car cette traversée lui a coûté son appétit.

— Ah ! mon frère, le doigt de la Providence est là !

— En un mot, soit que la terreur de la tempête, soit que cette longue privation d'alimens recherchés, soit que cette détestable nourriture ait agi sur sa santé ; le chanoine, depuis qu'il a débarqué du *Gastronome*, a complètement perdu l'appétit. Le peu qu'il mange pour se substanter, m'a dit son majordome, lui semble insipide et amer, si bien accommodé que ce soit, et de plus, la superstition lui fait voir dans la fatalité de ces circonstances une juste punition du ciel à l'endroit de sa gourmandise incurable. Or, comme le capitaine Horace est à ses yeux le principal instrument de la colère céleste, le chanoine a pris ce mécréant en horreur, ne pouvant oublier que ses victuailles, qui auraient si bien remplacé le biscuit sec et le lard, ont été impitoyablement jetées à la mer par ordre du capitaine. En vain celui-ci a maintes fois tâché de lui faire comprendre que le salut du navire avait dépendu de ce sacrifice et de plusieurs autres : dom Diégo est resté inflexible dans sa haine. Eh bien ! ma chère sœur, croiriez-vous que, malgré cela, le capitaine, à son arrivée à Bordeaux, a eu l'audace de demander à dom Diégo la main de sa nièce Dolorès, se fondant sur ce que cette malheureuse jeune fille l'aimait, et qu'il était aimé d'elle? Vous sentez, ma sœur, que deux amoureux se soucient peu de la mauvaise chère ou des tempêtes; aussi, ce mécréant avait-il fasciné, ensorcelé cette innocente. Ai-je besoin de vous dire l'indignation, la fureur de dom Diégo, à l'insolente demande du capitaine Horace, qu'il considère comme son mortel ennemi, comme le mauvais génie envoyé vers lui par le courroux céleste? Aussi le chanoine a-t-il notifié à Dolorès que, pour la punir d'avoir osé aimer un pareil scélérat, il la mettrait au couvent, dès son arrivée à Paris, et qu'elle y prendrait le voile.

— Mais jusqu'ici, mon frère, je ne vois que bonheur pour nos projets. Tout semble les seconder, au contraire.

— Oui, — mais vous comptez, ma sœur, sans l'amour de Dolorès et sans le caractère résolu de ce damné capitaine. Il est à Paris.

— Quelle audace!

— Il a suivi à cheval, relais par relais, la voiture du chanoine, courant ainsi de Bordeaux à Paris, comme un courrier d'ambassade. Il faut en vérité que cet enragé ait une constitution de fer. Il s'arrêtait aux auberges où s'arrêtait dom Diégo, et durant tout ce voyage, les œillades de Dolorès et du capitaine allaient leur train, malgré les défenses et les emportemens de dom Diégo. Pouvait-il empêcher cette malheureuse affolée de regarder par la portière? Pouvait-il empêcher ce mécréant de chevaucher sur la grande route à côté de la voiture?

— Une pareille audace est incroyable, n'est-ce pas, mon frère?

— Aussi vous dis-je qu'il faut s'attendre à tout d'un pareil forcené. Il n'est pas seul; un de ces matelots, véritable chenapan, l'accompagne, chevauchant à sa suite, et se cramponnant sur le cheval comme un singe sur un âne, à ce qu'on m'a dit le macréone. Mais il n'importe, ce matelot endiablé est capable de tout, pour seconder son capitaine, auquel il est dévoué. Ce n'est pas tout encore. Vingt fois pendant la route, Dolorès a dit résolument à son oncle qu'elle ne voulait pas se faire religieuse, qu'elle voulait épouser le capitaine Horace, et que celui-ci saurait bien d'ailleurs, si on la contraignait, venir, lui et son matelot la délivrer, dussent-ils mettre le feu au couvent.

— Quel bandit! s'écria sœur Prudence. Quel affreux scélérat!

— Voilà, chère sœur, où en étaient hier les choses, à l'arrivée de dom Diégo, dans un appartement que je lui avais retenu d'avance. Ce matin il m'a fait prier de passer chez lui; je l'ai trouvé fort abattu et couché; il m'a appris qu'une soudaine révolution s'était opérée dans l'esprit de sa nièce; qu'elle paraissait maintenant aussi soumise, aussi résignée qu'elle avait été d'abord indisciplinée; qu'enfin elle consentait à se rendre au couvent aujourd'hui même, si on l'exigeait.

— Mon frère, mon frère, ce changement est bien brusque et bien prompt!

— C'est aussi mon avis, ma sœur. Si je ne me trompe, ce revirement soudain cache quelque piége. Aussi vous ai-je dit qu'il fallait jouer très serré. C'est déjà beaucoup, sans doute, que d'avoir cette malheureuse affolée entre nos mains; mais encore faut-il songer à l'ennemi, ce détestable capitaine Horace, qui, accompagné de son matelot, sera sans doute toujours à rôder autour de la maison comme le loup ravisseur dont parle l'Écriture.

— *Quoerens quem devoret*, dit sœur Prudence, qui se piquait de latinité.

— Justement, ma sœur, cherchant quelqu'un à dévorer; mais heureusement à bon loup bon chien de garde, et nous avons ici des serviteurs courageux et intelligens. La plus grande surveillance sera établie au dedans et surtout au dehors. Nous saurons bientôt où demeure ce mécréant de capitaine; il ne fera pas un pas sans être suivi par un homme à nous; il faudra donc qu'il soit bien fin, bien audacieux pour tenter quelque chose.

— Cette surveillance me paraît aussi très urgente, mon cher frère.

— Maintenant, ma voiture est en-bas, allons chez le chanoine, et dans une heure sa nièce sera ici.

— Pour n'en plus sortir, s'il plaît au ciel, mon frère, car il s'agit du bonheur éternel de cette pauvre folle.

Deux heures après cet entretien, la señora Dolorès Salcedo entrait en effet dans la maison de Sainte-Rosalie.

II

Peu de jours après l'entrée de la señora Dolorès Salcedo dans la maison de Sainte-Rosalie, et alors que le jour touchait à sa fin, deux hommes s'acheminaient lentement le long du boulevard de l'*Hôpital*, un des endroits les plus déserts de Paris.

Le plus jeune de ces deux personnages semblait avoir vingt-cinq à trente ans. Sa figure était ouverte et résolue, son teint hâlé, sa taille haute et robuste, sa démarche décidée, sa mise simple et d'une sévérité militaire.

Son compagnon, beaucoup plus petit, mais singulièrement trapu et carré, paraissait âgé de quarante-cinq ans environ, et offrait le type du matelot, type maintenant familier aux yeux des Parisiens. Un chapeau ciré, très bas de forme, à larges bords, placé fort en arrière sur la grosse tête de ce personnage, découvrait son front orné de cinq ou six tire-bouchons ou *accroche-cœur* assez longs, tandis que le restant de sa chevelure était coupé très ras. (Cette coiffure dite à la *matelot* avait, si nos souvenirs sont fidèles, beaucoup de succès vers 1825 parmi les équipages de ligne du port de Brest.

Une chemise blanche à collet bleu liseré de rouge et rabattu sur ses larges épaules laissait voir le cou de taureau de notre matelot, dont la peau était tannée comme du parchemin couleur de brique. Une veste ronde en drap bleu, à boutons timbrés d'une ancre, et un large pantalon serré aux hanches par une ceinture de laine rouge, complétaient l'habillement de notre homme. Des favoris en collier, d'un brun nuancé de fauve, encadraient sa face carrée, à la fois débonnaire et décidée. Un observateur superficiel aurait pu croire la joue gauche du marin considérablement *fluxionnée*; mais, grâce à un examen plus attentif, on devinait qu'une *chique* énorme causait cette tuméfaction passagère. Ajoutons enfin que le matelot portait sur son dos un sac dont le contenu semblait assez volumineux.

Ces deux personnages venaient d'arriver devant de hautes murailles entourant un jardin. On distinguait à peine la cime des arbres, car la nuit était presque complètement venue.

Le jeune homme dit à son compagnon en s'arrêtant comme pour s'orienter:

— Sans-Plume, écoute.

— Plaît-il, capitaine? dit l'homme à la chique, en répondant à ce singulier surnom.

— Je ne me trompe pas, c'est bien ici.

— Oui, capitaine, c'est dans les atterrages de ces deux gros arbres. Voilà l'endroit où la muraille est un peu avariée, je l'ai remarqué hier soir à la brune, quand nous avons ramassé la pierre et la lettre.

— C'est juste. Allons, leste, mon vieux gabier (1), dit le capitaine à son matelot en lui désignant de l'œil un des gros arbres du boulevard, dont plusieurs fortes branches surplombaient de beaucoup le mur du jardin. Haut, Sans-Plume! il faut voir, en attendant l'heure, comment nous pourrons *gréer* la chose.

(1) Matelot d'élite.

— Capitaine, il fait encore un brin de crépuscule, et puis j'aperçois là-bas un homme qui vient par ici.

— Alors attendons. Cache d'abord ton sac derrière ce tronc d'arbre. Tu n'as rien oublié?

— Non, capitaine ; tout mon gréement est là-dedans.

— Allons, viens, marchons. Cet homme approche ; il ne faut pas avoir l'air de rester en panne devant ces murailles.

— C'est ça, capitaine, courons des bordées pour le désorienter.

Et les deux marins commencèrent, ainsi que l'avait dit Sans-Plume dans son langage pittoresque, à courir une bordée dans la contre-allée, après que le matelot eut repris, pour plus de prudence, le sac qu'il avait d'abord caché entre un des gros arbres du boulevard et la muraille.

— Sans-Plume, dit le jeune homme tout en marchant, 'u reconnaîtras bien l'endroit où le fiacre nous attend?

— Oui, capitaine. Mais, dites donc, capitaine?

— Quoi?

— Cet homme a l'air de nous suivre.

— Bah!

— Et de nous espionner.

— Allons, Sans-Plume, tu es fou !

— Capitaine, mettons le cap à bâbord et vous allez voir.

— Soit ! dit le capitaine.

Et, suivi de son matelot, il quitta la contre-allée droite du boulevard, traversa la chaussée et prit la contre-allée gauche.

— Eh bien ! capitaine, dit à demi voix Sans-Plume, vous voyez, ce Lascars (1) navigue dans nos eaux.

— C'est vrai, nous sommes suivis.

— Ce n'est pas la première fois que ça m'arrive, dit Sans-Plume avec une nuance de fatuité, en cachant à demi sa bouche du revers de sa main, afin de lancer au loin le surcroît de suc salivaire produit par la mastication de son énorme chique. Un soir, au Sénégal, à Gorée, j'ai été suivi pendant une lieue, *beaupré sur poupe*, capitaine; arrivé dans un plant de canne à sucre, j'ai...

— Diable ! cet homme, décidément, nous suit ! — dit le capitaine en interrompant les indiscrètes confidences de son matelot. — Cela m'inquiète !

— Capitaine, voulez-vous que je mette mon sac à bas et que je lui *flanque du tabac*, à ce *Lascars*, pour lui apprendre à nous louvoyer malgré nous ?

— Beau moyen ! Tiens-toi tranquille, et suis-moi.

Le capitaine et son matelot, traversant alors de nouveau la chaussée, regagnèrent la contre-allée de droite.

— Voyez-vous, capitaine ?— dit Sans-Plume, — il a viré de bord comme nous.

— Laisse faire... et marquons le pas.

L'homme qui suivait les deux marins, grand et solide gaillard, en blouse bleue et en casquette, les dépassa alors quelque peu, puis s'arrêta, et se mit à contempler les étoiles, car la nuit était tout à fait venue.

Le capitaine, après quelques mots dits à voix basse à son matelot, qui resta derrière lui à demi caché par le tronc de l'un des gros arbres du boulevard, s'avança seul à l'encontre du fâcheux observateur, et lui dit :

— Camarade... il fait beau ce soir.

— Très beau.

— Vous attendez quelqu'un ici ?

— Oui.

— Moi aussi.

— Ah !

— Camarade, en avez-vous encore pour longtemps, vous ?

— Pour trois heures au moins.

— Camarade, — reprit le capitaine après un moment de silence, — voulez-vous gagner le double de ce qu'on vous donne pour me suivre et m'espionner ?

(1) Matelot indien. Les marins emploient cette appellation en signe de dédain.

— Je ne sais pas ce que vous voulez dire ; je ne vous suis pas, monsieur, je ne vous espionne pas

— Si.

— Non.

— Finissons! je vous donne ce que vous voudrez pour que vous passiez votre chemin. Tenez... j'ai de l'or dans ma poche...

Et le capitaine, faisant tinter l'or dont le gousset de son gilet était rempli, ajouta :

— J'ai là vingt-cinq ou trente louis...

— Hein ! — dit le fâcheux d'un air singulièrement affriandé, — vingt-cinq ou trente louis ?...

À ce moment, une horloge lointaine sonna la demie de sept heures. Presque au même instant, un cri guttural ressemblant à un appel ou à un signal se fit entendre dans la direction qu'avait d'abord suivie l'homme en blouse pour rejoindre les deux marins. L'espion fit un mouvement comme s'il eût compris la signification de ce cri, et parut un instant indécis.

— Sept heures et demie, — se dit le capitaine; — ce gredin-là n'est pas seul.

Cette réflexion faite, il toussa.

À peine le capitaine avait-il toussé que l'espion se sentit vigoureusement saisi aux chevilles par quelqu'un qui s'était brusquement jeté entre ses jambes, et tomba à la renverse; mais en tombant, il eut le temps de crier d'une voix sonore :

— Alerte, Jean ! cours au...

Il ne put achever. Sans-Plume, après l'avoir jeté bas, s'était assis sans façon et pesait de tout son poids sur la poitrine de l'espion, et, le tenant rudement à la gorge, l'empêchait de parler.

— Diable ! ne l'étrangle pas trop !—dit le capitaine, qui, agenouillé, garrottait solidement au moyen de son foulard les deux jambes du curieux indiscret.

— Le sac, capitaine,— dit Sans-Plume, tenant toujours l'espion à la gorge;— le sac! il est assez grand pour lui envelopper la tête et les bras; nous le lui *serrerons* (1) f-rme autour des reins, et il ne bougera pas plus qu'un rouleau de vieille voile.

Aussitôt dit, aussitôt fait. En quelques secondes le curieux, encoqueluchonné dans le sac jusqu'à mi-corps, et ayant les jambes attachées, se trouva hors d'état de faire un mouvement. Sans-Plume eut la courtoisie de pousser sa victime dans un de ces larges fossés verdoyans qui séparent les arbres, et l'on n'entendit plus de ce côté qu'une suite peu interrompue de beuglemens étouffés.

— L'alerte va être donnée au couvent! Sept heures et demie sont sonnées, dit le capitaine à son matelot. Il faut tout risquer, ou tout est perdu !

— En deux temps trois mouvemens la chose est *parée* (2), capitaine, répondit Sans-Plume en courant, ainsi que son compagnon, vers les grands arbres qui surplombaient la muraille près de laquelle ils s'étaient d'abord arrêtés.

III.

Pendant que les événemens précédens se passaient sur le boulevard et un peu avant que la demie de sept heures eût sonné, une autre scène avait lieu dans l'intérieur du jardin du couvent.

Sœur *Prudence*, la supérieure, et Dolorès Salcèdo se promenaient dans le jardin, malgré l'heure assez avancée de la soirée.

Dolorès, fort brune, et d'une figure charmante, réunissait en elle les rares et piquantes perfections de la beauté espagnole : cheveux d'un noir bleu, qui, dénoués, traînaient à terre ; teint mat et doré par le soleil du Midi,

(1) Serrerons.
(2) Prête.

grands yeux tour à tour pleins de feu ou de langueur humide, petite bouche aussi rouge qu'un bouton de fleur de grenadier trempé de rosée, taille fine et voluptueusement cambrée, mains effilées, jambe et pied andaloux, c'est tout dire. Quant au *salero* (1) de sa tournure et de sa démarche, pour s'en faire une idée, il faudrait avoir vu onduler les basquines des belles senoras de Séville ou de Cadix, lorsque, jouant de la prunelle et de l'éventail, elles se promènent lentement, par un beau soir d'été, sur les carreaux de marbre des Alamédas.

Dolorès accompagnait donc sœur Prudence. Tout en marchant et en causant, les deux femmes s'étaient approchées de la muraille derrière laquelle le capitaine Horace et son matelot s'étaient d'abord arrêtés.

— Vous le voyez, ma chère fille — disait la supérieure à Dolorès, — je vous accorde tout ce que vous désirez, et quoique la règle de la maison interdise les promenades dans le jardin après la nuit tombée, j'ai consenti à ce que nous restions ici jusqu'à sept heures et demie, heure du souper, qui va bientôt sonner.

— Je vous remercie, madame, — dit Dolorès avec un léger accent espagnol, et d'une voix délicieusement timbrée; — je le sens, cette promenade me fera du bien.

— Il faut m'appeler *ma mère* et non pas madame, ma chère fille; je vous l'ai déjà dit, c'est l'usage ici.

— Je m'y conformerai si je puis, madame.

— Encore!

— Il me sera difficile d'appeler *ma mère*, — dit Dolorès avec un soupir, — une personne qui n'est pas ma mère.

— Je suis votre mère spirituelle, ma chère fille; votre mère en Dieu, comme vous êtes, comme vous serez ma fille en Dieu; car vous ne nous quitterez plus, vous renoncerez aux joies trompeuses d'un monde pervers et corrompu; vous aurez ici un céleste avant-goût de la paix éternelle.

— Je commence à m'en apercevoir, madame.

— Vous vivrez dans la prière, le silence et le recueillement.

— Je n'ai pas d'autre désir, madame.

— Bien, bien, ma chère fille, car, après tout, que sacrifierez-vous?

— Oh! rien, absolument rien.

— J'aime cette réponse, ma chère fille; en effet, ce n'est rien, moins que rien, que ces passions mondaines et mauvaises qui ne nous causent que des tourmens et nous jettent dans une voie de perdition.

— Juste ciel! cela fait frémir, rien que d'y songer, madame!

— Le Seigneur vous inspire en me répondant ainsi, ma chère fille, et je suis sûre que maintenant vous concevez à peine comment vous aviez pu aimer ce capitaine mécréant.

— C'est vrai, madame, j'avais été assez insensée pour rêver le bonheur et les joies de la famille, assez criminelle pour espérer de trouver cette félicité dans un amour partagé; et devenir, comme tant d'autres, une épouse dévouée, une tendre mère; c'était, m'avez-vous dit, offenser le ciel. Je me repens de mes vœux impies, j'en comprends tout l'odieux; il faut me pardonner, madame, d'avoir été scélérate et folle à ce point.

— Il ne faut rien exagérer, ma chère fille, — dit sœur Prudence, frappée de l'accent légèrement ironique avec lequel Dolorès avait prononcé ces dernières paroles. — Mais, — ajouta-t-elle, en remarquant la direction que prenait la jeune fille, — à quoi bon retourner encore dans cette allée? Voici bientôt l'heure du souper; venez, ma chère fille, regagnons la maison.

— Oh! madame, ne sentez-vous pas cette odeur si douce du côté de ce bosquet?

— Ce sont, en effet, quelques touffes de réséda. Mais

(1) Le mot *salero*, employé par les Espagnols au sujet de la tournure des femmes, est presque intraduisible, et signifie piquant, agaçant.

venez: il fait très frais; je n'ai pas vos seize ans, moi, ma chère fille, et je crains de m'enrhumer.

— Un moment, de grâce! que je cueille quelques-unes de ces fleurs.

— Allons, il faut faire tout ce que vous voulez, ma chère fille; tenez, la nuit est assez claire pour que vous voyiez là, à dix pas, ces résédas; allez-en cueillir quelques brins et revenez.

Dolorès, quittant le bras de la supérieure, se dirigea rapidement vers la touffe de fleurs.

À ce moment, sept heures et demie sonnèrent.

— Sept heures et demie! —murmura Dolorès en tressaillant et en prêtant l'oreille; — il est là, il va venir!

— Ma chère fille, voici l'heure du souper, — dit la supérieure en s'avançant au devant de la nièce du chanoine. — Tenez, entendez-vous la cloche? Vite, vite! venez; il nous faut au moins dix minutes pour regagner la maison, car nous sommes au fond du jardin.

— Me voici, madame,—reprit la jeune fille en accourant au devant de la supérieure, qui lui dit doucereusement:

— Oh! la petite folle!.. elle court comme une biche effarée.

Soudain, Dolorès jeta un cri aigu et tomba sur les deux genoux.

— Grand Dieu! — dit vivement sœur Prudence en se précipitant vers elle, — qu'avez-vous, chère fille? pourquoi ce cri? pourquoi vous agenouiller ainsi?

— Ah! madame!

— Mais qu'est-ce donc?

— Quelle douleur!

— Où cela?

— Au pied, madame; je me serai donné une entorse. Oh! que je souffre, mon Dieu! que je souffre!

— Tâchez de vous relever, ma chère fille, — dit la supérieure en s'approchant de Dolorès avec une vague défiance, car cette entorse lui paraissait singulière. — Voici mon bras, appuyez-vous sur moi, venez.

— Oh! impossible, madame, je ne saurais faire un mouvement.

— Mais essayez, du moins.

— Je le veux bien.

Et la jeune fille fit mine de vouloir se tenir debout, mais elle retomba à genoux en poussant un cri aigu qui dut s'entendre de l'autre côté de la muraille du jardin.

Puis Dolorès reprit en gémissant:

— Vous le voyez, madame, il m'est impossible de bouger; je vous en prie, retournez à la maison dire que l'on vienne me chercher avec une chaise ou une litière. Oh! que je souffre! mon Dieu! que je souffre! Par pitié, madame, retournez donc vite à la maison; c'est si loin! je ne pourrai jamais me traîner jusque là.

— Mademoiselle, — s'écria la supérieure, — je ne suis pas votre dupe! vous n'avez pas plus d'entorse que moi, c'est un abominable mensonge! Vous voulez, pour je ne sais quelle raison, m'éloigner et rester seule au jardin. Ah! vous me faites bien repentir de ma condescendance.

Le bruit léger de quelques petits cailloux tombant à travers les branchages des arbres attira l'attention de la supérieure et de Dolorès. Alors celle-ci, légère et radieuse, se releva d'un bond en s'écriant:

— Le voilà!

— Et de qui parlez-vous, malheureuse?

— Du capitaine Horace, madame, — dit Dolorès en faisant une demi-révérence moqueuse. — Il vient m'enlever!

— Quelle audace! Ah! vous croyez que malgré moi...

— Nous sommes au fond du jardin, madame: criez, appelez, on ne vous entendra pas.

— Oh! l'horrible trahison! — s'écria la supérieure. — Mais c'est impossible! les hommes de ronde n'ont pas dû quitter le boulevard depuis la nuit tombée.

— Horatio! — cria Dolorès d'une voix claire et argentine, — mon Horatio!

— Effrontée ! — s'écria sœur Prudence désespérée, en faisant quelques pas précipités pour saisir Dolorès par le bras. Mais l'Espagnole, leste comme une gazelle, fut en deux bonds hors de la portée de sœur Prudence, dont les membres raidis par l'âge se refusaient à tout exercice gymnastique ; aussi, déjà étouffée, s'écria-t-elle en joignant les mains :

— Oh ! ces misérables hommes de ronde ! ils n'auront pas veillé ! Maintenant, je crierais, qu'on ne m'entendrait pas du couvent. Y courir, c'est la laisser seule, cette malheureuse ! Ah ! je comprends trop tard pourquoi ce serpent a ainsi prolongé notre promenade !

— Horatio ! — cria encore une fois Dolorès en se tenant toujours à distance de la supérieure, — mon cher Horatio !

— Affale (1) ! répondit une voix mâle et vibrante qui semblait venir du ciel.

Cette voix céleste n'était autre que celle du capitaine Horace donnant le signal à son fidèle Sans-Plume d'*affaler* quelque chose.

La supérieure et Dolorès, malgré la diversité des émotions dont elles étaient agitées, levèrent simultanément les yeux en entendant le capitaine Horace.

Mais rappelons la disposition des lieux pour expliquer le prodige qui allait se manifester aux regards des recluses.

Deux des plus grosses branches des arbres du boulevard extérieur s'avançaient pour ainsi dire en potence au-dessus et au-delà du chaperon de la muraille du couvent. La nuit était assez claire pour que Dolorès et la supérieure aperçussent bientôt lentement descendre, soutenu par des cordes, un hamac indien dans le fond duquel le capitaine Horace était étendu, tout en envoyant de la main une grêle de baisers à Dolorès.

Lorsque le hamac fut à deux pieds de terre, le capitaine cria d'une voix sonore :

— Stop !

Le hamac resta immobile. Le capitaine en sauta, et dit à la jeune fille :

— Vite, nous n'avons pas un moment à perdre ! Chère Dolorès, montez dans ce hamac et n'ayez pas peur.

— Vous me tuerez plutôt, scélérat ! — s'écria la supérieure en se jetant sur la jeune fille, qu'elle enlaça de ses bras en criant : — Au secours ! au secours !

À ce moment, on vit au loin, tout au fond du jardin, des lumières aller et venir.

— Voilà du monde, enfin ! — dit la supérieure en redoublant ses cris : — Au secours ! au secours !

— Voyons, madame, — dit le capitaine, — lâchez tout de suite Dolorès !

Et employant à regret la force, il dégagea la jeune fille de l'étreinte obstinée de sœur Prudence, qu'il contint, tandis que Dolorès s'élançait dans le hamac. L'y voyant assise, le capitaine cria :

— Ohé ! hisse !...

Et le hamac commença à s'enlever assez rapidement, tant était léger le poids de la jeune fille.

Sœur Prudence, furieuse et songeant que le secours qui lui arrivait viendrait trop tard peut-être, car en effet les lumières approchaient, mais étaient encore fort loin ; sœur Prudence redoubla ses cris et voulut se jeter sur le hamac pour le retenir, mais le capitaine mit familièrement le bras de la supérieure sous le sien, et ainsi paralysa tous ses mouvemens, quoiqu'elle se débattît pour retirer son bras de cet étau.

— Dolorès, — dit alors le capitaine à la jeune fille qui opérait toujours son ascension, — n'ayez pas peur, mon amour ! Lorsque vous serez arrivée aux grosses branches, cédez sans crainte au mouvement qui attirera le hamac en dehors du mur. Sans-Plume est de l'autre côté, qui veille à tout. Dites-lui, dès que vous serez à terre, de me jeter la corde à nœuds et de la bien tenir au dehors.

(1) Descends.

— Oui, mon Horatio, — dit la voix de Dolorès déjà élevée de huit à dix pieds de terre. — Soyez tranquille, notre amour double mon courage.

Et la rieuse, se penchant au dehors du hamac, ajouta gaîment :

— Bonsoir, sœur Prudence, bonsoir !

— Tu seras damnée, maudite ! — s'écria la supérieure.

— Mais vous, misérable, vous ne m'échapperez pas ! ajouta-t-elle en se cramponnant avec une colère convulsive et désespérée au bras du capitaine. — On approche, vous serez pris.

Déjà, en effet, les lumières devenaient de plus en plus visibles, et l'on entendait au loin des cris voilés de gens qui appelaient :

— Sœur Prudence ! sœur Prudence !

L'arrivée de ce secours doubla les forces de la supérieure, toujours cramponnée au bras d'Horace ; elle commença d'embarrasser assez sérieusement le marin : il ne pouvait se résoudre à violenter cette femme âgée pour échapper à son étreinte. Cependant les lumières, les cris s'approchaient de plus en plus, et Sans-Plume, occupé sans doute d'assurer la descente de Dolorès de l'autre côté du mur, n'avait pas encore jeté la corde à nœuds, seul moyen de fuite du marin.

Aussi, voulant à tout prix se débarrasser de la supérieure sans brutalité, le capitaine lui dit :

— Je vous en prie, madame, lâchez-moi.

— Non, scélérat ! Au secours ! au secours !

— Alors, pardonnez-moi, car vous m'y forcez ; je vais me livrer avec vous à une valse infernale, à une polka échevelée !

— Une polka ! moi !... Vous oseriez ?

— Allons, madame, puisqu'il le faut absolument, et en mesure... sur l'air du *Tra, la, la*.

Et, joignant l'effet aux paroles, le joyeux marin passa le bras qu'il avait de libre autour de la taille osseuse de sœur Prudence, l'enleva, entonna son refrain, et commença de la faire pirouetter avec une rapidité si vertigineuse, qu'au bout de quelques secondes, étourdie, suffoquée, elle ne prononçait plus que des syllabes entrecoupées.

— Ah ! au... au... se... se... cours !... Ah ! mi... sé... rable !... il m'essouffle !... je n'en... puis... Au... se... cours !

Et, bientôt brisée par ce tournoiement rapide, sœur Prudence sentit ses jambes faiblir. Le capitaine la vit s'affaisser entre ses bras et n'eut que le temps de la déposer mollement sur le vert gazon, anéantie, sans voix et sans haleine.

— Ohé ! — criait à ce moment Sans-Plume de l'autre côté de la muraille, en lançant par dessus le chaperon, une longue corde à nœuds.

— Diable, il est temps ! — s'écria le capitaine en s'élançant après la corde, car les lumières et les gens qui les portaient n'étaient plus qu'à cinquante pas.

Les premiers arrivés, armés de torches ou de fusils, entendirent les cris étouffés de la supérieure, qui, revenue un peu à elle, montrait du geste la muraille en murmurant :

— Là, il se sauve !..

Un des hommes armés d'un fusil, guidé par le geste de la supérieure, aperçut alors le capitaine, qui, grâce à son agilité de marin, avait presque atteint la crête de la muraille.

L'homme au fusil mit en joue, tira et manqua.

— À vous, à vous ! — cria-t-il à un autre homme armé comme lui. — Tirez... le voilà debout sur le chaperon du mur, pour gagner les branches d'arbre.

Un second coup de feu partit au moment où le capitaine Horace, à cheval sur une des branches saillantes en dedans du jardin, s'avançait vers le tronc de l'arbre, à l'aide duquel il devait descendre en dehors. À peine le coup de feu était-il tiré, qu'Horace fit un soubresaut, s'arrêta une seconde, mais il disparut néanmoins au milieu de l'épaisseur des branches.

— Courez! courez en dehors! — s'écria sœur Prudence d'une voix encore haletante; — il sera peut-être encore temps de les arrêter.

Les ordres de la supérieure furent exécutés, mais lorsque l'on arriva sur le boulevard extérieur, Dolorès, le capitaine et Sans-Plume avaient disparu; l'on ne trouva que le hamac abandonné à quelques pas de l'espion, qui, toujours enveloppé dans son sac, beuglait sourdement au fond de son fossé.

IV.

Huit jours après l'enlèvement de Dolorès Salcédo par le capitaine Horace, l'abbé Ledoux, alité, recevait la visite de son médecin.

Le malade, couché dans un lit moelleux, au fond de l'alcôve d'un appartement confortable, avait toujours la figure grasse et fleurie; son triple menton descendait jusqu'au col d'une fine chemise de toile de Hollande, et l'éclat pourpré du teint du saint homme contrastait avec la blancheur immaculée de son bonnet de coton, ceint, à l'ancienne mode, d'un ruban orange. Malgré ces apparences de jubilante santé, l'abbé, la tête appuyée sur son oreiller d'un air dolent, poussait de temps en temps des gémissements plaintifs, tandis que sa main, contrite et douillette, était abandonnée à son médecin, qui lui tâtait gravement le pouls.

Le docteur Gasterini (tel était le nom du médecin), quoiqu'il eût soixante et quinze ans passés, n'en paraissait pas soixante. D'une taille droite et élevée, sec et nerveux, le teint clair, les lèvres vermeilles, le docteur, lorsqu'il souriait de son air fin et goguenard, laissait apercevoir trente-deux dents d'une blancheur irréprochable, et qui semblaient réunir au poli de l'ivoire la dureté tranchante de l'acier; une forêt de cheveux blancs, naturellement bouclés, encadrait l'aimable et spirituelle figure du docteur; vêtu toujours de noir avec une certaine coquetterie, il était resté fidèle à la tradition de la culotte courte de drap de soie, aux souliers à boucles d'or et aux bas de soie qui dessinaient sa jambe nerveuse.

Le docteur Gasterini tenait donc délicatement entre son pouce et son index (dont les ongles, roses et polis, eussent fait l'envie d'une jolie femme) le poignet de son client, qui attendait religieusement la décision de son médecin.

— Mon cher abbé, — dit le docteur, — vous n'êtes point du tout malade.

— Mais, docteur...

— Vous avez la peau souple, fraîche et soixante-cinq pulsations à la minute; il est impossible de se trouver dans des conditions de santé meilleure.

— Mais, encore une fois, docteur, je...

— Mais, encore une fois, l'abbé, vous n'êtes pas malade! je m'y connais, peut-être!

— Et je vous dis, moi, docteur, que je n'ai pas fermé l'œil de la nuit. Mme Sibuolet, ma gouvernante, a été constamment sur pied; elle m'a donné plusieurs fois des tisanes des bonnes sœurs.

— Vrais!

— De la fleur d'oranger distillée au Sacré-Cœur.

— Diable!

— Oui, docteur, vous avez beau rire, et malheureusement ces remèdes ne m'ont apporté aucun soulagement. Je n'ai fait que me tourner et me retourner toute la nuit dans mon lit. Hélas! hélas! je ne me sens pas bien; j'éprouve une agitation, un malaise insupportables.

— Peut-être, mon cher abbé, avez-vous éprouvé hier soir quelque contrariété, quelque contradiction, et comme vous êtes très entêté, très glorieux, très rancuneux...

— Moi?

— Vous.

— Docteur, je vous assure...

— Cette contrariété, dis-je, vous aura mis d'une humeur diabolique; or, je ne connais aucun remède contre les dépits rentrés. Quant à être malade, ou même indisposé, vous ne l'êtes pas le moins du monde, mon digne abbé.

— Mais, alors, pourquoi vous aurais-je prié de venir me voir ce matin?

— Vous devez le savoir mieux que moi, mon cher abbé; pourtant, je me doute du motif détourné qui vous a fait désirer ma venue.

— C'est un peu fort!

— Non, pas très fort, mon cher abbé, car nous sommes de vieilles connaissances, et je sais de vos tours.

— De mes tours, à moi!

— Vous en faites parfois d'excellents... Mais, pour en revenir à notre affaire, je crois, moi, que, sous prétexte d'une maladie qui n'existe pas, vous m'avez fait demander afin de savoir de moi directement, ou indirectement, quelque chose qui vous intéresse.

— Allons, docteur, c'est une mauvaise plaisanterie!

— Tenez, mon cher abbé, j'ai été dans ma jeunesse médecin du duc d'Otrante, quand il était ministre de la police. Il jouissait, comme vous, d'une parfaite santé; pourtant, il ne se passait presque pas de jour qu'il n'exigeât ma visite. J'étais naïf, alors, et quoique bien lancé, j'avais encore besoin de protecteurs: aussi, bien que mes visites à l'Excellence de la police me parussent fort inutiles, je me rendais chaque jour assidûment chez lui, à l'heure de sa toilette, et nous causions. M. le duc avait l'inconvénient d'être fort interrogant, et comme, par état, je me trouvais en rapport avec des personnes de toutes conditions, cette Excellence ingénue me faisait sur mes clients une foule de questions, avec une bonhomie charmante; moi, j'y répondais dans toute la sincérité de mon âme. Un jour, j'arrivai, comme je vous l'ai dit, chez le ministre, à la fin de sa toilette, au moment où un garçon perruquier, le drôle le plus malpropre que j'aie vu de ma vie, achevait de le raser. « Monsieur le » duc, — dis-je à Son Excellence lorsque le barbier fut parti, » — comment se fait-il qu'au lieu de vous faire raser » par un de vos valets de chambre, vous préfériez les » services d'affreux garçons barbiers dont je vous » vois pour ainsi dire changer chaque quinzaine? — Mon » cher, — me répondit le duc d'un ton confidentiel, — » vous n'imaginez pas ce que l'on apprend sur toutes » sortes de gens et de choses lorsqu'on sait faire bavarder » ces garçons-là. » — Cet aveu était-il une distraction, une étourderie de ce grand homme de police, ou bien me croyait-il assez niais pour ne pas comprendre la portée de ses paroles? Je l'ignore; tout ce que je sais, c'est que cet aveu m'éclaira sur le véritable but que se proposait Son Excellence en me faisant ainsi bonnement causer tous les matins. Aussi désormais je répondis avec beaucoup de circonspection aux questions du fin ministre, qui mettait si bien en pratique cette maxime transcendante: « Les meilleurs espions sont ceux qui le sont sans le savoir. »

— L'anecdote est piquante, comme toutes celles que vous racontez si bien, mon cher docteur, — répondit l'abbé avec un dépit caché, — mais je vous jure que votre allusion est complètement fausse, et qu'hélas! je suis bien malade.

— Encore une quarantaine d'abbés d'une maladie pareille, et vous deviendrez centenaire, mon cher abbé, — dit le docteur en se levant et se préparant à sortir.

— Oh! quel homme! quel homme! s'écria l'abbé. Mais écoutez-moi donc, docteur! vous êtes donc un cœur de bronze? on n'abandonne pas ainsi un pauvre malade! accordez-moi cinq minutes!

— Soit; causons, si vous le voulez, mon cher abbé; j'ai un quart d'heure à votre disposition; vous êtes homme d'esprit, je ne puis mieux employer la durée de cette visite.

— Ah ! docteur, vous êtes féroce !

— Si vous voulez un médecin plus complaisant, adressez-vous à quelques-uns de mes confrères : vous les trouverez fort empressés de donner leurs soins au célèbre prédicateur l'abbé Ledoux, le directeur le plus à la mode du faubourg Saint-Germain ; car, malgré la république ou à cause de la république, il y a plus que jamais un faubourg Saint-Germain, et sous tous les régimes possibles, c'est une fière protection que celle de l'abbé Ledoux.

— Non, docteur, non, je ne veux pas d'autre médecin que vous, terrible homme que vous êtes ! Et voyez quelle est la confiance que vous m'inspirez ! il me semble que déjà votre seule présence me fait du bien, me calme.

— Ce pauvre cher abbé, quelle confiance ! c'est touchant ; cela prouve bien qu'il n'y a que la foi qui sauve.

— Ne parlez pas de la foi, — dit l'abbé avec un courroux plaisamment affecté ; — taisez-vous, païen, matérialiste, athée, républicain ! car vous l'êtes, vous l'avez toujours été, quand même !

— Oh ! oh ! l'abbé, voilà de bien gros mots !

— Vous les méritez, vilain homme ; vous serez damné, entendez-vous ? archidamné !

— Dieu le veuille, pour que nous nous retrouvions un jour, mon pauvre abbé.

— Moi, damné ?

— Eh ! eh !

— Est-ce que je m'abandonne, moi, ainsi que vous, à la brutalité de tous mes appétits ? Allez, vous n'êtes qu'un Sardanapale !

— Flatteur !... mais c'est votre manière. Vous reprochez à un vieux Lovelace les énormités dont il voudrait pouvoir encore se rendre coupable, et pourtant vous savez qu'il n'en est rien ; mais c'est égal, vos reproches le ravissent, le rendent tout gaillard : alors il vous avoue délicieusement toutes sortes de péchés dont il est, hélas ! incapable, le pauvre homme, et vous avez l'air de donner ainsi un dernier prétexte à sa défaillante fatuité.

— Fi ! fi ! docteur ! le serpent n'avait pas plus de malignité que vous !

— A l'ambitieux décrépit, à l'homme d'Etat impuissant, vous reprochez non moins furieusement ses ténébreuses menées pour bouleverser le monde politique, l'Europe peut-être ! Aussi avec quelle onction le pauvre homme savoure vos reproches ! Tout le monde le fuyait comme une peste lorsqu'il ouvrait la bouche pour rabâcher sa politique : pour lui donc quelle bonne fortune de pouvoir vous dévoiler longuement ses projets machiavéliques à l'endroit des destinées de l'Europe, et de trouver ainsi un patient auditeur des insanités de sa vieillesse !

— Oui, oui, plaisantez, raillez, scélérat de docteur ! vous voulez vous étourdir en médisant des autres.

— Voyons, l'abbé, faisons un examen de conscience. Nos rôles seront intervertis ; c'est moi, le médecin du corps, qui vais vous demander, à vous, le médecin de l'âme, une consultation.

— Et vous en auriez fièrement besoin, de cette consultation !

— Que me reprochez-vous, l'abbé ?

— D'abord, vous êtes gourmand comme Vitellius, Lucullus, le prince de Soubise, Talleyrand, d'Aigrefeuille, Cambacérès et Brillat-Savarin tous ensemble.

— Toujours flatteur ! Vous me reprochez ma seule haute et grande qualité.

— Ah çà ! docteur, avec vos sornettes, me prenez-vous pour une huître ?

— Vous prendre pour une huître ! voyez-vous le glorieux ! Malheureusement je ne puis faire cette comparaison si avantageuse pour vous, l'abbé : ce serait une hérésie, un anachronisme ; les huîtres vertes (les autres ne sont point censé exister), les huîtres donc ne donnent

le droit de parler d'elles que vers la mi-novembre, et nous n'y sommes point.

— Ceci, docteur, peut être très spirituel, mais ne me convainc pas du tout que la gourmandise puisse jamais être, ni chez vous ni chez personne, une qualité.

— Je vous en convaincrai.

— Vous ?

— Moi, mon cher abbé.

— C'est un peu fort ! Et comment ?

— Accordez-moi votre soirée du 20 novembre, et je vous prouverai que... — Mais s'interrompant, le docteur ajouta : — Ah çà ! mon cher abbé, qu'avez-vous donc à regarder sans cesse du côté de cette porte ?

Le saint homme, pris ainsi à l'improviste, rougit jusqu'aux oreilles, car plusieurs fois il l'avait écouté le docteur avec distraction, en tournant les yeux du côté de la porte avec impatience, et comme si une personne attendue n'arrivait pas ; pourtant, ce premier mouvement de surprise passée, l'abbé ne se déconcerta pas et reprit :

— De quelle porte voulez-vous donc parler, docteur ? Je ne sais ce que vous voulez dire.

— Je veux dire que vous regardez fréquemment de ce côté, comme si vous comptiez sur quelque heureuse apparition.

— Il n'y a que vous au monde, cher docteur, pour avoir des idées semblables. J'étais tout entier à votre sophistique mais spirituelle conversation.

— Ah ! l'abbé ! l'abbé ! vous me comblez !

— Vous voulez, en un mot, docteur, me prouver que la gourmandise est une passion noble, sublime, n'est-ce pas ?

— Sublime, l'abbé, c'est le mot. Sublime sinon par elle-même, du moins par les conséquences qu'elle peut avoir, surtout dans l'intérêt de l'agriculture et du commerce.

— Allons, docteur, c'est un paradoxe ; cela se soutient comme autre chose.

— Ce n'est pas un paradoxe, c'est un fait, oui, un fait ; et s'il vous est positivement, mathématiquement, pratiquement, économiquement démontré, qu'aurez-vous à répondre ? Douterez-vous encore ?

— Je douterai, ou plutôt je croirai moins que jamais cette abomination.

— Comment ! malgré l'évidence, l'abbé ?

— A cause de l'évidence, si tant est que cette évidence puisse jamais exister ; car c'est justement au moyen de ces prétendues évidences, de ces perfides apparences, que le mauvais esprit nous tend les pièges les plus dangereux.

— Allons, l'abbé, que diable ! je ne suis point un séminariste que vous préparez à prendre le rabat. Vous êtes un homme d'esprit et de savoir. Quand je vous parle raison, parlez-moi raison et non pas du diable et de ses cornes !

— Mais, païen, idolâtre que vous êtes, vous ignorez donc que la gourmandise est peut-être le plus abominable des sept péchés capitaux, hein ?

— D'abord, l'abbé, je vous prie de ne pas calomnier comme cela les *sept péchés capitaux*, et d'en parler avec la déférence qui leur est due dans beaucoup de cas ; je les ai toujours profondément vénérés en général et en particulier.

— Allons, bien ! ce n'est plus seulement la gourmandise qu'il glorifie ! voilà maintenant qu'il pousse le paradoxe jusqu'à vouloir glorifier les sept péchés capitaux !

— Oui, cher abbé, tous les sept, à les considérer d'un certain point de vue.

— C'est de la monomanie !

— Voulez-vous être convaincu, l'abbé ?

— De quoi ?

— De l'excellence possible, de l'existence conditionnelle, de l'excellence philosophique et mondaine des sept péchés capitaux ?

— En vérité, docteur, vous me prenez pour un enfant !

— Donnez-moi votre soirée du 20 novembre, vous serez convaincu.

— Ah çà! docteur, toujours le 20 novembre?

— C'est pour moi une date fatidique, et de plus le jour anniversaire de ma naissance, mon cher abbé. Ainsi donc donnez-moi votre soirée ce jour-là, et vous ne serez pas fâché d'être venu.

— Va donc pour le 20 novembre, si ma santé toutefois...

— Vous le permet, bien entendu, mon cher abbé; mais mon expérience me dit que vous pourrez ce jour-là... vous traîner jusque chez moi.

— Quel homme! C'est qu'il est capable de m'en donner un échantillon complet, dans sa seule et damnée personne, des sept péchés capitaux!

A ce moment, une porte s'ouvrit.

C'est sur cette porte que, plus d'une fois, les regards de l'abbé Ledoux s'étaient tournés avec une secrète et croissante impatience pendant son entretien avec le docteur.

V.

La gouvernante de l'abbé étant entrée dans la chambre, remit une lettre à son maître, et échangeant avec lui un regard d'intelligence, elle dit :

— C'est très pressé, monsieur l'abbé.

— Vous permettez, cher docteur? — dit le saint homme avant de décacheter la lettre qu'il tenait entre ses mains.

— A votre aise, mon cher abbé, — répondit le docteur en se levant, — je vous laisse.

— De grâce! un mot seulement, un mot! — s'écria l'abbé, qui semblait vivement désirer que le docteur ne partît pas si tôt; — donnez-moi le temps de jeter les yeux sur cette lettre et je suis à vous.

— Mais, l'abbé, nous n'avons rien de plus à nous dire. J'ai une consultation pressée, voici l'heure, et...

— Je vous en conjure, docteur, — reprit l'abbé tout en décachetant et parcourant des yeux la lettre qu'il venait de recevoir; — au nom du ciel, accordez-moi seulement cinq minutes, pas davantage.

Surpris de cette insistance assez singulière de la part de l'abbé, le docteur hésitait à sortir, lorsque son malade, s'interrompant de lire, s'écria en levant les yeux au ciel:

— Ah! mon Dieu! mon Dieu!

— Qu'y a-t-il?

— Ah! mon pauvre docteur!

— Achevez!

— Ah! docteur, c'est la Providence qui vous envoie!

— La Providence!

— Oui, car je me trouve peut-être à même de vous rendre un grand service, mon bon docteur!

Le médecin parut quelque peu douter de la bonne volonté de l'abbé Ledoux, et n'accueillit pas ses paroles sans une secrète défiance.

— Voyons, mon cher abbé, — reprit-il, — quel service pouvez-vous me rendre?

— Vous m'avez quelquefois parlé des nombreux enfans de votre sœur, que vous avez élevés (malgré vos défauts, vilain homme!) avec une tendresse toute paternelle, après la mort précoce de leurs parens.

— Ensuite, l'abbé? — dit le docteur, qui de ce moment attacha un regard attentif et pénétrant sur le saint homme, — ensuite?...

— J'ignorais complètement que l'un de vos neveux servît dans la marine et fût capitaine au long cours. Il s'appelle, n'est-ce pas, Horace Brémont?

Au nom d'Horace, le docteur tressaillit imperceptiblement; son regard sembla vouloir lire au plus profond du cœur de l'abbé, et il répondit froidement :

— En effet, j'ai un neveu capitaine de marine, et il se nomme Horace.

— Et il est maintenant à Paris?

— Ou ailleurs, l'abbé.

— Pour Dieu, mon cher docteur, parlons sérieusement; le temps est précieux; voici ce que l'on m'écrit; écoutez et vous jugerez de l'importance de cette lettre :

« Monsieur l'abbé,

« Je sais que vous êtes fort lié avec le célèbre docteur » Gasterini; vous pouvez lui rendre un grand service : » son neveu, le capitaine Horace, est compromis dans » une affaire des plus fâcheuses; quoi qu'il soit parvenu » jusqu'ici à se cacher, l'on a découvert sa retraite, et » peut-être au moment où je vous écris s'est-on emparé » de sa personne. »

L'abbé s'interrompit alors et regarda attentivement le docteur. Celui-ci resta impassible.

Surpris de cette indifférence, l'abbé lui dit d'un ton pénétré :

— Ah! mon pauvre docteur, quel cruel chagrin pour vous! Mais ce malheureux capitaine, qu'a-t-il donc fait?

— Je n'en sais rien, l'abbé. Continuez.

Evidemment, le saint homme attendait un autre effet de la lecture de sa lettre. Cependant, sans se décontenancer, il continua :

— « Peut-être à l'heure qu'il est s'est-on déjà emparé de » sa personne, » — reprit-il en appuyant sur ces mots et en poursuivant sa lecture.

« Mais il reste une chance de sauver ce jeune homme, » plus inconsidéré que coupable : il faudrait, au reçu de » cette lettre, envoyer à l'instant quelqu'un chez le doc- » teur Gasterini. »

Et s'interrompant de nouveau, l'abbé ajouta :

— Quand je vous le disais, docteur : c'est la Providence qui vous a envoyé ici.

— Elle n'en fait jamais d'autres à mon égard, — reprit froidement le docteur. — Allez toujours, l'abbé.

— « Il faudrait, au reçu de cette lettre, envoyer à » l'instant quelqu'un chez le docteur Gasterini, — reprit » l'abbé de plus en plus surpris de l'impassibilité du mé- » decin, — afin de le prévenir du malheur qui menace » son neveu. Le docteur chargerait aussitôt une personne » de confiance d'aller, sans perdre une minute, avertir » le capitaine Horace de quitter sa retraite. Peut-être » ainsi pourrait-on devancer les gens de justice chargés » d'arrêter cet infortuné. »

— Je n'ai pas besoin de vous en dire davantage, mon cher docteur,—ajouta précipitamment l'abbé en jetant la lettre sur son lit; — une minute de retard peut tout perdre. Courez vite, sauvez ce malheureux jeune homme! Eh bien! vous ne bougez pas! vous ne me répondez rien! A quoi pensez-vous donc, mon pauvre docteur! Pourquoi me regarder de cet air singulier? N'avez-vous donc pas entendu ce que l'on m'écrit? Et c'est souligné encore! « Il faut aller à l'instant, sans perdre une minute, avertir le capitaine Horace de quitter sa retraite. » En vérité, docteur, je ne vous comprends pas!

— Et moi, je vous comprends parfaitement, mon cher abbé, — dit le docteur avec un calme sardonique. — Mais, d'honneur, cet expédient n'est vraiment pas à la hauteur de vos inventions accoutumées : vous avez fait mieux que cela, l'abbé, beaucoup mieux!

— Un expédient! mes inventions! — reprit l'abbé feignant l'ébahissement. — Ah çà, docteur, vous ne parlez pas sérieusement?

— Vous avez oublié, cher abbé, qu'un vieux renard comme moi évente de loin les pièges?

— Des pièges! quels pièges.

— Voyons, l'abbé, regardez-moi bien en face si vous pouvez?

— Docteur, — répondit l'abbé sans pouvoir cacher son violent dépit, — libre à vous de railler, libre à vous de laisser le temps s'écouler et de perdre l'occasion de sauver votre neveu. La chose vous regarde; je vous ai averti en ami. Maintenant arrangez-vous , je m'en lave les mains!

— Ainsi donc, mon cher abbé, vous étiez, vous êtes du complot de ces béates personnes qui voulaient faire de Dolorès Salcèdo une religieuse, afin d'accaparer les biens qu'elle doit hériter un jour de son oncle le chanoine ?

— Dolorès Salcèdo ! son oncle le chanoine ! En vérité, docteur, je ne sais point du tout ce que vous voulez dire.

— Ah ! ah ! l'abbé, vous êtes de ce pieux complot ! C'est bon à savoir ; il est toujours utile de connaître ses adversaires, surtout lorsqu'ils sont aussi habiles que vous l'êtes, cher abbé !

— Mais, encore une fois, docteur, je vous jure...

— Tenez, l'abbé, jouons cartes sur table. Vous m'avez fait demander chez vous ce matin, afin que la touchante épître que vous venez de me lire et que vous aviez préparée vous arrivât en ma présence.

— Docteur ! s'écria l'abbé, — c'est pousser la méfiance, le soupçon, à un point qui devient... qui devient, permettez-moi de vous le dire...

— Je vous le permets.

— Eh bien ! qui devient outrageant au dernier point, docteur. Ah ! vraiment, — ajouta l'abbé avec amertume, — j'étais loin de m'attendre à voir récompenser de la sorte mon empressement à vous rendre service.

— Parbleu ! je le sais bien, mon pauvre abbé, vous espériez un tout autre résultat de votre ingénieux stratagème.

— Docteur, c'en est trop !

— Non, l'abbé, non, ce n'en est pas assez; écoutez-moi donc encore. Voici ce que vous espériez, dis-je, de votre ingénieux stratagème : épouvanté du danger que courait mon neveu, je vous remerciais avec effusion du moyen que vous m'offriez pour le sauver, et je partais comme un trait pour aller avertir ce pauvre garçon de quitter sa retraite.

— C'est ainsi, en effet, que tout autre eût agi à votre place, docteur ; mais vous vous gardez bien d'agir si raisonnablement. Tenez, vous êtes, en vérité, frappé de vertige et d'aveuglement.

— Hélas ! l'abbé, c'est la punition de mes péchés qui commence... Mais revenons à l'effet de votre ingénieux stratagème. Selon votre espoir, je partais donc comme un trait pour aller, selon vous, sauver mon neveu. Ma voiture était en-bas, j'y montais, je me faisais conduire rapidement à la mystérieuse retraite du capitaine Horace.

— Eh ! sans doute, docteur, voilà ce que vous auriez dû faire depuis longtemps.

— Or, savez-vous ce qui serait arrivé, mon pauvre abbé ?

— Vous sauviez votre neveu !

— Je le perdais, je le trahissais, je le livrais, et voici comment : je parie qu'à l'heure où je vous parle, il y a, non loin d'ici, dans cette rue, et bien en vue de cette maison, un cabriolet attelé d'un vigoureux cheval, et, hasard étrange (si vous ne donnez pas contre-ordre), ce cabriolet va se mettre à suivre ma voiture partout où elle ira.

L'abbé devint écarlate, mais reprit :

— Je ne sais pas de quel cabriolet vous voulez parler, docteur.

— En d'autres termes, mon cher abbé, on a jusqu'ici vainement cherché les traces de mon neveu. Pour découvrir sa retraite, l'on m'a fait sans doute tout aussi vainement suivre ; or, l'on espérait, par la brusque annonce du prétendu danger qu'il courait, me pousser à aller à l'instant avertir le capitaine. Votre émissaire d'en-bas eût alors suivi ma voiture, de sorte que, sans le savoir, j'aurais livré moi-même le secret de la retraite de mon neveu. Encore une fois, l'abbé, pour tout autre que vous, le moyen n'était pas mal inventé ; mais vous avez habitué vos admirateurs, et permettez-moi de m'inscrire parmi eux, à des conceptions plus hautes et plus hardies. Espérons donc qu'une autre fois vous vous montrerez plus

digne de vous-même. Au revoir et sans rancune, mon cher abbé, car je compte toujours sur vous pour notre bonne soirée du 20 novembre. Je viendrai d'ailleurs vous rappeler votre tout aimable promesse. Au revoir donc, mon pauvre et cher abbé. Allons, n'ayez point l'air si dépité, si décontenancé ; consolez-vous bravement de ce petit échec, en vous rappelant vos triomphes passés...

Et le docteur Gasterini quitta l'abbé Ledoux après ce persiflage.

— Tu chantes victoire, vieux serpent ! — s'écria l'abbé pourpre de courroux et montrant le poing à la porte par laquelle le docteur était sorti. — Tu es bien orgueilleux, et tu ne sais pas que, ce matin même, nous avons déjà repris Dolorès Salcèdo ; mais ton misérable neveu ne nous échappera pas, car, heureusement, je suis aussi roué que toi, infernal docteur ! et, comme tu le dis, j'ai plus d'un tour dans mon sac !

Le docteur, objet de ce monologue en manière d'imprécation, avait caché l'inquiétude que lui causait la découverte qu'il venait de faire ; il savait l'abbé Ledoux capable de prendre une revanche éclatante. Aussi, en descendant de la maison du saint homme, le docteur, avant de remonter dans sa voiture, regarda de côté et d'autre dans la rue. Ainsi qu'il s'y attendait, il vit, à vingt pas de là, un cabriolet de régie arrêté ; dans ce cabriolet se tenait un gros homme à redingote brune. S'avançant alors à pied jusqu'à ce cabriolet, le docteur dit à demi-voix au gros homme d'un air confidentiel :

— Mon ami, vous êtes posté là, n'est-ce pas, pour suivre cette voiture verte à deux chevaux qui est là-bas, arrêtée devant la porte du n° 17 ?

— Monsieur, — dit le gros homme en hésitant, — je ne sais qui vous êtes et pourquoi vous...

— Chut ! mon ami, — reprit le docteur d'un ton plein de mystère ; — je quitte l'abbé Ledoux, l'ordre de marche est changé, l'abbé vous attend à l'instant pour vous donner de nouveaux ordres ; vite, allez, allez !

Le gros homme, rassuré par les détails que lui donna le docteur, n'hésita plus, descendit de son cabriolet et se rendit en hâte chez l'abbé Ledoux. Lorsque le docteur eut vu la porte cochère refermée sur l'émissaire de l'abbé, bien certain dès lors de n'être pas suivi, il se fit conduire en hâte au faubourg Poissonnière ; car s'il ne craignait rien pour son neveu, il éprouvait vaguement d'autres inquiétudes depuis qu'il savait l'abbé Ledoux mêlé dans cette intrigue.

La voiture du docteur venait d'entrer dans une des rues les moins fréquentées du faubourg Poissonnière, non loin de la barrière du même nom, lorsqu'à quelque distance, il aperçut un assez grand rassemblement formé en face d'une maison de modeste apparence. Le docteur fit aussitôt arrêter sa voiture, en descendit, alla se mêler aux groupes, et dit à une des personnes dont ils étaient composés :

— Qu'y a-t-il donc là, monsieur ?

— Il paraît, monsieur, que c'est une colombe égarée que l'on ramène au colombier.

— Une colombe !

— Ou, si vous l'aimez mieux, une jeune fille qui s'était sauvée d'un couvent. Le commissaire de police est arrivé avec ses agens et un très gros homme en redingote violette qui avait l'air d'un curé. Il s'est fait ouvrir la maison. La fugitive y a été trouvée, puis emmenée dans un fiacre avec le gros homme en redingote violette. Je n'ai jamais vu un citoyen orné d'un pareil ventre.

Le docteur Gasterini n'en entendit pas davantage, se fit jour à travers les groupes, et alla sonner impérieusement à la porte de la petite maison dont on parlait. Une jeune servante, encore pâle d'émotion, vint lui ouvrir.

— Où est Mme Dupont ? dit vivement le médecin.

— Chez elle, monsieur. Ah ! si vous saviez !

Le docteur ne répondit rien, traversa deux pièces, et entra dans une chambre à coucher où se trouvait une femme âgée, d'une figure vénérable et pleine de douceur.

— Ah! monsieur le docteur, — s'écria Mme Dupont en fondant en larmes, — quel malheur, quel scandale! pauvre jeune fille!

— Je suis désolé, ma pauvre Mme Dupont, que le service que vous m'avez rendu ait eu pour vous des suites si désagréables.

— Oh! ne croyez pas que ce soit cela qui m'afflige, monsieur le docteur! je vous dois plus que ma vie, puisque je vous dois la vie de mon fils; aussi, je ne pense pas à me plaindre, quant à moi, d'un désagrément passager; je vous connais trop, d'ailleurs, pour élever le moindre doute sur les intentions qui vous ont fait me demander de donner momentanément asile à cette jeune fille.

— A cette heure, ma chère madame Dupont, je puis et je dois tout vous dire. Voici l'histoire en deux mots: J'ai un neveu, une tête folle, mais le plus brave garçon du monde; il est capitaine de marine; dans son dernier voyage de Cadix à Bordeaux, il a pris comme passagers un chanoine espagnol et sa nièce; mon neveu est devenu amoureux fou de la nièce, mais par suite d'événemens trop longs et trop ridicules à vous raconter, le chanoine ayant pris mon neveu en aversion, il lui a signifié qu'il n'épouserait jamais Dolorès; la résistance a exaspéré ces deux amoureux; mon diable de neveu a suivi le chanoine à Paris, a découvert le couvent où avait été mise la jeune fille, s'est mis en correspondance avec elle, et il l'a enlevée. Horace (c'est son nom) est un honnête garçon; l'enlèvement accompli, il m'a amené Dolorès, et m'a tout avoué. En attendant son mariage, il m'a supplié de placer cette jeune fille dans une maison convenable; car, pour mille raisons, il m'était impossible de garder cette enfant chez moi, après un tel éclat. Alors j'ai songé à vous, ma bonne madame Dupont.

— Ah! monsieur, j'étais bien certaine que vous ne pouviez qu'agir noblement, comme toujours; et d'ailleurs, pendant le peu de temps qu'elle est restée près de moi, Mlle Dolorès m'a si vivement intéressée, que je m'étais déjà attachée à elle; aussi jugez de mon chagrin, lorsque ce matin...

— Le commissaire de police s'est fait ouvrir cette maison; je sais cela. Et le chanoine dom Diego l'accompagnait.

— Oui, monsieur; il était furieux; il s'est écrié qu'il connaissait la loi française; que cela ne se passerait pas ainsi; qu'il y avait rapt d'une mineure, et que l'on cherchait de tous côtés le ravisseur.

— C'est à quoi je m'attendais; aussi avais-je exigé de mon neveu, non-seulement qu'il ne revît pas Dolorès avant que tout fût arrangé, mais qu'il se tînt caché, afin de se soustraire à des poursuites que j'espérais apaiser. Maintenant je ne sais si je pourrai y parvenir; le cas est fort grave. Je l'avais dit à Horace; mais le mal était fait, et, je l'avoue, j'ai reculé devant la pensée de remettre moi-même cette pauvre Dolorès entre les mains du chanoine, espèce de brute superstitieuse et gloutonne dont il n'y a rien à espérer.

— Ah! monsieur le docteur, je connais maintenant assez Mlle Dolorès pour être certaine qu'elle serait morte de chagrin, qu'elle en mourra peut-être, si on la laisse au couvent. Aussi croyez, monsieur, que, dans la scène de ce matin, ce qui m'a le plus affligée a été, non le scandale dont ma pauvre maison a été le théâtre, mais la pensée du triste avenir qui est peut-être réservé à cette malheureuse enfant. Et maintenant que je sais tout, monsieur le docteur, je suis doublement inquiète en songeant aux graves conséquences que cet enlèvement peut aussi avoir pour votre neveu.

— Ces craintes, je les partage plus vivement encore, ma chère madame Dupont. D'après une découverte que j'ai faite ce matin, je tremble qu'une plainte ait déjà été déposée contre Horace; si elle ne l'a pas été, elle le sera peut-être aujourd'hui; car, maintenant que Dolorès est retombée au pouvoir de son oncle, s'il peut parvenir à faire arrêter mon neveu, son amour pour Dolorès ne sera plus à craindre. Ah! cette arrestation serait affreuse! la loi est inflexible; mon neveu s'est introduit, la nuit, dans un couvent, et a enlevé une mineure; il est passible d'une peine infamante, et pour lui ce serait la mort!

— Grand Dieu!

— Et ses frères et ses sœurs qui l'aiment tant! Quel deuil pour moi! pour notre famille! — ajouta le vieillard avec abattement.

— Mais, monsieur, il doit y avoir quelque chose à faire pour tâcher au moins d'arrêter les poursuites.

— Tenez, ma chère madame Dupont, — reprit le docteur douloureusement ému, — ma tête se perd quand je songe aux terribles conséquences qui peuvent résulter de ce coup de tête de jeune homme!

— Mais que faire, monsieur le docteur? que faire?

— Eh! le sais-je moi-même, ma pauvre madame Dupont! Je vais réfléchir à la meilleure marche à suivre; mais j'ai affaire à si forte partie, que je n'ose espérer le succès.

Et le docteur Gasterini quitta le faubourg Poissonnière dans une inexprimable anxiété.

VI.

Le lendemain du jour où Dolorès Salcedo avait été reconduite au couvent, la scène suivante se passait chez le chanoine dom Diego, qui logeait dans un appartement très comfortable, retenu d'avance pour lui par l'abbé Ledoux.

Il était onze heures du matin.

Dom Diego, étendu dans un large et profond fauteuil, semblait assailli de ténébreuses pensées. C'était un gros homme de cinquante ans environ, d'une obésité énorme; ses joues, grasses et tremblotantes, se confondaient avec son menton à quadruple étage; sa peau, légèrement bistrée comme celle des méridionaux, était mate, et annonçait la mollesse de cette masse inerte. Ses traits ne devaient cependant point manquer d'une certaine bonhomie, lorsqu'ils n'étaient pas sous l'impression d'une idée chagrine; sa large bouche, dont la lèvre inférieure, très épaisse, était un peu pendante, dénotait surtout la sensualité. Les yeux demi-clos sous ses gros sourcils gris, les mains croisées sur son ventre de *Falstaff*, qui dessinait sa vaste rotondité sous une robe de chambre violette, le chanoine soupirait de temps à autre d'un ton dolent et abattu.

— Plus d'appétit, hélas! plus d'appétit! — murmurait-il. — Trop de secousses m'ont bouleversé. Mon estomac, si vaillant, si régulier d'habitude, est détraqué comme une montre déréglée. Ce matin, au déjeuner, ordinairement mon plus franc repas, j'ai à peine mangé; tout me semblait fade ou amer. Que sera-ce donc à dîner, Jésus! que sera-ce donc à dîner! un repas que je fais toujours presque sans faim, pour le prendre, pour ne savourer que la fine fleur des meilleures choses! Ah! maudit et damné soit cet infernal capitaine Horace! L'horrible régime auquel j'ai été soumis à son bord, pendant cette longue traversée, a commencé à me faire perdre l'appétit; mon estomac s'est courroucé, s'est révolté contre ces exécrables salaisons, contre ces abominables légumes secs. Aussi, depuis cette injure faite à la délicatesse de ses habitudes, mon estomac me boude, hélas! comme si c'était ma faute; il me garde rancune, il me punit, il fait le fier devant les meilleurs mets.

Puis, après un long silence, le chanoine reprit d'un air effrayé:

— Mais qui sait si le doigt de la Providence n'est pas là à cette heure que je n'ai point la moindre faim, je reconnais que je m'abandonne à un péché aussi détestable... que délectable. Hélas! la *gourmandise*! Peut-être la Providence a-t-elle voulu me punir en envoyant sur ma route ce misérable capitaine Horace. Ah ! le scélérat, quel mal il m'a fait ! Et ce n'était pas assez : il enlève ma nièce ; il me jette dans de nouvelles tribulations ; il bouleverse ma vie, mon repos, moi qui ne demande qu'à manger avec recueillement et tranquillité ! Oh ! brigand de capitaine, je me vengerai ! Mais quelle que soit ma vengeance, double traître ! je ne te rendrai jamais la vingtième partie du mal que je te dois ! Car, enfin, voilà près de deux mois que j'ai perdu l'appétit, et, quand je vivrais cent ans, ces deux mois d'abstinence forcée, je ne les rattraperai jamais !

Ce douloureux monologue fut interrompu par l'entrée du majordome du chanoine, vieux serviteur à cheveux gris.

— Eh bien ! Pablo, — lui dit dom Diégo, — tu viens du couvent ?

— Oui, seigneur.

— Et mon indigne nièce ?

— Seigneur, elle est dans une sorte de délire, elle a une fièvre ardente ; tantôt elle appelle le capitaine Horace avec des cris déchirans, tantôt elle invoque la mort en sanglotant ; je vous assure, seigneur, que c'est à fendre le cœur.

Dom Diégo, malgré son égoïste sensualité, parut d'abord touché des paroles de son majordome, mais bientôt il s'écria :

— Tant mieux ! Dolorès n'a que ce qu'elle mérite ; ça lui apprendra à s'amouracher du plus détestable des hommes. Elle restera au couvent, elle y prendra le voile. Mon excellent ami et compère, l'abbé Ledoux, a parfaitement raison : par cet échantillon des frasques de ma nièce, je juge de ce qui m'attendrait plus tard, si je la gardais près de moi : alertes, algarades perpétuelles, jusqu'à ce que je l'eusse enfin mariée, bien ou mal. Or, donc, pour couper court à tout ceci, la senora Dolorès prendra le voile et fera son salut ; mes biens enrichiront un jour la maison où l'on priera pour le repos de mon âme, et je serai débarrassé de ma diablesse de nièce, trois avantages pour un.

— Pourtant, seigneur, si l'état de la senora empire...

— Pas un mot de plus, Pablo ! — s'écria le chanoine, craignant de s'apitoyer malgré lui sur le sort de sa nièce, — pas un mot de plus. N'ai-je pas, hélas ! assez de mes chagrins personnels, sans venir encore m'agacer, m'irriter par des contradictions ?

— Pardon, seigneur, pardon ; alors je vous parlerai d'autre chose.

— De quoi ?

— Il y a dans l'antichambre un homme qui désire vous parler.

— Qu'est-ce que cet homme ?

— Un homme vieux et bien vêtu.

— Et qu'est-ce qu'il veut, cet homme ?

— Vous entretenir, seigneur, d'une affaire très importante. Il a apporté avec lui une grande caisse qu'un commissionnaire a montée ici ; elle paraît fort lourde.

— Et qu'est-ce que c'est que cette caisse, Pablo ?

— Je ne sais, seigneur.

— Et le nom de cet homme ?

— Oh ! un nom bien étrange !

— Lequel ?

— Appétit, seigneur.

— Comment ! cet homme s'appelle monsieur Appétit ?

— Oui, seigneur.

— Tu auras mal entendu.

— Non, seigneur, je lui ait fait répéter deux fois son nom : il s'appelle bien Appétit.

— Hélas ! hélas ! voilà un nom cruellement ironique ! — murmura le chanoine avec amertume. — Il n'importe ! pour la rareté du nom, fais entrer cet homme.

Un instant après, l'homme annoncé par le majordome entra, salua respectueusement dom Diégo et lui dit :

— C'est au seigneur dom Diégo que j'ai l'honneur de parler ?

— Oui, monsieur. Que me voulez-vous ?

— D'abord, seigneur, vous payer le tribut de ma profonde admiration ; puis, vous offrir mes services.

— Mais, monsieur, quel est votre nom ?

— Appétit, seigneur.

— Écrivez-vous donc votre nom comme s'écrit *appétit*, envie, besoin de manger ?

— Oui, seigneur ; cependant, je dois vous avouer que ce n'est pas mon nom, mais mon surnom.

— Pour mériter un tel surnom, vous devez être furieusement bien doué par la nature, monsieur Appétit ; vous devez jouir d'une fringale éternelle, dit le chanoine avec un soupir d'envie et de regret.

— Au contraire, je mange fort peu, seigneur, comme presque tous ceux qui ont la mission sacrée de faire manger les autres.

— Comment ! quelle est donc votre profession ?

— Cuisinier, seigneur, pour avoir l'honneur de vous servir, si je pouvais mériter cette félicité.

Le chanoine secoua mélancoliquement la tête, et cacha son visage entre ses mains ; il sentait toutes ses douleurs se réveiller à la proposition du seigneur Appétit. Celui-ci poursuivit :

— Mon second maître, lord Wilmot, dont la débilité d'estomac était si extrême que, depuis près d'une année, il mangeait sans goût et sans plaisir, a littéralement dévoré dès le premier jour que j'ai eu l'honneur de le servir. Aussi, par gratitude, milord m'a-t-il donné le surnom d'*Appétit*, que j'ai toujours conservé depuis.

Le chanoine regarda plus attentivement son interlocuteur, et reprit :

— Ah ! vous êtes cuisinier ? Mais, dites-moi, vous m'avez parlé de me payer le tribut de votre admiration et de m'offrir vos services. D'où me connaissez-vous donc ?

— Vous avez, seigneur, pendant votre séjour à Madrid, souvent dîné chez M. l'ambassadeur de France.

— Oh ! oui, c'était mon bon temps, alors, — répondit dom Diégo avec abattement :—j'ai rendu justice éclatante à la table de monsieur l'ambassadeur de France, et j'ai proclamé que je ne connaissais pas de meilleur praticien que le chef de ses cuisines.

— Aussi, cet illustre praticien, avec qui, seigneur, je suis en correspondance, afin de nous tenir mutuellement au courant des progrès de la science, m'a-t-il écrit pour me dire sa joie d'avoir été si dignement apprécié par un connaisseur tel que vous, seigneur ; j'ai noté votre nom, et hier, apprenant, par hasard, que vous cherchiez un cuisinier, je suis venu pour avoir l'honneur de vous offrir mes services.

— Et de chez qui sortez-vous, mon ami ?

— Depuis dix ans, seigneur, je ne travaille plus que pour moi, c'est-à-dire *pour l'art ;* j'ai une fortune modeste, mais suffisante : aussi n'est-ce pas l'intérêt qui m'amène auprès de vous, seigneur.

— Mais pourquoi vous présenter plutôt chez moi que chez tout autre ?

— Parce que, libre de choisir, je consulte mes convenances ; car je suis très jaloux, seigneur, horriblement jaloux.

— Jaloux ! et de quoi ?

— De la fidélité de mon maître.

— Comment ! de la fidélité de votre maître ?

— Oui, seigneur ; et je suis certain que vous me serez fidèle, car vous vivez seul, sans famille, et par état autant que par caractère, vous n'avez pas, comme tant d'autres, toutes sortes de penchans qui se gênent ou se contrarient toujours ; vous, homme sérieux et convaincu, vous n'avez qu'une passion, mais profonde, absolue, la *gourmandise.* Eh bien ! cette passion, je m'offre, seigneur, à la satisfaire comme de votre vie vous ne l'avez satisfaite.

— Vous parlez d'or, mon cher ami ; mais savez-vous que, pour soutenir un pareil langage, il faut posséder un grand talent, un immense talent !

— Ce grand, cet immense talent, je l'ai, seigneur.

— L'aveu n'est pas modeste.

— Il est sincère, et vous le savez, seigneur, on puise une légitime assurance dans la conscience de sa force.

— J'aime cette noble fierté, mon cher ami, et si vos actes répondent à vos paroles, vous êtes un phénix!

— Seigneur, mettez-moi à l'essai aujourd'hui, sur l'heure...

— Aujourd'hui, sur l'heure ! — s'écria le chanoine en haussant les épaules. — Vous ne savez donc pas que, depuis deux mois à jamais maudits, je suis dans un état déplorable! que je n'ai goût à rien! que, ce matin, j'ai laissé intact un excellent déjeuner que l'on m'a fait venir de chez Chevet, chez qui je me fournis en attendant que j'aie monté ma cuisine! Ah ! si vous n'aviez les dehors d'un honnête homme, je croirais que vous venez insulter à mes misères! Me proposer de me faire la cuisine, lorsque je n'ai pas la moindre faim!

— Seigneur, je me nomme *Appétit.*

— Mais je vous répète, mon cher ami, qu'il y a une heure à peine, j'ai rebuté sur d'excellentes choses.

— Tant mieux, je ne pouvais me présenter à vous, seigneur, dans une conjoncture plus favorable ; mon triomphe sera plus grand.

— Ecoutez, mon cher ami, je ne puis vous dire si c'est l'influence de votre nom, ou la manière savante et élevée dont vous parlez de votre art, qui me donne malgré moi confiance en vous, mais j'éprouve, je ne dirai pas la velléité de manger, car je vous mettrais au défi de me faire avaler une aile d'ortolan; mais enfin j'éprouve à vous entendre raisonner cuisine un plaisir qui me fait espérer que peut-être, plus tard, si jamais l'appétit me revenait, je...

— Seigneur, pardonnez-moi si je vous interromps; vous avez ici une cuisine?

— Certes, et toute montée! C'est là que l'on fait un instant voir le feu à ce que l'on m'apporte tout confectionné de chez Chevet ; mais, hélas ! plus inutilement.

— Voulez-vous, seigneur, m'accorder une demi-heure ?

— Pour quoi faire?

— Un déjeuner pour vous, seigneur.

— Avec quoi ?

— J'ai apporté ce qu'il me faut.

— Mais à quoi bon ce déjeuner, mon cher ami ? Allez, croyez-moi, ne compromettez pas un talent auquel je me plais à croire, en l'engageant dans une entreprise impossible, folle.

— Seigneur, m'accordez-vous une demi-heure ?

— Mais, encore une fois, à quoi bon?

— A vous faire faire un excellent déjeuner, seigneur, qui vous prédisposera à un dîner meilleur encore.

— C'est de la folie, vous dis-je ; vous êtes insensé.

— Essayez toujours, seigneur; que risquez-vous?

— Allons donc ! il faudrait que vous fussiez magicien.

— Je le suis peut-être bien, seigneur, répondit le cuisinier avec un sourire étrange.

— Eh bien! portez donc la peine de votre orgueil, par trop superbe aussi ! — s'écria dom Diégo en sonnant violemment. — Si vous êtes tout à l'heure accablé d'humiliation ; si vous êtes forcé d'avouer l'impuissance de votre art, c'est vous seul qui l'aurez voulu. Prenez garde ! prenez garde !

— Vous mangerez, seigneur, — répondit l'artiste d'un ton doctoral ; — oui, vous mangerez, et beaucoup, et délicieusement.

Au moment où le cuisinier prononçait ces outrecuidantes paroles, le majordome, appelé par le coup de sonnette, entra.

— Pablo , — lui dit le chanoine, — ouvre la cuisine à monsieur, et mets-moi un couvert. Il faut que justice soit faite!

— Mais, seigneur, ce matin...

— Fais ce que je te dis; conduis monsieur à la cuisine, et, s'il a besoin de quelqu'un pour l'aider, qu'on l'aide.

— Je n'ai besoin de personne, seigneur ; j'ai l'habitude de travailler seul dans mon laboratoire. Je vous demanderai même la permission de m'enfermer.

— Tout ce que vous voudrez, mon cher ; mais que je sois à jamais damné pour mes péchés, si j'avale une bouchée de ce que vous allez me servir. Je me sens bien peut-être, et il y a véritablement de l'outrecuidance à vous...

— Il est onze heures et demie, seigneur, — dit le cuisinier en interrompant dom Diégo avec majesté ; — à midi sonnant vous déjeunerez !

Et l'artiste sortit accompagné du majordome.

VII.

Après la disparition du seigneur Appétit, cet étrange cuisinier qui offrait ses services avec une si superbe assurance, le chanoine , resté seul , se dit en se levant péniblement de son fauteuil et marchant çà et là avec une sorte d'agitation :

— L'orgueilleux aplomb de ce cuisinier me confond et m'impose malgré moi. Mais s'il croit avoir affaire à un novice en gastronomie, il est dans l'erreur ; je le lui ferai bien voir ! Allons, que je suis fou de m'inquiéter ainsi ! Est-il une puissance humaine capable de me donner, dans cinq minutes, cette faim qui me fait défaut depuis deux mois? Ah ! maudit capitaine Horace ! que je vais avoir de plaisir à te faire mettre sous les verrous ! à penser que tu n'auras pour toute nourriture que la nauséabonde pâtée des prisonniers, arrosée d'un verre de vin bleu , âpre au gosier comme une râpe, acide comme du vinaigre tourné! Mais bah! ce scélérat, habitué sans doute aux fréquentes privations des gens de mer, est capable de rester indifférent à ce martyre et de conserver son insolent appétit, tandis que moi... Ah! si ce cuisinier ne mentait pas ! Mais non, non, comme tous les Français, c'est un vantard, un orgueilleux. Et pourtant, son assurance me semble consciencieuse. Il a d'ailleurs dans le regard, dans la physionomie, quelque chose de dominateur. Au fait, quel est cet homme? d'où vient-il ? puis-je me fier à sa sincérité ? Je me rappelle maintenant que , lorsque je lui parlais de l'impossibilité de ranimer mon appétit, il m'a répondu d'un air étrange : « Seigneur, je suis peut-être magicien. » S'il existe des magiciens, ce sont des fils du mauvais esprit, et Dieu me garde d'en jamais rencontrer ! Il faudrait donc que cet homme fût réellement magicien pour me faire manger. Hélas! je suis un grand pécheur ! Satan prend toutes les formes ; et si... Oh non, non ! à cette seule pensée je frissonne ! Ecartons de si funestes préoccupations !

Puis, après un moment de silence, et regardant sa pendule, le chanoine ajouta :

— Voici bientôt midi... Malgré moi, plus l'heure fatale approche, plus mon anxiété redouble. J'éprouve une émotion singulière ; je puis m'avouer cela à moi-même : j'ai presque peur. Il me semble qu'à cette heure cet homme se livre à une incantation mystérieuse, qu'il machine quelque chose de surhumain ; car ressusciter un mort ou ressusciter mon appétit, ce serait accomplir le même prodige. Et cet homme étonnant s'est fait fort de l'accomplir, ce prodige ! Et, s'il l'accomplissait, il me faudrait donc reconnaître son pouvoir surnaturel ?.. Allons, allons, j'ai honte de cette faiblesse. C'est égal, je préfère ne pas rester seul ; car plus l'heure approche, et plus je me sens inquiet. Sonnons Pablo. (*Et il sonna.*) Oui, le silence de cette demeure, la pensée que cet homme singulier est là , dans cette cuisine souterraine, courbé sur ses fourneaux embrasés, comme quelque mauvais esprit occupé de maléfices, tout cela me cause une impression extraordinaire. Ah çà ! Pablo ne m'entend donc pas ! s'écria le chanoine, dont l'inquiétude augmentait.

Et il sonna de nouveau violemment.

Pablo ne parut pas.

— Qu'est-ce que cela signifie? — murmura dom Diégo en jetant autour de lui des regards effarés. — Pablo ne vient pas! Quel effrayant et morne silence! Oh! il se passe ici quelque chose d'extraordinaire! Je n'ose faire un pas!

Et prêtant l'oreille, le chanoine ajouta :

— Quel est ce bruit sourd? cela n'a rien d'humain. On approche! on vient! Ah! je n'ai pas une goutte de sang dans les veines!

A ce moment la porte s'ouvrit si violemment que le chanoine poussa un cri et cacha sa figure entre ses mains, en balbutiant :

— *Vade, re... retro... Sa... Satanas!*

Ce n'était pourtant point *Satanas*, mais Pablo le majordome, qui, n'ayant pas répondu aux deux premiers appels de la sonnette de son maître, avait précipitamment accouru et ainsi causé ce bruit que l'imagination superstitieuse du chanoine transformait en un bruit mystérieux et surhumain.

Le majordome, frappé de l'attitude du chanoine, lui dit en s'approchant :

— Ah! mon Dieu! qu'avez-vous, seigneur?

A la voix de Pablo, dom Diégo abaissa ses grosses mains dont il couvrait son visage, et laissa voir à son serviteur des traits encore frissonnans d'épouvante.

— Seigneur, seigneur, que s'est-il donc passé! s'écria le majordome.

— Rien, mon pauvre Pablo, rien; une idée folle dont je rougis à cette heure. Mais pourquoi as-tu tant tardé à venir?

— Seigneur, ce n'est pas ma faute...

— Comment cela?

— J'avais voulu, seigneur, par curiosité, entrer dans la cuisine pour voir à l'œuvre ce fameux cuisinier.

— Eh bien! Pablo?

— Après que je l'ai eu aidé à transporter son coffre, cet homme étonnant m'a prié de sortir de la cuisine, où il voulait, disait-il, être absolument seul.

Ah! Pablo, comme il s'entoure de mystère!

— J'ai obéi, seigneur, mais je n'ai pu résister au désir de rester en dehors, à la porte.

— Pour écouter?

— Non, seigneur, pour flairer, pour sentir.

— Eh bien! Pablo?

— Ah! seigneur! ah! seigneur!

— Achève!

— Peu à peu, il s'est épandu à travers la porte une odeur si agréable, si agaçante, si provoquante, qu'il m'a été impossible de m'en aller; j'eusse été cloué à cette porte, que je ne serais pas resté plus immobile: j'étais étourdi, fasciné!

— Vraiment, Pablo?

— Vous le savez, seigneur, vous m'avez abandonné l'excellent déjeuner que l'on vous a apporté ce matin.

— Hélas! oui!

— Ce déjeuner, je l'ai mangé, seigneur.

— Heureux Pablo!

— Eh bien! seigneur, cette odeur que je dis était si appétissante, que je me suis senti tout à coup possédé d'une faim furieuse, et sans quitter la porte, j'ai pris sur une des tablettes de l'office un gros morceau de pain sec.

— E' tu l'as mangé, Pablo?

— Je l'ai dévoré, seigneur!

— Sec?

— Sec, — répondit le majordome en inclinant la tête.

— Sec! — s'écria le chanoine en levant les mains et les yeux au ciel. — C'est un prodige!! Il a déjeuné comme un ogre il y a une heure, et il vient de se bourrer de pain sec!

— Oui, seigneur; et ce pain sec, seulement assaisonné de cette succulente odeur, m'a paru le plus délicieux des mets.

A ce moment, midi sonna.

— Midi! — s'écria le majordome. — Ce cuisinier merveilleux m'a recommandé de vous servir, seigneur, à midi précis. Le couvert est tout préparé sur une petite table; je vais l'apporter.

— Va, Pablo, — dit le chanoine d'un air recueilli, — ma destinée va s'accomplir!... Le prodige, s'il y a prodige, va s'opérer... s'il doit s'opérer ; car, je le jure, malgré tout ce que tu viens de me conter, je n'ai pas le moindre appétit; j'ai l'estomac pesant, la bouche pâteuse. Va, Pablo, j'attends.

Il y avait une résignation pleine de doute, de curiosité, d'angoisse et de vague espérance dans l'accent avec lequel dom Diégo exclama ce mot : « J'attends! »

Bientôt le majordome reparut.

Il marchait d'un air solennel, portant sur un plateau un petit réchaud d'argent de la grandeur d'une assiette, surmonté de sa cloche.

A côté de ce plat on voyait un petit flacon de crista rempli d'un liquide limpide et couleur de topaze brûlée.

Pablo, tout en s'avançant, approchait parfois son long nez de la cloche comme pour aspirer les miasmes appétissans qui pouvaient s'échapper; enfin, il plaça sur la table le petit réchaud, le flacon et un petit billet.

— Pablo, — demanda le chanoine en indiquant du geste le réchaud surmonté de sa cloche, — qu'est-ce que cette argenterie?

— Elle appartient à M. Appétit, seigneur; sous cette cloche est une assiette à double fond, remplie d'eau bouillante, car il faut surtout, dit ce grand homme, manger brûlant.

— Et ce flacon, Pablo?

— Son emploi est indiqué sur ce billet, seigneur, qui vous annonce les mets que vous allez manger.

— Voyons ce billet, dit le chanoine, et il lut :

— « Œufs de pintade frits à la graisse de caille, relevés d'un coulis d'écrevisse.

» N. B. — Manger brûlant, ne faire qu'une bouchée de chaque œuf, après l'avoir bien humecté de coulis.

» Mastiquer *pianissimo*.

» Boire, après chaque œuf, deux doigts de ce vin de Madère de 1807, qui a fait cinq fois la traversée de *Rio-Janeiro à Calcutta* (1).

» Boire ce vin avec recueillement.

» Il m'est impossible de ne pas prendre la liberté d'accompagner chaque mets que je vais avoir l'honneur de servir au seigneur dom Diégo, d'un flacon de vin approprié au caractère particulier du mets susdit. »

— Quel homme! s'écria le majordome avec une expression d'admiration profonde; quel homme! il pense à tout.

Le chanoine, dont l'agitation allait croissant, souleva la cloche d'argent d'une main tremblante et émue.

Soudain une émanation délicieuse s'épandit dans l'atmosphère; Pablo joignit les mains, dilata démesurément ses larges narines et regarda d'un œil avide.

Au milieu de l'assiette d'argent et à demi baignés d'un coulis onctueux et velouté, d'une belle nuance vermeille, le majordome vit quatre tout petits œufs ronds mollets, et semblant frémir encore dans leur friture fumante et dorée.

Le chanoine, frappé comme son majordome de la délicieuse senteur de ce mets, le mangeait littéralement du regard, et pour la première fois depuis deux mois, une soudaine velléité d'appétit chatouilla son palais. Néanmoins il doutait encore, croyant à la trompeuse illusion d'une fausse faim. Cependant il prit dans une cuiller un des petits œufs bien imprégnés de coulis, et l'enfourna dans sa large bouche.

— *Mastiquez pianissimo, seigneur!* — s'écria Pablo, qui suivait chaque mouvement de son maître avec de grands battemens de cœur. — Mastiquez lentement, a dit le magicien, et buvez ensuite de ceci, suivant l'ordonnance.

(1) Il est inutile de dire que certains vins se bonifient extraordinairement par les voyages de long cours.

...Et Pablo versa deux doigts du vin de Madère de 1807 dans un verre mince comme une pelure d'oignon, et le présenta à dom Diégo.

O miracle! ô merveille! ô prodige! le second mouvement de mastication pianissimo était à peine accompli, que le chanoine renversait doucement sa tête en arrière, puis fermant à demi les yeux dans une sorte d'extase, il croisa sur sa poitrine ses deux mains, dont l'une tenait encore la cuiller dont il venait de se servir.

— Eh bien! seigneur? — dit vivement Pablo en présentant à son maître les deux doigts de vin de Madère, — eh bien?

Le chanoine ne répondit pas, prit le verre avec empressement et le porta à ses lèvres.

— Et, surtout, buvez *avec recueillement*, seigneur! — s'écria Pablo, scrupuleux observateur de l'ordonnance du cuisinier.

Le chanoine but, en effet, avec recueillement, fit ensuite claper sa langue contre son palais, et, si cela se peut dire, s'écouta pendant un instant savourer le bouquet du vin qui se confondait merveilleusement avec le délicieux arrière-goût du mets qu'il venait de déguster; puis, toujours sans répondre aux interrogations de Pablo, le chanoine mangea pianissimo les trois derniers œufs de pintade avec une délectation pensive et croissante, vida le petit flacon de vin de Madère et, faut-il avouer cette énorme incongruité, il sauça si scrupuleusement de son pain le coulis d'écrevisse dont étaient baignés les œufs, que le fond de l'assiette d'argent brilla bientôt d'un lustre immaculé.

S'adressant alors pour la première fois à son majordome, dom Diégo s'écria d'une voix attendrie, pendant que quelques larmes brillaient même dans ses yeux:

— Ah! Pablo!

— Qu'y a-t-il, seigneur? Cette émotion...

— Pablo, je ne sais qui a dit que les grandes joies avaient quelque chose de mélancolique; ce quelqu'un-là ne se trompait pas, car l'infirmité de notre nature nous fait souvent fléchir sous le poids des plus grands bonheurs. Ainsi, depuis deux mois voici la première fois qu'à bien dire je mange, et que je mange comme je n'ai jamais mangé de ma vie! Non, non! car aucune langue humaine, vois-tu, mon pauvre Pablo, ne peut exprimer la finesse, la délicatesse exquise de ce mets, si simple en apparence, *des œufs de pintade frits dans de la graisse de caille arrosés d'un coulis d'écrevisse*. Non! vois-tu! à mesure que je les savourais, je sentais mon appétit renaître, et, à présent, j'ai beaucoup plus faim qu'avant d'avoir mangé. Et ce vin, Pablo, ce vin! comme c'est fondu, hein?

— Hélas! seigneur, — dit le majordome d'un air piteux, — je ne sais point le goût de ce vin, mais je me plais à vous croire.

— Oh! oui, crois-moi, mon pauvre Pablo, c'est à la fois sec et velouté; que te dirai-je? un nectar! et si tu savais, Pablo, comme la saveur de ce nectar se marie admirablement au parfum du coulis d'écrevisse? C'est idéal, Pablo, idéal! te dis-je; aussi, je devrais être rayonnant, fou de joie en retrouvant ainsi mon appétit perdu... Eh bien, non, je me sens pris d'un attendrissement ineffable; enfin, je pleure comme un enfant! Pablo, tu le vois, je pleure, j'ai faim!...

Un coup de sonnette retentit.

— Qu'est-ce que cela, Pablo?

— C'est lui, seigneur.

— Qui?

— Le grand homme! Il nous sonne.

— Lui?

— Oui, seigneur, — répondit Pablo en enlevant l'assiette. — Il affirme que ceux qui mangent doivent être à la sonnette de ceux qui font manger, car ceux-ci savent seuls l'heure, la minute, l'instant où chaque mets doit être servi, dégusté, pour ne pas perdre un atome de sa valeur.

— C'est très profond ce qu'il dit là! il a raison. Cours donc, Pablo... Mon Dieu! voilà qu'il sonne encore! Pourvu qu'il ne se formalise point... Va vite, vite!

Le majordome courut, et, avouons cette autre énormité, le malheureux, poussé par une dévorante curiosité, osa lécher avec une avidité désespérée l'assiette qu'il remportait, quoique le chanoine l'eût laissée nette et brillante.

On s'imagine avec quelle impatience de plus en plus vive et croissante le chanoine attendit les différens mets, toujours inconnus à l'avance, dont se composa son déjeuner.

Chaque service était accompagné d'une *ordonnance*, comme disait Pablo, et d'un nouveau flacon de vin tiré sans doute de la cave de ce singulier cuisinier.

La collection de ces bulletins culinaires donnera une idée des délices variés que goûta dom Diégo.

Après la note qui annonçait les œufs de pintade, se déroula successivement le *menu* suivant, dans l'ordre où nous le présentons:

« Truite du lac de Genève au beurre de Montpellier, » frappé de glace.

» Envelopper hermétiquement chaque bouchée de ce » poisson exquis dans une couche de cet assaisonnement » de haut goût.

» Mastiquer *allegro*.

» Boire deux verres de ce vin de Bordeaux (*Sauterne* » 1834); il a fait trois fois la traversée de l'Inde.

» Ce vin veut être *médité*. »

— Un peintre ou un poëte eût fait de cette *truite au beurre de Montpellier*, frappé de glace, un portrait enchanteur, avait dit le chanoine à Pablo. — Vois-la, cette charmante petite truite, à la chair couleur de rose, à la tête nacrée, voluptueusement couchée sur ce lit d'un vert éclatant, composé de beurre frais et d'huile vierge, congelés par la glace, auxquels l'estragon, la ciboulette, le persil, le cresson de fontaine, ont donné cette gaîe couleur d'émeraude! Et quel parfum! Comme la fraîcheur de cet assaisonnement contraste délicieusement avec le haut goût des épices qui le relèvent! Et ce vin de Sauterne! quelle ambroisie *si bien appropriée*, comme dit ce grand homme de cuisine, *au caractère* de cette truite divine qui me donne un appétit croissant!

Après la truite vint un autre mets accompagné de ce bulletin:

« Filets de *grouse* (1) aux truffes blanches du Piémont, » (émincées crues).

» Enchâsser chaque bouchée de grouse entre deux » rouelles de truffe, et bien humecter le tout avec la sau- » ce à la Périgueux (truffes noires), servie ci-joint.

» Mastiquer *forte*, vu la crudité des truffes blanches.

» Boire deux verres de ce vin de *Château-Margaux* » 1834. — (Il a aussi fait le voyage des Indes.)

» Ce vin ne se révèle dans toute sa majesté qu'*au déboire*. »

Ces filets de *grouse*, loin de l'apaiser, excitèrent jusqu'à la fringale l'appétit toujours croissant du chanoine, et sans le profond respect que lui inspiraient les ordres du *grand homme de cuisine*, il eût envoyé Pablo devancer le coup de sonnette et chercher un nouveau prodige culinaire.

Enfin ce coup de sonnette se fit entendre.

Le majordome revint bientôt avec cette note qu'accompagnait un autre mets:

« *Râles de genêts* rôtis sur une croûte *à la Sardanapale*.

» Ne manger que les cuisses et le croupion des râles; ne » pas couper la cuisse, la prendre par la patte qui la ter- » mine, la saupoudrer légèrement de sel, trancher net au-» dessus de la patte, et tout broyer, chair et os.

» Mastiquer *largo* et *fortissime*; manger presque simul- » tanément une bouchée de la rôtie brûlante, enduite » d'un condiment onctueux dû à la combinaison de foies

(1) *Grouse*, grosse perdrix d'Écosse infiniment supérieure à la bartavelle et aux gélinott[es]

» et de cervelles de bécasse, de foies gras de Strasbourg,
» de moelle de chevreuil, anchois pilés, épices de haut
» goût, etc.

» Boire deux verres de *clos Vougeot* de 1817.

» Verser ce vin avec émotion, le boire *avec religion.* »

Après ce rôti, digne de Lucullus ou de Trimalcyon, et savouré par le chanoine avec idolâtrie et une faim inassouvie, le majordome reparut avec deux entremets que le menu signalait ainsi : « *Morilles* aux fines herbes et à
» l'essence de jambon; laisser fondre et dissoudre dans la
» bouche ce champignon divin.

» Mastiquer *pianissimo.*

» Boire un verre de vin de *Côte-Rôtie* 1829 et un verre
» de Johannisberg de 1729 (provenant de la grand'foudre
» municipale des bourgmestres de Heïldelberg).

» Aucune recommandation à faire à l'endroit du vin de
» Côte-Rôtie; ce vin est fier, impérieux, *il s'impose.*

» A l'égard du vieux Johannisberg de cent-quarante ans,
» l'aborder avec la vénération qu'inspire un centenaire,
» le boire avec componction.

» Deux entremets sucrés.

» Bouchées à la duchesse, à la gelée d'ananas.

» Mastiquer *amoroso.*

» Boire deux ou trois verres de ce vin de Champagne
» frappé de glace (Sillery sec, année de la comète).

» Dessert :

» Fromage de Brie de la ferme d'Estouville, près Meaux.

» Cette maison a eu pendant quarante ans l'honneur
» de servir la bouche de M. le prince de Talleyrand, qui
» proclamait le fromage de Brie *le roi des fromages* (seule
» royauté à laquelle ce grand diplomate soit resté fidèle
» jusqu'à sa mort).

» Boire un verre ou deux de vin de *Porto* tiré d'une bar-
» rique retrouvée sous les décombres du grand tremble-
» ment de terre de Lisbonne.

» Bénir la Providence de ce miraculeux sauvetage, et
» vider pieusement son verre.

» *N. B.* Jamais de fruits le matin, ils réfrigèrent, char-
» gent et obèrent l'estomac aux dépens du repos du soir;
» se rincer simplement la bouche avec un verre de crème
» des Barbades de *madame Amphoux* (1780), et faire une
» légère sieste en rêvant au dîner. »

Il est inutile de dire que toutes ces prescriptions du cuisinier furent suivies de point en point par le chanoine, dont l'appétit, chose prodigieuse, avait semblé augmenter à mesure qu'il était alimenté ; enfin, après avoir savouré jusqu'à la dernière goutte son verre de liqueur des îles, dom Diégo, l'oreille écarlate, l'œil doucement voilé, la joue colorée, commença de ressentir la tiède moiteur et la légère torpeur d'une heureuse et facile digestion ; alors, se laissant aller dans son fauteuil avec un accablement délicieux, il dit à son majordome :

— Si je ne sentais sourdre une faim de tigre, qui ne fera que trop tôt explosion, je me croirais dans le paradis. Aussi, Pablo, va me chercher ce grand homme de cuisine, ce véritable magicien ; dis-lui qu'il vienne jouir de son ouvrage ; dis-lui qu'il vienne juger de la béatitude ineffable où il m'a plongé; dis-lui surtout, Pablo, que si je ne vais pas moi-même lui témoigner mon admiration, ma reconnaissance, c'est que...

Le chanoine s'interrompit à la vue de l'artiste culinaire, qui entra brusquement dans le salon et s'arrêta en face de Diégo en attachant sur lui un regard étrange.

VIII.

A la vue du cuisinier qui portait, selon la coutume de sa profession, une veste blanche et un bonnet de coton,—(l'ancienne et haute école classique des Laguipierre, des Morel, des Carême est restée fidèle au bonnet de coton ;

la jeune école romantique se coiffe de la toque de percaline blanche),—le chanoine dom Diégo se leva péniblement de son fauteuil, fit deux pas vers l'artiste culinaire en lui tendant les mains, et s'écria d'une voix profondément émue :

— Soyez le bienvenu, mon sauveur, mon ami, mon cher ami ! Oui, je suis fier de vous donner ce titre; vous l'avez mérité, car je vous dois l'appétit, et l'appétit, c'est le bonheur, c'est la vie !

Le cuisinier ne parut pas extrêmement sensible au titre amical dont l'honorait le chanoine: il resta silencieux, les bras croisés sur sa poitrine, le regard attaché sur dom Diégo; mais celui-ci, dans le feu de sa reconnaissance gastronomique, ne remarqua pas le sourire sardonique, nous dirions presque satanique, qui errait sur les lèvres du grand homme de cuisine, et poursuivit ainsi l'expression de sa reconnaissance :

— Mon ami,—ajouta-t-il,—de ce jour vous êtes à moi; vos conditions seront les miennes. Je suis riche, la bonne chère est ma seule passion : aussi pour vous je serai, non pas un maître, mais un admirateur. Jamais, mon cher ami, jamais vous n'aurez été mieux apprécié. Vous me l'avez dit vous-même, vous ne travaillez que pour l'art, et vous le prouvez, car, je le déclare hautement, vous êtes le plus grand homme de cuisine qu'il y ait au monde ! Le prodige que vous avez opéré aujourd'hui, non-seulement en me rendant l'appétit, mais en le redoublant à mesure que je savourais vos chefs-d'œuvre (puisqu'à cette heure je serais capable de déjeuner encore); ce prodige, ai-je dit, vous met à mes yeux hors ligne. Nous ne nous quitterons donc plus, mon cher ami ; tout ce que vous me demanderez, je vous l'accorderai; vous prendrez autant d'aides, de subalternes que vous voudrez; je désire vous épargner toute fatigue; votre santé m'est trop précieuse pour la compromettre, car désormais je le sens là, — et dom Diégo mit sa grosse main sur son estomac, — désormais je ne saurais vivre que par vous, mon cher ami, et...

— Ainsi, — dit le cuisinier en interrompant le chanoine et souriant d'un air sarcastique, — ainsi vous avez bien déjeuné, seigneur chanoine?

— Si j'ai bien déjeuné, mon cher ami ! mais dites donc que je vous dois une jouissance d'une heure un quart ! une jouissance ineffable et sans autre intermittence que les temps d'arrêt de votre service! et encore ces intermittences étaient remplies de charmes ! Partagé entre le souvenir et l'espérance, n'attendais-je pas de nouveaux plaisirs avec une insatiable appétence? Vous me demandez si j'ai bien déjeuné ! Pablo vous dira que j'ai pleuré d'attendrissement! Voilà ma réponse.

— Je me suis permis, seigneur, de vous envoyer quelques *accompagnemens* de vins, car de bons mets sans bon vin, c'est une belle femme sans esprit; or, ces vins, les avez-vous, seigneur, trouvés potables?

— Potables!... Grand Dieu! quel blasphème! D'inestimables échantillons de tous les nectars connus... potables! Des vins dont l'on ne paierait pas la valeur en les échangeant bouteille pour bouteille contre de l'or liquide... potables! Allons, mon cher ami, votre modestie est exagérée, de même que vous sembliez tout à l'heure exagérer votre immense talent. Mais je le reconnais, l'on vanterait votre génie jusqu'à l'hyperbole, que l'on resterait toujours au-dessous de la vérité.

— J'ai encore beaucoup de vins de cette qualité, — dit froidement le cuisinier ; — depuis vingt-cinq ans je travaille à me monter une petite cave passable.

— Mais cette cave passable, mon cher ami, a dû vous coûter des millions?

— Elle ne m'a rien coûté, monseigneur.

— Rien !

— Ce sont autant de dons, faits à mon humble mérite.

— Je ne m'en étonne point, mon cher ami ; mais cette cave qui rendrait un roi jaloux, que comptez-vous en faire? Ah ! si vous vouliez me la céder en tout ou en partie, je ne reculerais devant aucun sacrifice; car, —

ainsi que vous venez de le dire avec profondeur, — de bons mots sans bons vins, c'est une belle femme sans esprit. Or, ces vins accompagnent si admirablement vos... productions... que je...

Le cuisinier interrompit dom Diégo par un ricanement ironique.

— Vous riez, mon ami? — dit le chanoine fort surpris; — vous riez?

— Oui, seigneur, je ris.

— Et de quoi, mon ami?

— De votre reconnaissance envers moi, seigneur chanoine.

— Mon ami, je ne vous comprends pas.

— Ah! seigneur dom Diégo, vous croyez que votre bon ange (et je me figure le voir gros et joufflu, habillé comme moi en cuisinier et portant des ailes de faisan au dos de sa robe blanche); ah! vous croyez, dis-je, seigneur chanoine, que votre bon ange m'a envoyé vers vous!

— Mon cher ami, — dit dom Diégo, ouvrant des yeux énormes et se sentant très inquiété par l'air de plus en plus sardonique du cuisinier, — mon cher ami, de grâce, expliquez-vous plus clairement?

— Seigneur chanoine, ce jour sera pour vous un jour fatal.

— Grand Dieu! que dites-vous!

— Seigneur chanoine, — reprit le cuisinier, toujours les bras croisés, le regard fixe, l'air menaçant; et il fit un pas vers dom Diégo, qui recula d'autant avec une angoisse croissante; — seigneur chanoine, regardez-moi bien.

— Je... je... vous... regarde, mon bon ami, — balbutia dom Diégo, — mais...

— Seigneur chanoine, ma figure vous poursuivra partout, pendant votre sommeil et pendant vos veilles! Vous me verrez là, toujours là, devant vous, avec mon bonnet de coton et ma veste blanche, comme une apparition fantastique et terrible.

— Ah! mon Dieu! c'est fait de moi! — murmura le chanoine épouvanté. — Mes pressentimens ne me trompaient pas; cet appétit était trop miraculeux, ces mets, ces vins trop surhumains, pour qu'il n'y ait pas là-dessous quelque mystère effrayant, quelque magie infernale.

Dans cette occurrence si critique pour lui, le chanoine vit heureusement entrer son majordome.

— Seigneur, — dit Pablo, — l'homme de loi vient d'arriver; vous savez, l'homme de loi qui...

— Pablo... reste là! — s'écria dom Diégo en saisissant son majordome par le bras et l'attirant auprès de lui; — ne me quitte pas...

— Mon Dieu! seigneur, qu'avez-vous? — dit Pablo, vous semblez effrayé...

— Ah! Pablo... si tu savais... dit dom Diégo d'une voix basse et lamentable, sans oser tourner les yeux du côté du cuisinier.

— Seigneur, — reprit Pablo, — je vous disais que l'homme de loi était arrivé.

— Quel homme de loi, Pablo?

— Celui qui doit venir rédiger selon les formes votre demande de poursuites contre le capitaine Horace, comme coupable d'enlèvement de la senora Dolorès.

— Pablo... je suis dans l'impossibilité de m'occuper d'affaires... je n'ai plus la tête à moi... je crois rêver... Ah! si tu savais ce qui arrive!... ce cuisinier... oh! mes pressentimens...

— Alors, seigneur, je vais faire retirer l'homme de loi?

— Non! s'écria le chanoine; non! car c'est ce misérable capitaine Horace qui est la cause de tous mes maux. S'il ne m'avait pas fait perdre l'appétit, j'aurais eu déjeuné ce matin, lorsque ce tentateur en veste blanche s'est introduit ici, et je n'aurais pas été victime de ses maléfices... Non! ajouta dom Diégo avec un redoublement de colère; dis à l'homme de loi d'attendre; il écrira mes plaintes tout à l'heure; mais il faut auparavant que je sorte de l'effrayante perplexité où je me trouve, — ajouta-t-il en jetant un regard effaré sur le cuisinier, toujours silencieux

et formidable. Il faut que je sache,—ajouta le chanoine,— ce que veut de moi cet être mystérieux qui m'épouvante; dis à l'homme de loi d'entrer dans mon cabinet, et ne me quitte pas.

Le majordome alla dire quelques mots en dehors de la porte à l'homme de loi qui se trouvait dans la pièce voisine, et le chanoine, le majordome et le cuisinier restèrent seuls.

Dom Diégo, se sentant plus fort de la présence de Pablo, tâcha de prendre quelque assurance, et dit à l'homme à la veste blanche, qui conservait toujours son air impassible et sardonique :

— Voyons, mon bon ami, parlons sérieusement. Il n'est ici question ni de bons ni de mauvais anges, mais d'un homme d'un immense talent (c'est vous dont je parle), que je voudrais m'attacher à quelque prix que ce fût... Il s'agit encore d'une cave divine, pour l'acquisition de laquelle aucun sacrifice ne me coûtera. Je vous parle dans la toute sincérité de mon âme, mon cher et bon ami; répondez-moi de même.

Puis le chanoine dit à voix basse à son majordome :

— Pablo, reste toujours entre lui et moi.

— Je vais donc vous parler en toute sincérité, seigneur chanoine, — reprit le cuisinier; — et d'abord, je vous le répète, je serai la désolation, le désespoir de votre vie...

— Vous!...

— Moi.

— Pablo, tu l'entends. Que lui ai-je donc fait, mon Dieu! — murmura dom Diégo, — à qui en a-t-il?

— Rappelez-vous bien mes paroles, seigneur chanoine. Auprès du repas incomparable que je vous ai servi, les meilleurs mets vous sembleront insipides, les meilleurs vins amers, et votre appétit, un moment éveillé par ma puissance, s'anéantira de nouveau dès que je ne serai plus là pour le ressusciter.

— Mais, mon ami, s'écria le chanoine, vous pensez donc à... me....

L'homme au bonnet de coton et à la veste blanche interrompit de nouveau le chanoine et s'écria :

— En vous souvenant des délices que je vous ai fait goûter un moment, seigneur chanoine,... vous serez comme ces anges déchus qui ne se rappellent les joies célestes du paradis que pour les regretter au milieu des lamentations et des grincemens de dents.

— Mon bon ami, de grâce, un mot!

— Vous grincerez des dents, chanoine! — s'écria le cuisinier d'une voix formidable qui retentit au fond de l'âme de dom Diégo comme le bruit de la trompette du jugement dernier;—vous serez comme une âme... non, vous n'avez pas d'âme; vous serez comme un estomac en peine, allant, venant, flairant, effleurant tous les mets les plus recherchés que l'on vous pourra servir, et vous écriant avec des gémissemens terribles en vous souvenant du déjeuner de ce matin : « Hélas! hélas! mon appétit a passé » comme une ombre; ces mets exquis, je ne les goûterai » plus! Hélas! hélas! » Alors, dans votre désespoir, vous maigrirez, m'entendez-vous, chanoine! vous maigrirez!

— Grand Dieu! Pablo! Le malheureux! que dit-il?

— Jusqu'à présent, malgré votre perte d'appétit, vous avez encore vécu sur votre graisse, comme les marmottes pendant l'hiver, mais désormais vous subirez la double et terrible atteinte de la perte de l'appétit et des regrets désespérés que je vous laisserai. Aussi vous dis-je : vous maigrirez, chanoine; oui, vos joues s'affaisseront, votre triple menton fondra comme la cire au soleil, ce ventre énorme s'aplatira comme une outre dégonflée; ce teint, qui d'aujourd'hui refleurissait, s'étiolera, jaunira sous vos larmes, et vous deviendrez maigre, décharné, livide comme un anachorète vivant de racines et d'eau claire... Entendez-vous, chanoine!

— Pablo... murmura dom Diégo en s'appuyant sur son majordome et fermant les yeux, — soutiens-moi... je me sens frappé à mort... il me... semble... que je vois apparaître mon propre spectre... tel que vient de le pourtraire ce démon ! Oui, Pablo, je me vois maigre... décharné... livide!... O mon Dieu! c'est affreux... c'est horrible!... C'est une punition divine de mon péché de gourmandise.

— Seigneur, rassurez-vous, —dit le majordome.

Et s'adressant au cuisinier avec un mélange de crainte et de courroux,

— Pouvez-vous prendre à tâche d'accabler un excellent et vénérable homme comme le seigneur dom Diégo !

— Et maintenant,—reprit impitoyablement le cuisinier, —adieu, chanoine... et, pour toujours, adieu !

— Adieu! pour toujours adieu ! — s'écria dom Diégo avec un violent soubresaut, et comme s'il eût reçu une commotion électrique. Comment!... il serait vrai ?... vous m'abandonneriez à jamais! Oh! non, non, je devine tout maintenant: en me faisant sentir les regrets que me causerait votre perte, vous voulez mettre vos services à un plus haut prix. Eh bien! parlez... que vous faut-il?...

— Ah! ah! ah! ah! — fit l'homme au bonnet de coton et à la veste blanche avec un éclat de rire méphistophélique et en se dirigeant lentement vers la porte.

— Non, non, —s'écria le chanoine les mains jointes, — non, vous ne m'abandonnerez pas ainsi !... ce serait atroce !... ce serait sauvage !... ce serait laisser un infortuné voyageur au milieu d'un désert brûlant, après lui avoir fait entrevoir les délices d'une oasis pleine d'ombre et de fraîcheur.

— Vous avez dû, dans votre temps, être un grand prédicateur, chanoine,—dit l'homme à la veste blanche en continuant de se diriger vers la porte.

— Grâce ! grâce !—s'écria dom Diégo d'une voix éplorée, en fondant en larmes, — Eh bien ! ce n'est plus à l'artiste, au cuisinier de génie que je m'adresse, c'est à l'homme; oui, c'est mon semblable que je supplie à genoux (et m'y voilà) de ne pas laisser un de ses frères dans une désolation incurable !

— Oui, et me voilà aussi à vos genoux, seigneur cuisinier, — s'écria le digne majordome, entraîné par l'émotion de son maître, en se mettant à genoux comme lui; c'est une pauvre créature bien humble qui joint sa prière à celle du seigneur dom Diégo ; hélas ! ne l'abandonnez pas, il en mourra !

— Oui,—reprit le cuisinier avec un redoublement d'éclat de rire satanique,— il en mourra, et il mourra maigre !

Ce dernier sarcasme changea le désespoir de dom Diégo en fureur; il se releva prestement malgré son obésité, et se précipite sur l'homme en bonnet de coton en s'écriant :

— A moi, Pablo !... le monstre ne fera plus la cuisine pour personne ! sa mort seule pourra me délivrer de son infernale obsession !

— Seigneur, — s'écria le majordome moins exalté que son maître, — seigneur, que faites-vous ? la douleur vous égare !

Heureusement l'homme à la veste blanche, au premier mouvement agressif de dom Diégo, s'était reculé de deux pas en se mettant sur la défensive au moyen de son grand couteau de cuisine, qu'il brandissait d'une main, tandis que de l'autre il montrait une lardoire aiguë.

A la vue du formidable tranchelard et de la lardoire effilée comme une dague, la meurtrière exaspération du chanoine se dissipa, mais ces émotions violentes, le bouillonnement de son sang, le trouble de sa digestion, lui causèrent une telle révolution, qu'il chancela et tomba sans connaissance entre les bras du majordome, qui, trop faible pour soutenir une pareille masse, s'affaissa lui-même sous le poids de son maître en criant de toutes ses forces :

— Au secours ! au secours !

Alors l'homme à la veste blanche disparut en poussant un dernier et retentissant éclat de rire qui eût fait honneur à Satan et qui terrifia le majordome.

IX.

Plusieurs jours s'étaient écoulés depuis que le chanoine dom Diégo avait été impitoyablement abandonné par l'étrange et inimitable cuisinier dont nous avons parlé.

La scène suivante se passait chez l'abbé Ledoux entre lui et le chanoine :

Les menaçantes prédictions du « grand homme de cuisine » commençaient à se réaliser. Dom Diégo, pâle, abattu, le teint jauni par l'abstinence, car tout mets lui avait paru fade, nauséabond, depuis ce merveilleux déjeuner auquel il rêvait sans cesse; dom Diégo n'était presque plus reconnaissable : son ventre énorme avait déjà perdu de sa rotondité. Le pauvre homme, dont l'attitude et la physionomie trahissaient un abattement profond, répondait à peine, et d'un ton dolent, aux questions de l'abbé Ledoux. Celui-ci allait et venait avec agitation dans son salon, s'adressant au chanoine d'une voix rude et fâchée.

— En vérité, vous n'avez pas la moindre énergie, dom Diégo, — lui disait-il ; — vous êtes d'une apathie désespérante !

— Cela vous est bien facile à dire, — murmura le chanoine d'une voix lamentable.—Je voudrais bien vous voir à ma place..... Hélas!

— Allons donc ! C'est honteux !

— Accablez-moi, l'abbé, maudissez-moi ; mais, que voulez-vous : depuis que ce maudit m'a si atrocement abandonné, je ne vis plus, je ne mange plus, je ne dors plus ! Ah! il me l'avait bien dit : « Mon souvenir et ma figure vous poursuivront partout, chanoine ! » Et, en effet, je pense toujours à ces œufs de pintade, à cette truite à cette rôtie à la Sardanapale ! et lui, je le vois toujours et partout, avec sa veste blanche, et son bonnet de coton : c'est comme une hallucination ! Cette nuit encore, cédant à un sommeil fiévreux, agité, j'ai rêvé de ce démon !

— De mieux en mieux, chanoine !

— Quel cauchemar ! Jésus, mon Dieu ! quel horrible cauchemar ! Il m'avait servi un de ces plats exquis, divins, que seul il a le génie de produire... Et il me disait de son air sardonique : Mangez donc, chanoine, mangez donc ! C'était, je me le rappelle, je la vois encore, une canne pétière (1), sauce à l'orange... J'avais un appétit dévorant, je prenais ma fourchette et mon couteau pour découper cette trop adorable canne pétière... Je découpais, j'enlevais les filets, dorés en dessus, rosés en dedans, et marbrés d'une graisse si fine, si délicate ! Mille gouttelettes d'un jus vermeil apparaissaient sur la chair comme autant de gouttes d'une rosée succulente, tant ce gibier était rôti à point... Je l'arrosais de plusieurs cuillerées d'une sauce à l'orange dont le fumet chatouillait toutes les papilles de mon palais, épanouies d'avance... Je prenais au bout de ma fourchette un de ces filets, véritable bouchée de roi... J'ouvrais la bouche.... soudain un ricanement féroce de mon bourreau retentissait, et, horreur ! je n'avais plus au bout de ma fourchette qu'un gros morceau de lard rance, jaune, gluant, infect. «Mangez donc, chanoine!» me répétait ce maudit, de sa voix stridente. «Mangez donc!» Et, malgré moi, malgré mon épouvantable répugnance, je mangeais ! Oui, l'abbé, je mangeais cet affreux lard. Tenez, quand j'y pense, pouah ! c'était horrible!... Et je m'éveillai en fondant en larmes... Avant-hier, autre rêve odieux! il s'agissait de foies de lotte en caisse... et...

— Allez au diable, chanoine! —s'écria l'abbé, qui s'était déjà contraint à grand'peine pendant le récit du cauchemar gastronomique de dom Diégo, — vous feriez damner un saint avec vos sornettes!

— Des sornettes! — s'écria le chanoine, exaspéré.—

(1) Gibier rare, d'une délicatesse exquise. Il y en a quelques passages en Beauce.

Comment! Voilà huit jours que je n'ai pu avaler que quelques cuillerées de chocolat, tant je suis écœuré, affadi...
comment! j'ai eu la conscience d'aller passer deux heures
assis dans les *musées* de *Chevet* et de *Bontoux*, espérant que
peut-être la vue de leurs rares collections de comestibles
exciteraient en moi une velléité d'appétit. Et rien, rien!
Non! le souvenir de ce déjeuner céleste était là, toujours
là, écrasant tout, annihilant tout par la seule puissance
de son souvenir chéri! Ah! l'abbé, l'abbé je n'ai jamais
aimé, mais depuis trois jours je comprends tout ce qu'il y
a d'exclusif dans l'amour; je comprends qu'un homme
passionnément amoureux reste indifférent à la vue des
plus belles créatures du monde, ne songeant, hélas!
trois fois hélas! qu'à l'objet adoré qu'il regrette.

— Mais, chanoine, — s'écria l'abbé en considérant dom
Diégo avec inquiétude, — savez-vous que cela tourne au
délire, à la folie!

— Eh! mon Dieu! je le sais bien, l'abbé, ma tête se
perd. Ce séducteur maudit a emporté avec lui ma vie et
ma pensée. Dans la rue, je dévisage tous les passants,
tant je suis possédé de l'espoir de le rencontrer. Grand
Dieu! si ce bonheur m'arrivait! Oh! il ne serait pas in-
sensible à mes larmes, à mes prières! — « Cruel, perfide,
» lui dirais-je, regarde-moi! Vois sur mes traits la mar-
» que de mes souffrances! Seras-tu sans pitié? Non, non!
» Grâce! grâce! »

Et le chanoine, se renversant dans son fauteuil, cacha
sa figure dans ses mains et éclata en sanglots.

— Mon Dieu! mon Dieu, que je suis malheureux! — s'é-
cria le chanoine.

— Quelle double brute! il en deviendra fou s'il ne l'est
déjà, — se dit l'abbé. — Je ne m'en plaindrais pas; car, sa
folie constatée, il ne sortirait pas de notre maison, et,
somme toute, sa nièce ou lui, peu importe.

L'abbé s'approcha alors du chanoine avec componction, et lui dit doucement:

— Allons, mon frère, soyez raisonnable, calmez-vous;
peut-être faut-il voir dans ce qui vous arrive une punition
du ciel.

— Je le pense comme vous, l'abbé. Ce tentateur sortait
de l'enfer. Il n'est pas donné à une créature humaine de
faire ainsi la cuisine. Ah! l'abbé, il faut que je sois un
grand pécheur, car ma punition est terrible.

— Vous vous êtes, en effet, adonné sans frein, sans mesure, à l'un des plus immondes des *péchés capitaux*, à la
GOURMANDISE, mon cher frère, et, je vous le répète, le ciel
vous punit, comme c'est son habitude, par où vous
avez péché.

— Pourtant, après tout, quel est mon crime? J'ai simplement usé des dons admirables du Créateur; car, enfin,
ce n'est pas moi qui pour les savourer ai créé tout exprès
les faisans, les ortolans, les foies gras, les truites saumo-
nées, les truffes, les huîtres, les homards, les vins de.....

— Mon frère! mon frère! — s'écria l'abbé en interrompant cette appétissante énumération; — mon frère,
vos paroles sentant le matérialisme, le panthéisme, l'hérésie! Vous n'êtes pas dans un état d'esprit assez calme
pour m'entendre réfuter comme il convient ces systèmes
impies, abominables, qui mènent droit au paganisme. Mais
il y a un fait, c'est que vous souffrez, mon frère; vous
souffrez cruellement; eh bien! c'est à nous de baiser vos
plaies, mon tendre frère; c'est à nous d'y répandre le miel
et le baume.

A ces mots, le chanoine fit une grimace involontaire;
car, dans sa monomanie gastronomique, cette idée de
miel et de *baume* lui semblait singulièrement *fadasse* et
sans aucun ragoût.

L'abbé continua:

— Voyons, cher frère, remontons à la cause de tous
vos maux.

— Hélas! l'abbé, c'est la perte de mon appétit.

— Soit, mon frère; et qui a causé la perte de votre appétit?

— Ce misérable! s'écria le chanoine courroucé; cet
infâme capitaine Horace!

— Il est vrai... Eh bien! je vous prêcherai toujours la
maxime du pardon des injures, mon cher frère; mais
aussi je vous recommanderai toujours une inexorable sévérité contre les sacrilèges.

— Quels sacrilèges, l'abbé?

— Le capitaine Horace et un de ses matelots n'ont-ils pas
osé franchir les murs sacrés du couvent où vous aviez ren-
fermé votre nièce? N'ont-ils pas eu l'audace d'enlever
cette malheureuse, qu'heureusement nous avons reprise?
Cette énormité en d'autres temps eût motivé le feu sécu-
lier, mais elle sera punie un jour par le feu éternel.

— Et il n'aura que ce qu'il mérite, ce scélérat de capitaine! — s'écria dom Diégo d'un air féroce; — oui, il cuira,
il rissolera à petit feu pendant l'éternité dans la daubière
de Satan, où il sera humecté avec un coulis de plomb
fondu, après avoir été lardé avec du fer rouge. Telle sera
sa punition, je l'espère bien!

— Soit! mais en attendant cette expiation éternelle, pourquoi ne pas le punir ici-bas? pourquoi avez-vous la coupable faiblesse de renoncer à votre demande en poursuites
contre ce mécréant? Je ne veux certes point vous rappeler
que cet homme est la cause première de où que vous appelez tous vos maux, c'est-à-dire la perte de cet appétit.

— C'est vrai; ah! c'est un grand criminel!

— Alors, mon frère, comment, encore une fois, avez-
vous été assez faible pour renoncer à vos poursuites contre
lui? Vous ne me répondez pas; vous semblez embarrassé.

— C'est que...

— C'est que?

— Hélas! l'abbé, vous allez me gronder, me sermoner
encore.

— Enfin expliquez-vous, mon frère.

— Que vous dirai-je? c'est sa faute; car, depuis qu'il a
disparu, toutes mes pensées vivent de lui et retournent
à lui.

— Qui, lui?

— Cet ange ou ce démon.

— Quel ange? quel démon?

— Le cuisinier.

— Encore!

— Toujours!

— Allons, — dit l'abbé en haussant les épaules, — du
moins expliquez-vous, mon frère.

— Eh bien, l'abbé, sachez donc que le surlendemain du
jour fatal où j'avais déjeuné comme je ne déjeunerai plus
jamais, hélas!.. au plus fort de mon désespoir, je reçus
un billet mystérieux.

— Et ce billet, que contenait-il, mon frère?

— Le voici.

— Vous l'avez gardé?

— Il est peut-être de son écriture chérie, — murmura
le chanoine avec une navrante mélancolie, — et il remit
le billet à l'abbé Ledoux, qui lut ce qui suit:

    « Seigneur chanoine,
» Il te reste peut-être un moyen de me revoir un jour.
» Tu connais maintenant les délices dont je peux te com-
» bler.
» Tu connais aussi les terribles tourmens que te fait en-
» durer mon absence.
» Avant-hier, n'ayant pas encore ressenti ces tourmens
» dans toutes leurs angoisses, tu aurais peut-être refusé à ce
» que j'attends de toi.
» Aujourd'hui, que tes souffrances passées te seront ga-
» rant de tes peines à venir, écoute-moi.
» Ces souffrances, tu peux les faire cesser.
» Il faut pour cela m'accorder trois choses.
» Je te demanderai aujourd'hui la première.
» Dans huit jours la seconde.
» Dans quinze jours la troisième.
» Je proportionne ainsi l'importance de mes demandes
» à la progression de tes tourmens, car plus tu souffriras,
» plus tu me regretteras, et plus tu te montreras docile.
» Ma première demande, la voici: »

» Remets au porteur de ce billet ton désistement de
» toute poursuite contre le capitaine Horace.

» Donne-moi par cet acte une preuve de ton désir de
» me satisfaire, et alors tu pourras espérer de retrouver :

» APPÉTIT. »

X.

Lorsque l'abbé Ledoux eut achevé la lecture du billet,
réfléchit un moment en silence, pendant que le chanoine, répétant les derniers mots de la lettre, disait amèrement :

— Et tu pourras espérer de retrouver Appétit. Quelle
sauvage ironie dans cet impitoyable calembour !

— Cela est singulier, — dit l'abbé tout pensif. — Et le
porteur de cette lettre, l'avez-vous vu, dom Diégo ?

— Si je l'ai vu ! Pouvais-je perdre cette occasion de
parler de lui ?

— Eh bien ?

— Eh bien ! j'avais l'air de parler hébreu à cet animal !
A mes questions les plus pressantes, il répondait d'un air
stupide ; je n'ai pu même tirer de lui le nom ou l'adresse
de la personne qui m'avait envoyé ce billet.

— Ainsi, chanoine, c'est pour obéir à ce que vous en-
joignait cette lettre que vous avez renoncé à vos poursuites contre ce renégat de capitaine Horace ?

— Oui, car un moment j'ai espéré, par ma déférence
aux désirs de celui qui tient ma vie entre ses mains, amol-
lir son cœur de roche ; mais, hélas ! cette concession ne
l'a pas touché.

— Quels rapports peuvent donc exister entre ce maudit
cuisinier et le capitaine Horace ? — se dit l'abbé Ledoux
en réfléchissant encore.—Cela cache quelque manége.

Puis après un nouveau silence, il ajouta :

— Dom Diégo, écoutez-moi : je ne vous dirai pas de renoncer à l'espoir d'avoir un jour à votre service ce cuisinier que vous prisez tant ; je n'insisterai pas sur les dangers dont est menacé votre salut par suite de votre abominable gourmandise : vous êtes en ce moment dans un
tel état de surexcitation, que vous ne comprendriez pas.

— Je le crains, l'abbé.

— Moi, j'en suis sûr, chanoine ; j'agirai donc avec vous
ainsi que l'on agit, permettez-moi de vous le dire, avec
les monomanes. Je me mettrai, quant à présent, à votre
point de vue, si extraordinaire qu'il soit. Aussi vous dirai-
je que vous avez justement fait tout le contraire de ce
qu'il fallait faire pour dominer cet homme qui, ainsi que
vous le dites, dispose de votre sort.

— Expliquez-vous, mon cher abbé.

— D'après tout ce que vous m'avez confié, évidemment
ce cuisinier n'a nul besoin de place ; instruit de votre
goût favori, il n'a cherché qu'un prétexte pour s'introduire
chez vous ; sa connivence avec le capitaine Horace ne
vous prouve-t-elle pas que leur plan était arrêté d'avance,
et qu'ils comptaient se servir de votre gourmandise pour
avoir, comme on dit, barre sur vous ?

— Grand Dieu ! — s'écria dom Diégo, — c'est un trait de
lumière !

— Avouez-vous maintenant votre aveuglement ?

— Quelle trame infernale ! quel atroce machiavélisme !
—murmura le chanoine avec effroi.

Et il ajouta avec un découragement plein d'amertume
et de misanthropie :

— Tant de dissimulation ! tant de perfidie jointe à un si
beau génie ! O humanité ! humanité !

— Je poursuis, — reprit l'abbé. — Vous vous êtes déjà
privé, par votre insigne faiblesse, de l'un des trois moyens
d'action que vous aviez sur ce « grand homme de cuisine ; » car, ainsi qu'il a l'effronterie de vous en prévenir,
il a encore deux choses à exiger de vous, et il compte assez sur votre facilité déplorable pour être certain de les

obtenir. Or, une fois ce but atteint, il se moquera de vous
et vous ne le reverrez plus.

— L'abbé, c'est impossible !

— Comment ?

— Je vous dis, l'abbé, qu'une pareille trahison est impossible. Il ne faut pas non plus croire que les hommes
sont des bêtes féroces, des monstres !

— Je crois, chanoine,— répondit l'abbé en haussant les
épaules,—je crois qu'un cuisinier qui vous donne bénévole-
ment des vins à un ou deux louis la bouteille...

— Allons donc ! — s'écria dom Diégo.— Ni un, ni deux,
ni dix louis ne les paieraient, ces vins-là ! C'est du nectar,
l'abbé ! c'est de l'ambroisie, vous dis-je !

— Raison de plus, chanoine ; un cuisinier qui vous
prodigue une ambroisie si coûteuse n'a pas besoin de se
mettre à vos gages, j'imagine ?

— Je ne lui ai pas seulement offert des gages, je lui ai
offert aussi mon amitié, l'abbé, à ce perfide. Je lui ai dit :
« Ami, je ne serai pas votre maître, je serai votre admirateur. »

— Vous voyez qu'il se soucie aussi peu de votre amitié
que de votre admiration.

— Ah ! ce serait un grand ingrat !

— Soit ; mais si vous voulez à votre tour mettre cet ingrat dans votre dépendance, il ne vous reste qu'un moyen.

— Le mettre dans ma dépendance ! Oh ! l'abbé, si vous
opériez ce miracle ! mais non, non, vous êtes sans pitié,
vous vous jouez de ma crédulité !

— Le miracle est bien simple : refusez-vous absolument
à tout ce que cet homme exigera, car, s'il n'a pas besoin
de votre amitié ou de votre admiration, il a évidemment
grand besoin, par exemple, de votre désistement à l'endroit de vos poursuites contre le capitaine Horace. Refusez donc. Alors vous tiendrez votre homme. Je ne sais pour
combien de temps vous le tiendrez ; mais enfin, vous
le tiendrez. Nous verrons ensuite à prolonger votre do-
mination. Je suis, vous le voyez, homme de bon conseil.

— L'abbé, vous m'ouvrez les yeux ; vous avez raison,
c'est en me refusant à ses désirs que je l'obligerai de revenir à moi.

— En convenez-vous, enfin ?

— J'étais aveugle, inepte ! Mais que voulez-vous, l'abbé,
le désespoir, l'inanition ! L'estomac réagit si terriblement
sur le cerveau ! Ah ! pourquoi ai-je eu la faiblesse de signer ce désistement de poursuites ?

— Il est temps encore de revenir sur cette mesure.

— Vous croyez, l'abbé ?

— J'en suis certain, je connais des personnes très in-
fluentes dans la magistrature.

— Quelle chance , l'abbé, quelle chance !

— Nous avons des amis partout. Or, voici ce qu'il faut
faire : vous allez sur l'heure formuler une plainte en bonne forme ; nous irons la déposer immédiatement au par-
quet du procureur du roi. Nous lui dirons que l'autre jour,
étant très souffrant, n'ayant presque pas la tête à vous,
vous aviez signé votre désistement, mais que songeant à
la grandeur du crime sacrilége du capitaine Horace, vous
croiriez manquer à votre double caractère de chanoine et
de tuteur en ne livrant pas le ravisseur à toute la rigueur
des lois. Commencez par cet acte de vigueur, et vous verrez bientôt arriver à vous, humble et soumis à vos volontés, cet insolent qui vous dicte ses ordres.

— Abbé ! cher abbé ! vous me sauvez la vie !

— Attendez, ce n'est pas tout. Ce mystérieux inconnu,
qui s'intéresse tant au capitaine Horace, doit s'intéresser
aussi à son mariage avec votre nièce. Evidemment, cette
intrigue aboutit là ; car, tenez, je gagerais cent contre un
que l'une des deux choses que cet impertinent se réser-
vait de vous demander, c'était votre consentement à ce
mariage.

— Quelle profondeur de scélératesse ! — s'écria le chanoine. — Quelle machination diabolique ! Il n'y a plus à en
douter, l'abbé : tel était le plan de ce malheureux-là. Oh !
si je pouvais le dominer à mon tour !

— Le moyen est fort simple, et d'ailleurs, en tout état de cause, d'après les ramifications de cette ténébreuse intrigue dont votre nièce est le but, il y aurait de graves dangers à la laisser à Paris, et quelque parti que vous preniez à son égard...

— Elle entrera au couvent!—s'écria le chanoine;—cela m'arrange sous tous les rapports; elle m'a déjà causé assez de tracas, assez de soucis; je n'aime point du tout à jouer le rôle de tuteur de comédie.

— Votre nièce entrera donc au couvent; mais la laisser à Paris, c'est la laisser exposée aux machinations des amis du capitaine Horace, et vous savez quelle est leur audace. Peut-être serait-elle enlevée une seconde fois. Jugez quels nouveaux ennuis pour vous!

— Mais où l'envoyer, cette damnée fille?

— Qu'elle parte pour Lyon, aujourd'hui même; nous avons dans cette ville une excellente maison : une fois qu'on y est entré, impossible d'en sortir ou de communiquer avec le dehors. Voici donc ce que nous allons faire : d'abord nous rendre à l'instant au palais de justice; là je trouverai un personnage influent qui me recommandera au procureur du roi, entre les mains de qui vous déposerez votre plainte; ensuite nous courons au couvent; il y a toujours sous les, remises, pour les cas imprévus, une voiture de voyage toute prête; une de nos chères sœurs et un homme sûr et résolu accompagneront votre nièce; vous lui signifiez vos ordres : dans deux heures elle est sur la route de Lyon, et, avant la fin de la journée, le capitaine Horace est coffré, car, croyant votre plainte retirée, il a dû sortir de la retraite où nous n'avions pu d'abord le découvrir; une fois ce mécréant arrêté et votre nièce hors de Paris, vous verrez accourir chez vous le seigneur Appétit, et avec un peu d'adresse,—je vous aiderai, s'il le faut,—vous le tiendrez à merci et userez de lui comme vous le voudrez.

— Cher abbé! vous êtes mon sauveur!—s'écria le chanoine en se levant, le visage rayonnant d'espérance; — vous êtes un homme supérieur; le père Benoît me l'avait bien dit à Cadix. Partons! partons! je m'abandonne aveuglément à vos conseils; tout me dit qu'ils sont excellens et qu'ils mettront à jamais en ma puissance celui-là qui est à la fois pour moi un ange et un démon.

— Partons donc, mon cher dom Diégo,—dit l'abbé en prenant son chapeau à la hâte et en entraînant le chanoine.

Au moment où l'abbé ouvrait la porte du salon, il se trouva face à face avec le docteur Gasterini, qui entrait familièrement chez le saint homme sans être annoncé.

L'abbé allait adresser la parole au docteur lorsqu'à un grand cri poussé par le chanoine, il se retourna brusquement, et vit dom Diégo pâle, immobile, le regard fixe, les mains jointes; ses traits exprimaient à la fois la stupeur, le doute, l'angoisse et l'espérance. Enfin, s'adressant à l'abbé, qui ne comprenait rien à cette émotion subite, le chanoine, désignant le docteur du geste, balbutia d'une voix assurée :

— C'est... c'est... lui... le... le...

Mais dom Diégo ne put en dire davantage, et, brisé par l'émotion, il s'assit pesamment dans un fauteuil, pâlit, ferma les yeux et tomba en faiblesse.

— Diable! le chanoine ici?—se dit le docteur Gasterini.—Maudite rencontre!

L'abbé Ledoux, à l'aspect de dom Diégo tombant en faiblesse, tableau peu touchant, s'écria en s'adressant au docteur :

— Mais, en vérité, je crois que le chanoine se trouve mal! Qu'a-t-il donc? Vous arrivez à propos, mon cher docteur : tenez, voici des sels; je vais les lui faire respirer.

A peine le flacon eut-il été placé sous les larges narines du chanoine qu'il éternua violemment avec une sorte de mugissement caverneux; puis, sortant de son anéantissement passager et revenant tout à fait à lui, mais n'ayant pas encore la force de se lever, il tourna vers le docteur ses regards languissans, tout noyés de larmes, et lui dit avec un accent qui voulait être courroucé, mais qui n'était que tendre :

— Ah! cruel!

— Cruel! — reprit l'abbé stupéfait, — et pourquoi appelez-vous le docteur cruel, dom Diégo?

— Oui, — reprit le médecin revenu parfaitement calme et souriant, — quelle cruauté avez-vous à me reprocher, monsieur?

— Tu me le demandes, ingrat! — murmura le chanoine, — tu me le demandes!

— Comment! vous tutoyez le docteur? — dit l'abbé, — vous le traitez d'ingrat?

— Le docteur? — dit le chanoine, — quel docteur?

— Mais, mon ami, auquel vous parlez, — dit l'abbé, — mon ami que voilà, le docteur Gasterini.

— Lui! — s'écria le chanoine en se levant soudain;—je vous dis que c'est mon tentateur, mon séducteur!

— Au diable! il le voit partout!—dit impatiemment l'abbé. — Je vous répète que monsieur est le docteur Gasterini, mon ami.

— Et moi, je vous répète, l'abbé, — s'écria dom Diégo, — que monsieur est le grand homme de cuisine dont je vous ai parlé!

— Docteur! — dit vivement l'abbé, — au nom du ciel! expliquez ce quiproquo.

— Il n'y a pas de quiproquo du tout, mon cher abbé.

— Comment?

— Le seigneur chanoine dit vrai, — répondit le docteur Gasterini;—avant-hier, j'ai eu le plaisir de faire la cuisine chez lui, car pour avoir l'honneur de se dire gourmand, il faut savoir pratiquer soi-même la science culinaire.

XI.

L'abbé, frappé de stupeur, regardait le docteur Gasterini, ne pouvant croire à ce qu'il entendait; enfin il s'écria:

— Comment! docteur, vous avez fait la cuisine chez le seigneur dom Diégo! vous! vous!

— Oui, moi, mon cher abbé.

— Un docteur! —reprit à son tour le chanoine ébahi, — un médecin!

— Oui, monsieur le chanoine, — répondit M. Gasterini, — je suis médecin, ce qui ne m'empêche pas, dis-je, de faire passablement la cuisine.

— Passablement! — s'écria le chanoine, — dites donc divinement! Mais que signifie...

— Je comprends tout! — reprit l'abbé Ledoux, après être resté un moment silencieux et pensif, — la trame était habilement ourdie.

— Que comprenez-vous, l'abbé? de quelle trame parlez-vous? —reprit le chanoine, qui, son premier étonnement passé, commençait aussi à trouver fort étrange qu'un médecin fût un cuisinier si extraordinaire; — de grâce, expliquez-vous, l'abbé.

— Savez-vous, dom Diégo,—reprit l'abbé avec un sourire amer et courroucé, — savez-vous qui est M. le docteur Gasterini?

— Mais...— répondit le chanoine en balbutiant, et en s'essuyant le front, car il faisait des efforts surhumains pour pénétrer ce mystère, — tout ceci se complique... si étrangement... que...

— M. le docteur Gasterini, — s'écria l'abbé,— est l'oncle du capitaine Horace!

— Il serait vrai! — dit le chanoine stupéfait,— l'oncle du capitaine Horace!

— Comprenez-vous maintenant, dom Diégo, le tour diabolique que le docteur vous a joué? Comprenez-vous qu'il a mis en action votre déplorable gourmandise, afin d'avoir prise sur vous et de vous amener d'abord à renoncer à vos poursuites contre son neveu le capitaine Horace, et ensuite à vous amener aussi à consentir sans doute au mariage du capitaine avec votre nièce? Comprenez-vous enfin jusqu'à quel point vous avez été trahi, dupé? voyez-vous la profondeur de l'abîme où vous avez failli tomber?

— Jésus, mon Dieu! ce grand homme de cuisine est docteur! Il est l'oncle du capitaine Horace! — murmurait le chanoine étourdi de cette révélation. — Ce n'est pas un véritable cuisinier! Oh! illusion des illusions!

Le docteur restait muet et imperturbable.

— Hein! avez-vous été assez dupe! — reprit l'abbé, — avez-vous joué un rôle assez ridicule, assez honteux! et croyez-vous maintenant que l'illustre docteur Gasterini, l'un des princes de la science, qui à cinquante mille livres de rente, ira se mettre cuisinier à vos gages! Avais-je tort de vous dire que l'on se moquait cruellement de vous?

Chacune des paroles de l'abbé exaspérait la colère, la douleur, le désespoir du malheureux chanoine. Cette dernière observation surtout : — *Croyez-vous que le célèbre docteur Gasterini ira se mettre à vos gages?* portait un coup mortel aux dernières illusions que dom Diégo aurait pu conserver. Aussi, s'adressant du docteur, il lui dit avec une rage à peine contenue :

— Ah! monsieur, monsieur, vous vous souviendrez du mal que vous m'avez fait! J'en mourrai peut-être, mais je me vengerai, sinon sur vous, du moins sur votre scélérat de neveu et sur mon indigne nièce, qui doit être aussi de cet abominable complot!

— Bien, courage, dom Diégo! cette vengeance si légitime ne se fera pas attendre, — reprit l'abbé Ledoux.

Et s'adressant au médecin avec ironie :

— Ah! docteur, docteur, vous êtes sans doute un homme très fin, très habile, mais, vous le savez, les meilleurs joueurs perdent souvent les plus belles parties; vous perdrez celle-ci.

— Peut-être, — dit le docteur en souriant, — qui sait?

— Venez, mon cher abbé, venez, — s'écria le chanoine pâle et exaspéré, — venez chez le procureur du roi, et ensuite nous hâterons le départ de ma nièce.

Et se retournant vers le docteur :

— Employer des armes si perfides, si déloyales! abuser avec cet odieux machiavélisme d'un homme confiant et inoffensif! Moi qui ai mangé les yeux fermés! moi qui me délectais au bord de l'abîme! Ah! monsieur, c'est abominable, mais je me vengerai.

— Et cela à l'instant, — dit l'abbé. — Allons, suivez-moi, dom Diégo. Mille pardons, cher docteur, de vous quitter si brusquement; mais, vous concevez, les momens sont précieux.

Le chanoine, bouillant de fureur, se disposait à suivre l'abbé, lorsque le docteur Gasterini dit d'une voix calme :

— Monsieur le chanoine, un mot, s'il vous plaît.

— Si vous l'écoutez, vous êtes perdu, dom Diégo! — s'écria l'abbé en entraînant le chanoine; — le malin esprit n'est pas plus insidieux que cet infernal docteur. Jugez-en d'après le tour qu'il vous a joué. Venez, venez!

— Monsieur le chanoine, — dit le docteur en saisissant dom Diégo par la manche droite, tandis que l'abbé, qui tenait le digne homme par la manche gauche, s'efforçait de se faire suivre par lui, — monsieur le chanoine, — reprit le docteur, — un seul mot, de grâce!

— Non, non! — dit l'abbé, — fuyons, dom Diégo, fuyons ce serpent tentateur!

Et l'abbé continuait d'attirer le chanoine par sa manche gauche.

— Un seul mot, — reprit le médecin, — et vous verrez combien ce cher abbé vous abuse à mon endroit.

Et le docteur ne lâchait point la manche droite du chanoine.

— L'abbé Ledoux m'abuse à votre endroit? c'est par trop fort! — s'écria dom Diégo. — Comment, monsieur, vous osez...

— Je vais vous prouver ce que j'avance, monsieur le chanoine, — dit vivement le docteur en sentant dom Diégo faire un imperceptible mouvement pour se rapprocher de lui.

L'abbé, redoutant la faiblesse du chanoine, l'attira violemment à lui en s'écriant :

— Rappelez-vous, malheureux, que notre mère Ève s'est perdue pour avoir prêté l'oreille à la première parole de Satan! Je vous adjure, je vous ordonne de me suivre à l'instant. Si vous mollissez, malheureux, prenez garde! Une seconde de plus, et c'est fait de vous. Partons, partons!

— Oui, oui! vous êtes mon sauveur, arrachez-moi d'ici, — balbutia le chanoine en se dégageant de l'étreinte du docteur; — malgré moi, je subissais déjà je ne sais quelle influence diabolique à l'aspect de ce démon: je me rappelais ces œufs de pintade au coulis d'écrevisses, cette truite au beurre de Montpellier glacé, cette céleste rôtie à la Sardanapale, et déjà, une funeste espérance... Fuyons, l'abbé il est temps, fuyons!

— Monsieur le chanoine, — dit le médecin avec anxiété, en s'attachant de toutes ses forces au bras de dom Diégo, — écoutez-moi, de grâce.

— *Vade retro, Satanas!* — s'écria dom Diégo avec horreur en s'échappant des mains du docteur; et, entraîné par l'abbé Ledoux, il touchait au seuil de la porte lorsque le médecin s'écria :

— Je vous ferai la cuisine tant que vous le voudrez et tant que je vivrai, dom Diégo! Accordez-moi cinq minutes, et je prouve ce que j'avance. Cinq minutes... Que risquez-vous?

À ces mots magiques : « Je vous ferai la cuisine tant que vous voudrez! » le chanoine parut cloué au seuil de la porte et n'en bougea plus, malgré les efforts de l'abbé, trop faible pour lutter contre la force d'inertie du gros homme.

— Mais vous êtes donc stupide! — s'écria l'abbé hors de lui, — vous êtes donc fou à lier!

— Accordez-moi cinq minutes, dom Diégo, — reprit le docteur, — et si je ne vous convaincs pas de la réalité de mes promesses, donnez alors un libre cours à votre vengeance. Encore une fois, que *risquez-vous?* Je ne vous demande que cinq pauvres minutes.

— En effet, — dit le chanoine en se tournant vers l'abbé, — que risquerai-je?

— Allez! vous ne risquez plus rien! — s'écria l'abbé, poussé à bout par la faiblesse du chanoine; — de ce moment, vous êtes perdu, bafoué. Allez, allez, jetez-vous bien vite dans la gueule du monstre, double et épaisse brute que vous êtes!

Ces mots, maladroitement échappés au courroux de l'abbé, blessèrent au vif l'amour-propre de dom Diégo; il reprit d'un air piqué :

— Je ne serai pas du moins assez brute, monsieur l'abbé, pour hésiter entre la perte de cinq minutes et la ruine de mes espérances, si faibles qu'elles soient.

— À votre aise, dom Diégo, — reprit l'abbé en se rongeant les ongles de colère; — vous êtes une bonne et grasse dupe à exploiter. Tenez, j'ai honte d'avoir eu pitié de vous.

— Pas si dupe, monsieur l'abbé, pas si dupe! — dit le chanoine d'un ton capable; — vous allez bien vous en apercevoir, et monsieur le docteur aussi, car il va sans doute s'expliquer.

— Oh! à l'instant, — s'empressa de répondre le docteur, — à l'instant, monsieur le chanoine, et très clairement, très catégoriquement.

— Voyons! — dit dom Diégo en gonflant ses joues d'un air important. — Vous savez, monsieur, que j'ai maintenant de puissantes raisons pour ne point me payer de chimères, car, ainsi que l'a dit monsieur l'abbé, je serais une grasse et bonne dupe, si après tant d'avertissemens, je me laissais abuser par vous.

— Oh! certes, — dit l'abbé dans son profond dépit, —

vous êtes un fier homme, chanoine, et bien capable de lutter contre ce fils de Belzébuth.

— Ceci s'adresse à moi, cher abbé, — dit le docteur en redoublant de courtoisie sardonique. — Êtes-vous ingrat ! je venais vous rappeler que vous m'aviez promis de venir dîner aujourd'hui chez moi... Permettez, monsieur le chanoine : cela n'est pas du tout étranger à notre sujet. Vous allez le voir.

— Oui, monsieur le docteur, — dit l'abbé, — je vous avais fait cette promesse ; mais...

— Vous la tiendrez, je n'en doute pas, et je vous rappellerai même que cette invitation est venue de ma part à la suite d'une petite discussion relative aux sept péchés capitaux. Encore une fois, monsieur le chanoine, je suis dans la question, vous allez le reconnaître tout à l'heure.

— Il est vrai, monsieur le docteur, — reprit l'abbé avec un sourire contraint, — je flétrissais, comme ils méritent de l'être, les sept péchés capitaux, causes de damnation éternelle pour les malheureux qui s'adonnent à ces abominables vices, et, dans votre rage de paradoxes, vous avez osé soutenir que....

— Que les sept péchés capitaux ont du bon, à un certain point de vue, dans une certaine mesure, et que la gourmandise, en son particulier, peut être une admirable cession.

— La gourmandise ! — s'écria le chanoine ébahi, — la gourmandise admirable !

— Admirable, monsieur le chanoine, — reprit le docteur ; — et cela, aux yeux des hommes les plus sages, les plus sincèrement religieux.

— La gourmandise, — répéta le chanoine, qui avait écouté le médecin avec une stupeur croissante, — la gourmandise !

— C'est mieux encore, monsieur le chanoine, — dit solennellement le docteur, — car pour ceux qui sont à même de la pratiquer, elle devient un impérieux devoir d'humanité.

— Un devoir d'humanité ! — répéta dom Diégo.

— Et surtout une question de haute civilisation et de grande politique, monsieur le chanoine, — ajouta le docteur d'un air si sérieux, si sincèrement convaincu, qu'il imposa au chanoine, lequel s'écria :

— Tenez, monsieur le docteur, si vous pouviez seulement me démontrer que...

— Mais vous ne voyez donc pas que M. le docteur se moque de vous ? — dit l'abbé en haussant les épaules. — Ah ! je vous le disais bien, malheureux dom Diégo, vous êtes perdu, à jamais perdu, dès que vous consentez seulement à écouter de pareilles sottises.

— Monsieur le chanoine, — se hâta d'ajouter le docteur, — résumons-nous, non par des raisonnemens, qui, je l'avoue, de ma part vous peuvent paraître spécieux, mais par des faits, par des actes, par des preuves, par des chiffres. Vous êtes à la fois gourmand et superstitieux ; vous n'avez pas la force de résister à l'appétence des bonnes choses ; puis, votre gourmandise satisfaite, vous avez peur d'avoir commis une grande faute, ce qui gâte parfois pour vous le plaisir de la bonne chère, et nuit surtout au calme et à la régularité dans vos digestions. Est-ce vrai ?

— C'est vrai, — répondit humblement le chanoine dompté, fasciné par la parole du docteur, — c'est trop vrai !

— Eh bien ! monsieur le chanoine, je veux, je vous le répète, non par des raisonnemens, si logiques qu'ils soient, mais par des faits visibles, palpables, par des chiffres, vous convaincre : 1° qu'en étant gourmand, vous accomplissez une mission hautement philanthropique, civilisatrice et politique ; 2° que je puis et pourrai vous faire manger et boire, quand vous le voudrez, d'une manière encore plus exquise qu'aujourd'hui.

— Et moi je vous dis, — s'écria l'abbé, stupéfait de l'assurance du docteur, — je vous dis que si vous prouvez par des faits, par des chiffres, comme vous le prétendez, qu'être gourmand, c'est accomplir une mission d'huma-

nité, ou de haute civilisation et de grande politique, je vous jure d'être l'adepte de cette philosophie, si absurde, si insensée qu'elle paraisse.

— Et si vous me prouvez, monsieur le docteur, que vous pouvez me rouvrir, et pour toujours, les portes de ce paradis culinaire que vous m'avez entr'ouvertes avant-hier, — s'écria le chanoine palpitant d'une espérance involontaire, — si vous me prouvez que j'accomplis un devoir social en me livrant à la gourmandise, vous pourrez disposer de moi ; je serai votre séide, votre esclave, votre chose !

— C'est convenu, monsieur le chanoine ; c'est convenu, l'abbé ; vous allez être satisfaits. Partons.

— Partir ! — dit le chanoine, — et où cela, monsieur le docteur ?

— Chez moi, seigneur dom Diégo.

— Chez vous ? — dit l'abbé d'un air méfiant, — chez vous ?

— Ma voiture est en bas, — reprit le médecin, — dans un quart d'heure nous serons arrivés.

— Mais, monsieur le docteur, — reprit le chanoine, — pourquoi aller chez vous ? qu'y ferons-nous ?

— Chez moi seulement, monsieur le chanoine, vous pourrez trouver les preuves palpables, visibles, de ce que j'avance, car je venais rappeler au cher abbé que c'était aujourd'hui, le 20 novembre, le jour de la séance à laquelle je l'avais invité. Mais l'heure avance ; partons, messieurs, partons.

— Je ne sais si je rêve ou si je veille, — dit dom Diégo, — mais je me jette dans le gouffre les yeux fermés.

— Il faut, cher docteur, — ajouta l'abbé, — que vous soyez le diable en personne, car mon esprit, ma raison, se révoltent contre vos paradoxes ; je ne crois pas un mot de vos promesses, et il m'est impossible de résister à la curiosité de vous accompagner.

Le chanoine et l'abbé suivirent le docteur, montèrent avec lui dans sa voiture, et arrivèrent bientôt tous trois à la maison qu'il occupait.

XII.

Le docteur Gasterini habitait une charmante maison dans le faubourg du Roule ; il y arriva bientôt en compagnie du chanoine et de l'abbé Ledoux.

— En attendant l'heure du dîner, — dit le docteur à ses hôtes, — voulez-vous que nous fassions un tour de jardin ; cela me fournira l'occasion de vous présenter les huit enfans de ma pauvre sœur, mes neveux et mes nièces, que j'ai élevés, et bien placés dans le monde, le tout par pure gourmandise. Vous voyez, monsieur le chanoine, que nous sommes dans notre sujet.

— Comment ! monsieur le docteur, — reprit le chanoine, — vous avez élevé cette nombreuse famille par gourmandise ?

— Vous ne voyez pas que le docteur continue à se moquer de nous ! — dit l'abbé en haussant les épaules ; — c'est par trop fort aussi !

— Je vous donne ma parole d'honneur d'honnête homme, — reprit le docteur Gasterini, — et je vais vous prouver d'ailleurs dans un instant, par des faits, que si je n'avais pas été le plus gourmand des hommes, je n'aurais pas su créer à chacun de mes neveux ou nièces l'excellente position qu'ils exploitent en braves gens laborieux, honnêtes, intelligens, et qui concourent, chacun dans sa sphère, à la prospérité du pays.

— Ainsi, voilà des gens qui concourent à la prospérité du pays, — dit le chanoine en regardant l'abbé Ledoux avec ébahissement, — et cela... grâce à la gourmandise de monsieur le docteur ?

— Non, — s'écria l'abbé ; — ce qui me confond, c'est d'entendre soutenir de pareils paradoxes... jusqu'au dernier moment... et...

Mais, s'interrompant soudain, il ajouta en regardant avec surprise à quelques pas devant lui :

— Qu'est-ce donc que ce bâtiment, docteur?... on dirait des boutiques.

— C'est mon orangerie, — répondit le docteur, — et aujourd'hui, ainsi que tous les ans à pareille époque (jour anniversaire de ma naissance), on installe ici des boutiques.

— Comment! — dit l'abbé, — des boutiques, et pourquoi faire?

— Mais, parbleu! pour y vendre, mon cher abbé.

— Y vendre, quoi et à qui?

— Quant à ce qu'on vend, vous allez le voir; quant aux acheteurs, ils se composent de tous mes cliens, qui viennent ce soir passer ici la soirée.

— En vérité, docteur, je ne vous comprends pas.

— Vous savez, mon cher abbé, que depuis longtemps on organise souvent des boutiques tenues par les plus jolies femmes de Paris.

— Ah! très bien, — reprit l'abbé, — et le produit de la vente est pour les pauvres.

— C'est cela même; le produit de la vente de ce soir est destiné aux pauvres de mon arrondissement.

— Et par qui ces boutiques sont-elles tenues?—demanda le chanoine.

— Par les huit enfans de ma sœur, seigneur dom Diégo ; ils vendent là, dans le but charitable que je vous ai dit, les produits de leur industrie. Mais venez, messieurs, entrons; j'aurai l'honneur de vous présenter successivement mes neveux et mes nièces.

Et le docteur Gasterini introduisit ses hôtes dans une vaste orangerie. L'on y voyait en effet huit boutiques. Les caisses vertes d'un grand nombre d'orangers gigantesques formaient l'entourage et les séparations de ces boutiques, de sorte que chacune d'elles avait pour plafond un dôme de feuillage.

— Ah! monsieur le docteur! — s'écria le chanoine en s'arrêtant devant la première boutique avec admiration, — c'est magnifique!... de ma vie je n'ai rien vu de pareil!... C'est magique!

— Le fait est, — reprit l'abbé, — que c'est un coup-d'œil... unique !...

Voici ce qui causait la juste admiration des hôtes du docteur Gasterini.

Les caisses d'oranger formant l'enceinte de cette première boutique, étaient ornées de feuillages et de fleurs ; sur des gradins de bois rustique, couverts de mousse, on voyait disposés, avec un goût parfait, une collection de fruits, de légumes et de primeurs d'une beauté rare ; des ananas d'un jaune d'or à couronne verte surmontaient d'immenses corbeilles de raisins de toutes nuances, depuis le frankental d'un noir pourpré, jusqu'au thomery transparent et vermeil. Des pyramides de poires et de pommes des espèces les plus recherchées, d'une grosseur monstrueuse et diaprées des plus riantes couleurs, avaient pour faîtes des régimes de bananes, aussi dorées que si le soleil des tropiques les eût mûries. Plus loin, des figuiers nains en pots et couverts de figues violettes dominaient une rare collection de melons d'automne, de courges du Brésil et d'énormes patates violettes et blanches. Plus loin, de petites corbeilles de jonc étaient remplies de fraises de serre-chaude, rouges et parfumées, contrastant avec des champignons rosés et des truffes énormes d'un noir d'ébène, obtenues sur couche par la nouvelle culture. Puis enfin venaient les rares primeurs de cette époque de l'année : asperges vertes et laitues panachées.

Au milieu de ces merveilles du règne végétal, qu'elle achevait de grouper d'une manière pittoresque et charmante, on voyait une belle jeune femme élégamment vêtue à la mode des paysannes des environs de Paris.

— Je vous présente une de mes nièces, — dit le docteur à ses hôtes, — Juliette Dumont, cultivatrice de primeurs, de fruits de pleine terre et de serre chaude, à Montreuil-sous-Bois.

Et, s'adressant à la jeune femme, le docteur ajouta :

— Mon enfant, dis donc à ces messieurs combien toi et ton mari vous employez de jardiniers à vos cultures.

— Mais, mon bon oncle, nous employons toujours au moins une vingtaine d'hommes.

— Et leur salaire, mon enfant?

— D'après vos conseils, mon bon oncle, nous leur donnons, en outre des cinquante sous de fixe, une part dans nos bénéfices, afin de les intéresser comme nous à ce que nos cultures soient aussi soignées que possible. Nous nous trouvons le mieux du monde de cet arrangement, car nos jardiniers, ayant avantage comme nous à la prospérité de notre établissement, travaillent avec grand zèle. Aussi, cette année, leur part dans les bénéfices de la maison a porté leur journée à près de cinq francs.

— Et le mouvement général de vos affaires, de combien est-il à peu près par an, mon enfant?

— Mon bon oncle, grâce à nos pépinières des plus belles espèces d'arbres à fruits, nous faisons, par an, pour quatre-vingt à cent mille francs d'affaires.

— Autant que cela? — dit l'abbé.

— Oui, monsieur, — répondit la jeune femme, — et il y a bien des maisons aux environs de Paris et en province qui sont encore plus fortes que la nôtre.

Le chanoine, absorbé par la contemplation de ces fruits si dorés, si parfumés, de ces champignons, de ces truffes, de ces rares primeurs, ne prêtait qu'une attention distraite à la partie *économique* de l'entretien, et il ne céda qu'à regret à l'invitation du docteur, qui lui dit :

— Passons à un autre spécimen de l'industrie de ma famille, monsieur le chanoine, car chacun aujourd'hui pare de son mieux sa marchandise ; aussi, dites-moi si ce gaillard là n'est pas un véritable artiste ?

En disant ces mots, le docteur Gasterini désignait à ses hôtes la seconde boutique.

Que l'on se figure, au milieu d'une logette tapissée d'algues, de joncs et de varechs, trois grandes tables de marbre blanc superposées les unes aux autres à un pied d'intervalle et diminuant progressivement de grandeur, ainsi que les vasques d'une fontaine. Sur ces dalles, recouvertes d'herbes marines, on voyait un échantillon des coquillages, des crustacés et des poissons de mer les plus délicats.

Sur la première tablette, c'était une sorte de haute rocaille, composée de clovisses, de bigorneaux, d'huîtres de Marennes, d'Ostende et de Cancale, engraissées à grands frais dans les parcs. A la base de ce rocher, des langoustes, des homards, des crevettes, des crabes presque tous vivans sous leur humide carapace, se mouvaient lentement.

Sur la seconde tablette, frangée de longues algues d'un vert glauque, se trouvaient les poissons d'une dimension moyenne et d'un goût exquis : sardines argentées, royans d'un bleu d'outre-mer mêlé de nacre, grondis d'un rose vif, barbues au dos de neige et au ventre rose, etc.

Enfin, sur la dernière et la plus large des vasques de marbre, gisaient çà et là de véritables monstres marins, des turbots énormes, des saumons gigantesques, des esturgeons formidables, des thons prodigieux.

Un jeune homme au teint hâlé, à la figure ouverte et avenante, qui rappelait les traits du capitaine Horace, souriait complaisamment à cette magnifique exhibition de marée.

— Messieurs, je vous présente mon neveu Thomas, patron de pêche à Étretat, — dit le docteur Gasterini à ses hôtes, — et vous voyez que ses filets ne ramènent pas que du sable !...

— Je n'ai vu de ma vie plus admirable, plus appétissante marée ! — s'écria dom Diégo avec enthousiasme; — ce serait à la manger crue !

— Mon garçon, — dit le docteur Gasterini à son neveu, — ces messieurs désireraient savoir combien de matelots, vous autres patrons pêcheurs, vous employez par chaque bateau.

— Chaque bateau emploie huit à dix hommes et un mousse, — répondit le patron Thomas ; — vous voyez, cher oncle, que ça fait un fier personnel, quand on songe au nombre de bateaux pêcheurs de toutes les côtes de France, depuis Bayonne jusqu'à Dunkerque, et depuis Perpignan jusqu'à Cannes ?

— Et quel salaire ont tes hommes, mon garçon ? — dit le docteur.

— Nous autres, mon bon oncle, nous achetons filets et bateaux à frais communs, nous partageons le produit de la pêche, et quand l'un de nous est emporté par un coup de mer, sa veuve ou ses enfans succèdent à la part du père ; en un mot, nous vivons en association, tous pour chacun, chacun pour tous ; et je vous jure que lorsqu'il s'agit de jeter nos seines ou de les retirer, de crocher dans une voile ou de haler sur une manœuvre, il n'y a pas de fainéant, tous y vont de tout cœur.

— Bien, mon brave garçon, — dit le docteur. — Ce que c'est pourtant, monsieur le chanoine, — ajouta-t-il en se tournant vers dom Diégo, — ce que c'est pourtant que de déguster en vrai gourmand des *escalopes de saumon* aux *truffes* ou des *filets de sole à la vénitienne* ! On favorise une des plus nobles industries du pays, et l'on pousse à l'amélioration de notre marine nationale. Que cette pensée, seigneur chanoine, vous rende l'*esturgeon* léger... lorsque vous le mangerez bien braisé dans son jus, largement piqué de jambon de Bayonne, avec une sauce d'huîtres au vin de Madère !

A ces paroles, dom Diégo ouvrit machinalement sa large bouche et la referma bientôt en passant sa langue sur ses lèvres avec un soupir de convoitise.

L'abbé Ledoux, trop fin et trop sensé pour ne pas comprendre la pensée du docteur, éprouvait un dépit croissant, et ne disait mot. Le médecin feignit de ne pas s'apercevoir de la contrariété de son hôte. Prenant dom Diégo par le bras, il lui dit, en l'amenant devant la troisième boutique,

— Franchement, monsieur le chanoine, avez-vous jamais vu quelque chose de plus coquet, de plus élégant ?

— Jamais ! oh ! jamais ! — s'écria dom Diégo en joignant les mains d'admiration, — et pourtant les *Confiterias* de mon pays passent pour être les premières du monde !

Rien en effet de plus coquet, de plus élégant que cette troisième boutique où l'on voyait dans des coupes ou sur des plateaux de porcelaine tout ce que la friandise la plus raffinée peut imaginer en confitures, conserves, bonbons, etc. Tantôt le sucre cristallisé entourait de ses étincelans stalactites les plus beaux fruits, tantôt il formait des pyramides de toutes formes, et se diaprait des couleurs les plus vives, rose avec les pastilles à la rose, vert avec les pistaches glacées, jaune avec les *fondantes* au citron ; plus loin, des oranges, des limons, des cédrats semblaient couverts d'une neige sucrée. Ailleurs, les transparentes gelées de pomme de Rouen et de groseille de Bar brillaient de l'éclat prismatique du rubis et de la topaze. Plus loin, de larges dalles de nougat de Marseille, blanc comme de la crème fraîche, servaient de socle à des colonnettes de chocolat de Bayonne et de pâte d'abricot de Montpellier. C'étaient, enfin, des boîtes de fruits confits de Touraine, aussi frais que s'ils venaient d'être cueillis, et, par la vivacité de leurs couleurs, ressemblant à ces mosaïques florentines en pierres fines qui figurent des fruits en relief.

Une nièce du docteur Gasterini, jeune et jolie personne, présidait à cette friande exhibition et accueillit son oncle par le plus aimable sourire.

— Je vous présente, messieurs, ma nièce Augustine, une des premières confiseuses de Paris, — dit le docteur à ses hôtes, — une véritable artiste qui sculpte et peint avec le sucre, et dont les chefs-d'œuvre sont littéralement à *croquer* ; mais cet échantillon de son savoir-faire n'est rien : c'est dans la quinzaine du jour de l'an que son magasin de la rue Vivienne sera véritablement splendide, et je suis sûr qu'elle ménage des surprises aux curieux.

— Certainement, mon bon oncle, — reprit en souriant la jolie confiseuse, — nous aurons les bonbons les plus

nouveaux, les boîtes les plus riches, les corbeilles les plus galantes, les sacs les plus coquets. Rien que pour tous ces accessoires, nous avons un atelier où nous employons trente ouvrières, sans compter, bien entendu, toutes les personnes occupées dans notre laboratoire.

— Qu'avez-vous donc, mon cher abbé ? — dit le docteur au saint homme ; — vous semblez tout soucieux. Est-ce que cela vous contrarie de voir que de la GOURMANDISE dépendent toutes sortes d'industries et de productions qui comptent pour beaucoup dans le mouvement commercial de la France ? Ah ! parbleu, vous n'êtes pas au bout !

— Bien ! bien ! — répondit l'abbé d'un air contraint, — je vous vois venir, vilain homme ; mais j'aurai réponse à tout. Allez, allez, je ne dis mot, mais je n'en pense pas moins.

— Je suis à vos ordres pour la discussion, mon cher abbé ; mais en attendant, vous le voyez, monsieur le chanoine, — ajouta le docteur en se tournant vers dom Diégo, — vous devez être déjà un peu convaincu que vous pouvez sans regret savourer les fruits les plus rares, les poissons les plus exquis et les sucreries les plus recherchées. Bien plus, ainsi que je vous le disais tantôt, comme vous êtes riche, cette consommation de friandises est pour vous un devoir social impérieux : car enfin, il faut bien que vous vous rendiez bon à quelque chose, en consommant largement, splendidement, afin d'activer et de rémunérer la production.

— Et je me sens, dans ma spécialité, à la hauteur de cette noble et patriotique mission ! — s'écria le chanoine avec enthousiasme. — Vous me donnez la conscience de mes devoirs, monsieur le docteur.

— Je n'attendais pas moins de la grandeur de votre âme, seigneur dóm Diégo, — reprit le médecin ; — mais un jour viendra où cette douce mission de consommateur que vous acceptez avec un si superbe désintéressement sera plus largement répartie, et de cela nous causerons une autre fois, seigneur chanoine ; mais avant de passer à la boutique suivante, je dois vous demander d'avance votre indulgence pour mon pauvre neveu Léonard, qui préside à l'exhibition que vous allez voir.

— Pourquoi mon indulgence, monsieur le docteur ?

— C'est que, voyez-vous, mon neveu Edouard exerce un métier un peu hasardeux ; mais là où est le penchant il faut qu'on penche. Ce diable de garçon a été élevé quasi comme un sauvage. Mis en nourrice chez une paysanne qui habitait sur la lisière de la forêt de *Sénart*, il a été longtemps si chétif, que j'ai dû le laisser habiter la campagne jusqu'à l'âge de douze ans. Le mari de la paysanne était un fieffé braconnier, et mon neveu avait la protubérance de la chasse aussi marquée qu'un limier de vénerie. Jugez de ce que devint sa passion cynégétique, élevé sous la tutelle d'un pareil père nourricier ! À l'âge de six ans, Léonard, tout malingre qu'il était, passait la journée dans les bois, tendant des collets aux lapins, aux levrauts et aux faisans. Comme un petit homme, à dix ans, il inaugurait son premier affût par la mort d'un superbe brocard (1), tué au clair de lune, par une belle nuit d'hiver. Moi, j'ignorais alors tout cela. Aussi, lorsque Léonard eut douze ans, il me parut suffisamment renforcé ; je le repris auprès de moi et le mis en pension. Trois jours après, il escaladait les murs et retournait à la forêt de Sénart. En un mot, seigneur dom Diégo, rien n'a pu vaincre la passion diabolique de ce garçon à l'endroit de la chasse. Et, ma foi ! j'avoue que je me rendis un peu complice de mon neveu, en lui faisant un jour cadeau de l'un de ces fusils de *Lefaucheux*, cet arquebusier de génie dont les armes sont si commodes, si parfaites, qu'elles feraient de vous, cher abbé, un tireur aussi consommé que mon neveu. Il n'est pas le seul d'ailleurs. Des milliers de familles vivent de même du superflu giboyeux des riches propriétaires, qui chassent non par besoin, mais seulement par divertissement. Ainsi, seigneur

(1) Chevreuil.

chanoine, en savourant un gigot de chevreuil mariné, un salmis de perdreau, ou une cuisse de faisan rôti (je ne vous fais pas l'injure de vous croire capable de préférer l'aile), dites-vous bien que vous aidez à vivre à une foule de pauvres ménages.

XIII.

Le docteur ayant fait ainsi l'éloge de la chasse, s'avança vers la boutique de son neveu, et du geste montra au chanoine et à l'abbé le plus admirable spécimen cynégétique que l'on puisse imaginer.

Les gardes-chasse anglais, grands maîtres dans l'art de grouper le gibier et de composer ainsi des tableaux réels de nature morte, eussent reconnu la supériorité de Léonard.

Que l'on se figure un tronc d'arbre noueux et branchu, haut de six à sept pieds, perpendiculairement dressé au milieu de cette boutique ; au pied de ce tronc d'arbre étaient groupés, sur un lit de fougère d'un vert éclatant, un jeune sanglier, un magnifique daim daguet (1) en pleine venaison, et deux beaux chevreuils. Ces animaux, couchés en rond, la tête sur l'épaule, comme s'ils eussent reposé dans leur *fort* (2) au fond des grands bois, garnissaient ainsi le pied de l'arbre ; de flexibles liens de lierre garni de ses feuilles suspendaient aux branches inférieures du tronc d'arbre, disposé à peu près en ifs, des lièvres, des lapins de garenne, alternés avec des oies sauvages d'un gris cendré ; des halbrands à la tête verte et à la penne frangée de blanc ; des faisans à l'orbite écarlate, au cou bleu changeant et à la plume brillante comme du cuivre bruni ; des outardes argentés, oiseau de passage assez rare dans nos climats ; çà et là des branches de houx aux baies pourprées, des rameaux de bruyères à fleurs roses, s'entremêlaient gracieusement avec le gibier ainsi étagé ; venaient ensuite des groupes de bécasses, de perdreaux gris, de bartavelles rouges, de pluviers dorés, de poules d'eau d'un noir d'ébène, au bec jaune ; aux derniers branchages était suspendu un gibier plus menu et plus délicat encore : cailles, grives, bec-figues et râles de genêts (ces rois de la plaine) ; enfin, tout au faîte de l'arbre, un magnifique coq de bruyère, sans doute égaré des montagnes des Ardennes, semblait ouvrir ses larges ailes d'un brun glacé de bleu, et planer sur cette giboyeuse hécatombe.

Léonard, svelte et agile garçon, à l'œil un peu fauve, mais à la physionomie franche et résolue, contemplait amoureusement son œuvre, et y donnait, pour ainsi dire, une dernière touche, faisant çà et là contraster le rouge d'une bartavelle avec un vert rameau de genévrier, ou le noir d'ébène d'une poule d'eau avec le rose vif d'une branche de bruyère.

— J'ai instruit ces messieurs de ton affreux métier, mauvais garçon, — dit en souriant le docteur Gasterini à son neveu Léonard ; — M. le chanoine et M. l'abbé voudront bien prier pour le salut de ton âme.

— Oh! oh! mon bon oncle, — reprit joyeusement Léonard, — j'aime mieux qu'ils prient pour le bon tirer des deux premières *belles mariées* (3) que de mon affût j'enverrai à quelque bonne et grasse bête de compagnie (4) dont je vous offrirai la hure et les filets, mon bon oncle.

— Hélas! hélas! il est incorrigible! — dit le docteur Gasterini, — et malheureusement, seigneur chanoine, vous n'avez pas d'idée du fumet de haut goût dont sont doués une hure congrument farcie et les filets mignons d'un

(1) Daim de deux ans.

(2) Demeure où les fauves restent cachés pendant le jour.

(3) Deux balles liées ensemble ; elles rendent le tir plus certain.

(4) Sanglier d'un an accompli.

sanglier d'un an, sautés à la Saint-Hubert! Ah! monsieur le chanoine, quelle succulence! On a bien raison de placer ce mets divin sous l'invocation du saint patron de la vénerie. Mais passons, — dit le docteur, en précédant dom Diégo, ébloui, fasciné par cette exhibition de gibier si nouvelle pour lui, car ces richesses cynégétiques sont inconnues en Espagne.

— Oh! combien est grande la nature dans ses créations! —disait le chanoine ; — quelle miraculeuse échelle de goût et de succulence, depuis le gros et monstrueux sanglier jusqu'au bec-figue, cet oiselet exquis! Gloire, gloire à toi! éternelle reconnaissance à toi! — ajouta-t-il en manière d'oraison jaculatoire.

— Bravo! dom Diégo! — s'écria le docteur, — vous voici dans le vrai.

— Le voici dans le matérialisme, dans le paganisme, dans le panthéisme le plus grossier! — dit l'intraitable abbé. —Vous le damnez, docteur, vous perdez son âme!

— Encore un peu de patience, mon cher abbé, — reprit le docteur en faisant un pas vers une autre boutique. — Tout à l'heure, malgré vos dénégations, vous serez convaincu que je dis vrai en préconisant l'excellence de la gourmandise, ou plutôt vous pensez comme moi, mais vous trouvez opportun de nier l'évidence. Maintenant, monsieur le chanoine, vous allez voir ici surtout en quoi cette gourmandise, que nous adorons, vous et moi, est une des causes d'un des plus grands progrès de l'agriculture, la seule et véritable base de la prospérité du pays. Et sur ce, je vous présenterai mon neveu Mathurin, herbager aux prés-salés, qui nourrissent les seuls bestiaux dignes du gourmand, et qui lui donnent ces inestimables gigots, ces côtelettes souveraines, ces filets de bœuf merveilleux que l'Angleterre même nous envie. Je vous présenterai aussi la femme de mon neveu Mathurin, native du Mans, et de cette illustre école d'engraissage qui produit ces poulardes et ces chapons une des gloires et des richesses de la France.

La boutique du fermier Mathurin, sans doute moins coquette, moins brillante, moins pittoresque que les autres, avait, en revanche, un caractère de simplicité majestueuse.

Sur de grandes claies d'osier, couvertes de branches de thym, de sauge, de romarin, d'estragon, et autres herbes fortement aromatiques, s'étalaient, avec un aplomb herculéen, des *rosbifs* monstrueux, des *aloyaux* fabuleux, des *longes* de veau merveilleuses, et de ces *gigots* et de ces *côtelettes* nompareils qui emplissent les cent bouches de la Renommée de la saveur incomparable des bestiaux des *prés-salés*.

Quoique crue, cette admirable chair, entourée de plantes à odeurs pénétrantes, était si fine, si courte, et d'un rose si vif, sa graisse mate était d'une blancheur si fraîche, si délicate, que dom Diégo jetait sur ces spécimens de l'industrie bovine et ovine des regards carnivores.

De son côté, la fermière Mathurine présidait à une exhibition non moins remarquable. On admirait, à demi enfouie dans des touffes de cresson de fontaine, une collection de poulardes, de chapons, de coqs d'Inde vierges et de poulets à la reine, dits tardillons, tous si dodus, si potelés, si ronds, et d'une peau si satinée, que plus d'une jolie femme eût envié leur peau si satinée.

— Oh! qu'elles sont jolies! qu'elles sont ravissantes! —balbutia le chanoine ; — oh! c'est à en perdre la tête!

— Ah! monsieur le chanoine, — reprit le docteur, —que direz-vous donc, lorsque l'intéressante pâleur de ces poulardes sera dorée aux feux du tourne-broche! lorsque, distendue à se rompre par les truffes qui apparaîtront bleuâtres sous la finesse de son épiderme, cette peau satinée deviendra vermeille, et qu'elle épandra les pleurs d'un jus empourpré, bientôt moiré par la lente distillation de cette graisse, presque aussi exquise que la graisse de caille!

— Assez, docteur! — s'écria le chanoine exaspéré, — assez, de grâce! ou, bravant le scandale, je me jette sur l'une de ces adorables poulardes, sans le moindre respect pour leur crudité !

— Calmez-vous, seigneur dom Diégo, — dit le docteur en souriant; — l'heure du dîner approche, et vous pourrez alors rendre vos hommages à deux des sœurs de ces adorables.

S'adressant alors à son neveu Mathurin, le docteur ajouta :

— Ces messieurs trouvent remarquables les produits de tes herbages et de ta ferme, mon garçon.

— Ces messieurs sont bien honnêtes, mon cher oncle, — répondit Mathurin. — Dame ! aussi, c'est du bétail de choix et d'amateur ! Je ne crains ni Anglais ni Ardennois pour la saveur de mes bœufs, de mes veaux et de mes moutons de prés-salés, qui font mon petit amour-propre et ma fortune. Car, voyez-vous, messieurs, le dernier mot de l'agriculture, c'est de *faire de la viande*, comme nous disons. Le bétail produit le fumier, le fumier l'engrais, l'engrais la fertilité de la terre, et la fertilité de la terre vous donne bon affanage et bon pacage pour le bétail. Tout ça se tient et s'enchaîne; et plus le bétail est *fin-gras*, plus il est bon à gourmand, selon le proverbe de chez nous; mieux il se vend, meilleur est son fumier, et conséquemment meilleure est la culture. C'est comme les volailles à Mathurine; sans doute, ça coûte bien de la peine, ça emploie bien du monde à la ferme, car vous ne croiriez peut-être pas, messieurs, que pour engraisser un de ces chapons ou une de ces poulardes à la mode mancelle, il faut lui ouvrir le bec et l'empâter quinze ou vingt fois par jour dans sa mue, avec des boulettes de farine d'orge et de lait, et cela pendant trois mois ! Mais aussi c'est un fameux produit, car un chapon nous rapporte plus que ne rapporte ailleurs un mouton où un veau chétif. Mais il faut de grands soins. Aussi, d'après le conseil de ce cher oncle, bon consul s'il en est, tous les ans, à la Noël, voilà, messieurs, ce que nous faisons à la ferme : le soir, au retour des bestiaux, les deux premiers bœufs qui entrent à l'étable, qu'ils soient les plus beaux ou les moins beaux du troupeau (peu importe, le hasard décide), sont mis de côté; il en est de même des six premiers veaux, des six premiers moutons qui rentrent à l'étable; ensuite on ouvre les mues des volailles, et les premiers douze chapons, les premières douze poulardes, les douze premiers coqs vierges qui sortent des mues sont ainsi mis de côté.

— A quoi bon ? — demanda l'abbé. — Que deviennent ces animaux ainsi désignés par le sort ?

— On en fait un lot, monsieur, et il est vendu au profit du personnel de la ferme. Ce bénéfice s'ajoute à leurs gages fixes. Vous comprenez, messieurs, qu'ainsi tout mon monde a intérêt à ce que bétail et volailles soient, indistinctement, soignés le mieux possible, puisque le hasard seul désigne le *lot d'encouragement*, comme nous l'appelons. Qu'arrive-t-il de là, messieurs ? c'est que troupeau et volailles deviennent presque autant la chose de mes gens que la mienne, car, plus le lot se compose de beaux produits, plus il se vend cher et plus mon monde bénéficie. Eh bien ! messieurs, croiriez-vous que, grâce au zèle, aux soins, à l'activité, que donne à mes gens de ferme l'espoir de ce bénéfice, je gagne encore plus que je ne leur abandonne, parce que, encore une fois, notre intérêt à tous est commun, de sorte que, en rendant la condition de ces braves gens beaucoup meilleure, j'y trouve mon avantage.

— La morale de ceci, seigneur chanoine, — dit le docteur en souriant; — est qu'il faut manger le plus possible d'excellens aloyaux, de tendres côtelettes de prés-salés, et se livrer avec le même dévouement à une consommation effrénée de poulardes, de chapons et de coqs-dindes vierges, afin d'activer l'intéressante industrie mancelle.

— Je tâcherai, monsieur le docteur, — dit gravement le chanoine, — d'être à la hauteur de mes devoirs.

— Et ils sont plus nombreux que vous ne le pensez, seigneur dom Diégo, car il dépend aussi de vous que le pauvre monde soit mieux vêtu et mieux chaussé. Ce à quoi vous pouvez particulièrement concourir, en mangeant force grenadins de veau à la Samaritaine, force bifteks au beurre d'anchois, force langues de mouton à la d'Uxelle.

— Ah çà ! monsieur le docteur, — dit le chanoine, — vous plaisantez !

— Vous vous en apercevez un peu bien tard, dom Diégo, — dit l'abbé.

— Je parle très sérieusement, — reprit le docteur, — et je vais vous le prouver, seigneur dom Diégo. Avec quoi se font les souliers ?

— Avec du cuir, monsieur le docteur.

— Et qui produit ce cuir ? Ne sont-ce pas les bœufs, les moutons, les veaux ? Il est donc évident que plus l'on consomme de bétail; plus le prix du cuir diminue, et plus les bonnes et saines chaussures deviennent accessibles aux pauvres gens qui ne portent que des sabots.

— C'est vrai, — dit le chanoine d'un air cogitatif, — c'est pourtant vrai !

— Maintenant, — reprit le docteur, — et les bons vêtemens de laine, et les bons bas de laine, de quoi sont-ils tissés ? de la toison des moutons ! Or donc, plus l'on consomme de moutons, plus la laine devient bon marché.

— Ah ! monsieur le docteur, — s'écria le chanoine, emporté par un élan de vaillante philanthropie, — c'est à regretter de ne pouvoir faire dix repas par jour ! Oui, oui, c'est à se crever d'indigestion pour le plus grand bonheur de ses semblables !

— Ah ! seigneur dom Diégo, — répondit le docteur d'un ton pénétré, — tel est peut-être le glorieux martyre qui vous attend !

— Et je le subirai avec joie, avec orgueil ! — s'écria le chanoine enthousiasmé; — il est doux de mourir pour l'humanité !

L'abbé Ledoux ne pouvait plus en douter, dom Diégo lui échappait; aussi manifestait-il son dépit par de dédaigneux haussemens d'épaules et par des roulemens d'yeux courroucés.

— Oh ! mon Dieu ! monsieur le docteur, — dit soudain le chanoine en dilatant à plusieurs reprises ses larges narines, — quelle est donc cette appétissante odeur que e sens là ?

— C'est le spécimen de l'industrie de mon neveu Michel, monsieur le chanoine; elle sort à peine du four; voyez comme c'est doré, comme c'est friand !

Et le docteur Gasterini désigna du geste au chanoine les plus merveilleux échantillons de pâtisserie et de petits-fours que l'on puisse imaginer : pâtés formidables au gibier, au poisson ou à la volaille; bouchées aux queues d'écrevisses, tourtes aux fruits, tartelettes aux confitures et aux crèmes de toutes sortes, brioches fumantes, meringues à la gelée d'ananas, viennoises pralinées, nougats montés en forme de rochers supportant des temples de sucre candi; sultanes élégantes, dont le dôme en sucre filé, pareil à un filigrane d'argent, laisse apercevoir un bassin de massepains à la vanille rempli de crème à la rose, crème fouettée aussi légère que l'écume. Passons sous silence d'autres merveilleuses friandises qu'il serait trop long d'énumérer, et que le chanoine dom Diégo contemplait avec une muette admiration.

— L'heure de dîner s'approche, et il faut que j'aille bientôt à mes fourneaux donner la dernière touche à certains mets que je fais ébaucher par mes élèves, — dit le docteur Gasterini à son hôte. — Aussi, pour vous prouver l'importance de cette branche d'industrie si appétissante, je me bornerai à une seule question.

Et s'adressant à son neveu Michel :

— Mon garçon, dis à monsieur combien tu as payé le fonds de pâtisserie que tu exploites rue de la Paix.

— Vous le savez bien, mon cher oncle, — répondit Michel, en souriant affectueusement au docteur Gasterini, — puisque vous m'avez avancé l'argent nécessaire à cette acquisition.

— Ma foi ! mon garçon, comme tu m'as intégralement remboursé depuis longtemps, j'ai oublié ce chiffre. Voyons, c'était...

— Deux cent mille francs, mon cher oncle. Et j'ai fait une excellente affaire. Du reste, la maison est bonne ; car mon prédécesseur a gagné dans ce commerce vingt mille livres de rentes en dix ans.

— Vingt mille livres de rentes !—s'écria dom Diégo avec stupéfaction, — vingt mille livres de rentes !

— Voilà pourtant, monsieur le chanoine, comment l'on crée des capitaux, en mangeant des *pâtés chauds* à la financière, ou des babas aux pistaches. Maintenant, voulez-vous voir quelque chose de véritablement grandiose ? car il s'agit, cette fois, d'une industrie qui touche, non-seulement aux intérêts de presque toutes les contrées de la France, mais qui s'étend jusque dans une grande partie de l'Europe et de l'Orient, c'est-à-dire en Allemagne, en Italie, en Grèce, en Espagne, en Portugal ! Une industrie qui met en circulation des capitaux énormes, qui occupe des populations entières, et dont les produits de premiers choix atteignent parfois à des prix fabuleux ; une industrie, enfin, qui est surtout à la gourmandise ce que l'âme est au corps, l'esprit à la matière ! Tenez, seigneur dom Diégo, regardez et vénérez, car ici, les plus jeunes sont déjà bien vieux.

Aussitôt, le chanoine ôta par instinct son chapeau, et courba respectueusement la tête.

— Je vous présente mon neveu Théodore, commissionnaire en vins fins français et étrangers, — dit le docteur au chanoine.

Dans cette boutique, rien de brillant ni de chatoyant : de simples étagères de bois chargées de bouteilles poudreuses, et au-dessus de chaque étagère des écriteaux en lettres rouges sur fond noir, où l'on lisait ces mots, d'un laconisme significatif :

FRANCE.

« Chamberlin (comète). — Clos-Vougeot-1813.—Volney (comète). — Nuits-1820. — Pomard-1834. — Châblis-1834. — Pouilly (comète). — Château-Margot-1818. — Haut-Brion-1820. — Château-Laffitte-1834. — Sauterne-1811. — Grave (comète). — Roussillon-1800. — Tavel-1802.—Cahors-1793.—Lunel-1814.—Frontignan (comète).—Rivesaltes-1831.—Aï mousseux-1820.—Aï rose-1831.—Sillery sec (comète).—Eau-de-vie de Cognac-1737.—Anisette de Bordeaux-1804.—Ratafia de Louvres-1807.

ALLEMAGNE.

»Johannisberg-1779.— Rudesteimer-1747.—Hocheimer-1760.—Tokai-1797.—Vermouth-1801.—Vin de Hongrie-1783.—Kirchenwaser de la forêt Noire-1801.

HOLLANDE.

» Anisette-1821.—Curaçao rouge-1805.— Curaçao blanc 1820.— Genièvre-1799.

ITALIE.

» Lacryma-Christi-1803.— Imola-1819.

GRÈCE.

» Chypre 1801.— Samos-1813.

ILES IONIENNES.

» Marasquin de Zara.

ESPAGNE.

» Val de Penas-1812. — Xérès sec-1809. — Xérès doux-1810. — Moscatelle 1824. — Tintilla de Rota 1823. — Malaga-1799.

PORTUGAL.

» Po-1778.

ILE DE MADÈRE.

» Madère-1810, ayant fait trois fois le voyage de l'Inde,

CAP DE BONNE-ESPÉRANCE.

» Vins, rouge, blanc, paille, 1826. »

Pendant que dom Diégo contemplait dans un profond recueillement, le docteur Gasterini dit à son neveu :

— Mon garçon, as-tu un souvenir précis du prix auquel s'est élevée la vente de quelques caves renommées ?

— Oui, mon cher oncle, — répondit Michel. — Il y a eu la cave du duc de Sussex, à Londres, qui a été vendue 280,000 fr.; la cave de M. Laffitte a été, je crois, vendue à Paris près de 100,000 fr.; celle de M. Lagillière, aussi à Paris, 160,000 fr.

— Eh bien ! seigneur dom Diégo, — dit le docteur Gasterini à son hôte — qu'en pensez-vous ? Croyez-vous que ce soit là une abomination, comme l'affirme cet espiègle d'abbé Ledoux, qui nous observe sournoisement ? Croyez-vous, dis-je, qu'elle soit digne en soi d'anathème, cette passion qui entre autres favorise une industrie de cette immense importance ? Songez aux frais de main-d'œuvre, de transport, de conservation, que de pareilles caves ont dû coûter ! Que de gens ont vécu des capitaux qu'elles représentaient !

— Je pense, — s'écria le chanoine, — je pense que j'étais un aveugle, un insensé, de ne pas avoir compris jusqu'ici l'immense portée industrielle, politique et sociale, de ce que je faisais en mangeant et en buvant avec recherche. Je pense que maintenant la conscience d'accomplir une mission d'intérêt public, en me livrant à une gourmandise effrénée, sera pour mon appétit un délicieux apéritif ; et cet apéritif, à qui le dois-je, si ce n'est à vous, docteur ? O noble penseur ! O grand philosophe !...

— C'est la gastrolâtrie poussée jusqu'à l'insanité ! — dit l'abbé Ledoux ; — c'est du néo-paganisme.

—Seigneur Diégo ! — reprit le docteur, — nous parlerons de la reconnaissance que vous croyez me devoir, lorsque nous aurons jeté un coup d'œil sur cette dernière boutique. Il s'agit ici d'une industrie qui l'emporte sur toutes celles dont nous venons de parler, par sa haute importance. La question est grave, car elle a trait à l'influence de la gourmandise sur l'équilibre de l'Europe.

— L'équilibre de l'Europe ! — dit le chanoine, de plus en plus abasourdi. — La gourmandise a quelque chose à voir dans l'équilibre de l'Europe !

— Allez, allez, dom Diégo ! — dit l'abbé Ledoux en haussant les épaules, — si vous écoutez ce tentateur, il vous prouvera des choses bien plus surprenantes encore.

— Je vais, en attendant, mon cher abbé, prouver au seigneur dom Diégo, et à vous-même, que je n'avance rien que de rigoureusement vrai. Et d'abord vous m'avouerez, n'est-ce pas, que la puissance de la marine militaire d'une nation comme la France pèse d'un grand poids dans la balance des destinées de l'Europe ?

— Certes ! — dit le chanoine.

— Ensuite ? — dit l'abbé.

— Or, — poursuivit le docteur, — vous m'accorderez que, selon que cette marine militaire s'augmente ou s'affaiblit, l'influence maritime de la France perd ou gagne dans la même proportion ?

— Evidemment ! dit le chanoine.

— Concluez donc ! — s'écria l'abbé, — c'est là que je vous attends.

— Je conclus donc, mon cher abbé, que plus la gourmandise fera de progrès, plus elle deviendra accessible au grand nombre, plus la marine militaire de la France gagnera en force, en influence ; et cela, seigneur dom Diégo, je vais vous le démontrer en vous priant seulement de lire cet écriteau.

En effet, au-dessus de cette dernière boutique, la seule qui ne fût pas occupée par un neveu ou par une nièce du docteur Gasterini, on lisait ces mots :

DENRÉES COLONIALES.

— Denrées coloniales ! — répéta tout haut le chanoine en regardant le médecin d'un air interrogatif, tandis que l'abbé, plus pénétrant, se mordait les lèvres de dépit.

— Ai-je besoin de vous dire, seigneur chanoine, — poursuivit le docteur, — que sans colonies nous n'aurions pas de marine marchande, et sans marine marchande point de marine de guerre, puisque celle-ci se recrute parmi les matelots de commerce ? Eh bien ! si les gourmands ne consommaient pas toutes ces excellentes choses dont vous voyez ici des échantillons, sucre, café, vanille, girofle, cannelle, gingembre, riz, pistaches, muscade, poivre de Cayenne, liqueur des Iles, hachars des Indes, etc., etc., que deviendraient, je vous le demande, nos colonies, c'est-à-dire notre puissance maritime ?

— Je suis ébloui ! — s'écria le chanoine; — j'ai le vertige ! à chaque pas je me sens grandir de cent coudées !

— Et vous avez parbleu raison, seigneur dom Diégo, — dit le docteur, — car enfin, lorsqu'après avoir dégusté au dessert un fromage glacé à la vanille, auquel a succédé un verre de vin de Constance ou du Cap, vous savourez une tasse de café, en suite de quoi vous concluez par un ou deux petits verres de liqueur des Iles à la cannelle ou au girofle, eh bien ! vous poussez héroïquement à la grandeur maritime de la France, vous faites dans votre sphère autant pour la marine que le matelot ou que le capitaine, et à propos de capitaine, seigneur chanoine, — ajouta tristement le docteur, — je vous ferai observer que seule parmi toutes les autres cette boutique est vide, car le capitaine du navire qui a amené des Indes et des colonies toutes ces friandes denrées n'ose se montrer, étant sous le coup de votre vengeance. C'est vous nommer mon pauvre neveu le capitaine Horace, seigneur chanoine. Seul il manque aujourd'hui à cette fête de famille.

— Ah ! serpent maudit ! — murmura l'abbé Ledoux, — comme il arrive tortueusement à son but ! comme il a su enlacer cette misérable brute de dom Diégo !

Au nom du capitaine Horace, le chanoine avait tressailli et était resté un moment silencieux et pensif.

XIV.

Le chanoine dom Diégo, après être resté un moment silencieux, tendit au docteur Gasterini sa grosse main tremblante d'émotion, et lui dit :

— Monsieur le docteur, le capitaine Horace m'avait fait pendant deux mois perdre l'appétit; vous me l'avez rendu, je l'espère, pour toute ma vie, et bien plus, selon votre promesse, vous m'avez prouvé, non par des raisonnemens spécieux, mais par des faits, par des chiffres, que le gourmand, ainsi que vous le disiez avec tant de profondeur, que le gourmand accomplit une haute mission sociale civilisatrice et politique; vous m'avez donc ainsi délivré de cruels remords en me donnant conscience de la noble tâche que la gourmandise me donnait à remplir ; et à devoir sacré je ne faillirai pas, monsieur le docteur. Aussi, gloire à vous, reconnaissance à vous, et je crois m'acquitter bien modestement en vous déclarant que, non-seulement je ne déposerai aucune plainte contre le capitaine Horace, mais que je lui accorde de grand cœur la main de ma nièce.

— Quand je vous le disais, chanoine, — reprit l'abbé, — j'étais bien sûr qu'une fois qu'il vous tiendrait entre ses griffes, ce diabolique docteur ferait de vous ce qu'il voudrait ! Où sont maintenant vos belles résolutions de ce matin ?

— L'abbé, — reprit dom Diégo d'un ton capable, — je ne suis pas un enfant; je saurai rester à la hauteur du rôle que monsieur le docteur m'a tracé. — Et, s'adressant à ce dernier, il ajouta : — Vous allez, monsieur, me donner ce qu'il faut pour écrire; une personne sûre prendra ma lettre, montera dans votre voiture et ira à l'instant chercher ma nièce au couvent et la ramènera ici.

— Seigneur dom Diégo, — reprit le docteur, — vous assurez le bonheur de nos deux enfans, la joie de mes

vieux jours, et conséquemment votre félicité gastronomique, car je tiendrai ma parole : je vous ferai dîner tous les jours, mieux encore que je ne vous ai fait déjeuner l'autre matin. Un pavillon de cette maison sera désormais à votre disposition; vous me ferez l'honneur de manger à ma table, et vous voyez que, d'après les professions que j'ai choisies pour mes neveux et pour mes nièces (avec une *gourmande* et friande préméditation, ainsi que je vous le disais), mon garde-manger, mon office et ma cave seront toujours merveilleusement approvisionnés. Je vieillis, j'ai besoin d'un bâton de vieillesse : Horace et sa femme ne me quitteront plus; je leur confierai le dépôt de mes traditions culinaires, afin qu'elles se transmettent de génération en génération; nous vivrons tous ensemble, et nous passerons ainsi tour à tour de la pratique à la philosophie de la gourmandise, monsieur le chanoine.

— Docteur, je mets le pied sur le seuil du paradis ! — s'écria le chanoine. — Ah ! la Providence est miséricordieuse, car elle va combler de faveurs un pauvre pêcheur tel que moi.

— Hérésie ! impiété ! blasphème ! — s'écria l'abbé Ledoux, — vous serez damné ! archi-damné, chanoine ! ni plus ni moins que votre tentateur.

— Voyons, cher abbé, — reprit le docteur, — pas de ces espiègleries-là ! Avouez donc tout de suite que je vous ai convaincu par mes raisonnemens.

— Moi, je suis convaincu !

— Certainement ; car je vous défie, vous et tous vos pareils, passés, présens et futurs, de sortir de ce dilemme.

— Voyons le dilemme.

— Si la gourmandise est une monstruosité, la frugalité poussée à ses dernières limites doit être une vertu.

— Certes, — répondit l'abbé.

— Ainsi, mon cher abbé, plus l'on est frugal, selon vous, plus l'on est méritant ?

— Évidemment, docteur.

— Ainsi, celui qui vivrait de racines crues et boirait de l'eau en vue de se macérer, serait le type et le prototype de l'homme vertueux ?

— Et qui en douterait ? Vous trouvez ce type céleste chez les anachorètes.

— A merveille, l'abbé. Maintenant, d'après vos idées de prosélytisme, vous devez forcément désirer que tous vos frères se rapprochent le plus possible de ce type de perfection idéale : *un homme habitant une caverne et vivant de racines ?* Le beau idéal de votre société religieuse serait donc une société d'*habiteurs* de cavernes et de mangeurs de racines, s'administrant par passe-temps une rude discipline ?

— Plût à Dieu qu'il en fût ainsi ! — reprit vaillamment l'abbé ; — il y aurait autant de justes que d'hommes sur la terre.

— D'abord, cela rendrait le calendrier un peu nombreux, mon cher abbé ; et ensuite, cela aurait le petit inconvénient de détruire tout d'un coup ces nombreuses industries dont nous venons d'admirer les spécimen. Sans compter l'industrie des tisserands qui tramant les nappes, des orfèvres qui cisèlent l'argenterie, des porcelainiers qui fabriquent les porcelaines, des verriers qui fabriquent les cristaux, des peintres, des doreurs qui embellissent les salles à manger, des tapissiers, etc., etc. C'est-à-dire que la société, en se rapprochant de votre idéal, anéantirait les trois quarts des industries les plus florissantes, ce qui serait, en d'autres termes, revenir à l'état sauvage.

— Mieux vaut faire son salut dans l'état sauvage, — reprit opiniâtrement l'abbé Ledoux, — que de mériter les peines éternelles en s'adonnant aux délices d'une civilisation corrompue et corruptrice.

— Voilà un sublime désintéressement. Mais alors, pourquoi laissez-vous généreusement aux autres ces durs renoncemens, ces cruelles privations, leur abandonnant votre part de paradis, et vous contentant modestement de vivre douillettement ici-bas, couchant sous l'édredon, buvant frais, mangeant chaud ? Allons, parlons sérieusement, et avouez que c'est un véritable outrage, un véritable blasphème contre les munificences de la création, que de ne pas glorifier les milliers d'appétissantes bonnes choses qu'elle offre à la satisfaction de la créature.

— Voilà bien ces païens, ces matérialistes, ces philosophes ! — s'écria l'abbé Ledoux, — ils ne peuvent pas admettre ce qu'ils ne comprennent pas dans leur orgueil infernal.

— Oui, *Credo quia absurdum.* Cet axiome est vieux comme le monde, mon cher abbé; mais il n'empêche pas le monde de marcher au rebours de vos théories de renoncement et de privations. Dieu merci ! le monde aspire incessamment au bien-être. Croyez-moi, il ne s'agit pas de réduire tous les hommes à manger des racines et à boire de l'eau; il faut arriver au contraire à ce que le plus grand nombre possible mange au moins de bonnes viandes, de bonnes volailles, de beaux fruits, de beau pain de pur froment, et boive du vin vieux. La nature, dans sa sagesse infinie, a fait l'homme insatiable dans les besoins de son corps, dans les aspirations de son intelligence ; et si l'on songe aux merveilles de toutes sortes que l'homme a seulement créées pour plaire aux *cinq sens* dont elle l'a pourvu dans sa munificence, on reste frappé d'admiration. C'est donc obéir à ses lois imprescriptibles, que de pousser avec ardeur, par la consommation, au travail et au bien-être de tous, ainsi que je le disais au chanoine, et de faire, chacun dans sa sphère, autant de bien que possible, afin de jouir sans trop de remords, car... Mais voici bientôt six heures ; venez chez moi, seigneur chanoine, afin d'écrire la lettre qui doit mander ici votre charmante nièce. J'irai donner ensuite un dernier coup d'œil à mon laboratoire, que j'ai confié aux soins de mes deux premiers élèves. Le cher abbé voudra bien m'attendre au salon, car je tiens à remplir mon programme et à lui prouver par des faits économiques, non pas seulement l'excellence de la gourmandise, mais aussi de toutes ces autres passions qu'il appelle des *péchés capitaux*.

— Allons, nous verrons jusqu'où vous pousserez votre sacrilège paradoxe, — dit imperturbablement l'abbé Ledoux. — Du reste, toutes les monstruosités sont curieuses à observer. Mais, docteur, docteur, il y a trois siècles..., quel magnifique auto-da-fé l'on eût fait de vous !

— Mauvais rôle mon cher abbé ! Cela ne vaut pas mieux que le produit de cette chasse qu'au beau temps du fanatisme vous faisiez aux protestans dans les montagnes des Cévennes. Mauvais gibier, l'abbé. Ainsi donc, à tout-à-l'heure, mes chers hôtes, — dit le docteur en s'éloignant.

Le chanoine ayant écrit à la supérieure du couvent, un homme de confiance du docteur Gasterini partit en voiture pour aller quérir la senora Dolorès Salcedo, et prévenir en même temps le capitaine Horace et son fidèle Sans-Plume qu'ils pouvaient sortir de leur cachette.

Une demi-heure après le départ de cet émissaire, le chanoine, l'abbé, ainsi que les neveux et nièces de M. Gasterini et plusieurs autres convives, étaient réunis dans le salon du docteur.

XV.

Dolorès et Horace ne tardèrent pas à arriver à peu de distance l'un de l'autre chez le docteur Gasterini. Nous laissons le lecteur s'imaginer la joie des deux amans et l'expression de leur tendre reconnaissance pour le docteur et pour le chanoine. Le profond attendrissement de ce dernier, la conscience d'assurer à jamais la félicité de sa nièce, se manifestèrent chez lui par une faim de tigre ; aussi murmura-t-il d'une voix lamentable à l'oreille du docteur Gasterini :

— Hélas ! hélas ! les autres convives n'arrivent donc point, cher docteur ? Il y a des gens d'un affreux égoïsme !

— Mes convives ne peuvent maintenant beaucoup tarder, mon cher chanoine ; il est six heures et demie, et l'on sait qu'à sept heures sonnant, je me mets impitoyablement à table.

En effet, les derniers invités du docteur ne se firent pas longtemps attendre, et un valet de chambre annonça successivement les noms suivans :

— *Monsieur le duc et madame la duchesse de Senneterre-Maillefort !*

— L'ORGUEIL, — dit tout bas le docteur au chanoine et à l'abbé, qui fit une laide grimace en se souvenant de la mésaventure de son protégé, M. de Macreuse, à l'endroit de Mlle de Beaumesnil, la riche héritière.

— Combien vous êtes aimable, madame la duchesse, d'avoir bien voulu vous rendre à mon invitation ! — dit le docteur à Herminie, qu'il alla recevoir et dont il baisa respectueusement la main. — S'il faut tout dire, madame, je comptais pour vous décider sur ce cher ORGUEIL que M. de Maillefort, M. de Senneterre et moi, nous admirons tant chez vous.

— Et comment cela, mon bon docteur ? — dit affectueusement Gérald de Senneterre. — Je sais bien que je dois à *l'orgueil* de ma femme le bonheur de ma vie, mais......

— Notre cher docteur a raison, — reprit Herminie en souriant, — je suis très orgueilleuse de l'amitié qu'il veut bien avoir pour nous, et je saisis toutes les occasions de lui témoigner combien je suis sensible à son attachement, sans parler de notre éternelle reconnaissance pour les soins si dévoués qu'il a eus pour mon fils et pour la fille d'Ernestine. Je n'ai pas besoin de vous dire, mon bon docteur, les regrets qu'elle éprouve de n'être pas ici ce soir, mais son état de grossesse avancée la retient chez elle, et le cher Olivier, non plus que son oncle et M. de Maillefort, ne quitte pas d'une minute notre intéressante malade.

— Il n'y a rien de tel que les vieux marins, les marquis duellistes et les anciens soldats d'Afrique pour être d'excellentes gardes malades, soit dit sans déprécier la terrible madame Barbançon, — répondit galment le docteur.— Seulement, madame la duchesse, vous me permettrez de n'être pas du tout de votre avis sur la manière dont tout à l'heure vous avez interprété mes paroles ; je voulais vous dire que votre propension pour l'*orgueil* m'assurait d'avance que vous encourageriez chez moi cet adorable péché en me rendant fier de vous posséder dans ma pauvre maison.

— Et moi, cher docteur, — dit en riant Gérald de Senneterre, — je déclare que vous encouragez furieusement en nous le friand péché de *gourmandise*, car lorsque l'on a dîné une fois chez vous, l'on devient gourmand à perpétuité.

L'entretien du docteur, d'Herminie et de Gérald (entretien auquel le chanoine avait prêté l'oreille) fut interrompu par la voix du valet de chambre qui annonça :

— *Monsieur Yvon Cloarek.*

— LA COLÈRE, — dit tout bas le docteur au chanoine en s'avançant au devant de l'ancien corsaire, qui, malgré son grand âge, était encore vert et alerte.

— Vivent les chemins de fer! car j'arrive à l'instant du Havre, mon vieux camarade, pour assister à l'anniversaire de ta naissance, — dit cordialement Yvon au docteur, en lui serrant les mains ; — et pour venir ici, j'ai laissé *Sabine, Sabinon* et *Sabinette*, ce sont les noms que le quasi-centenaire *Segoffin*, mon ancien maître-canonnier, a donnés à ma petite-fille et à mon arrière-petite fille, car je suis bisaïeul, tu sais cela.

— Parbleu! mon vieux camarade, et j'espère bien que tu ne l'arrêteras pas là !

— Ah çà, mon gendre Onésime, à qui tu as rendu la vue, il y a quelque trente ans, m'a chargé, comme toujours, de te rappeler à ton souvenir. Et me voilà!

— Pouvais-tu manquer à une de nos réunions annuelles, mon brave Yvon? Je me serais mis dans une de ces superbes colères dont tu étais autrefois possédé.

S'interrompant alors, et s'adressant au chanoine et à l'abbé, le docteur leur présenta Yvon en leur disant :

— Le capitaine Cloarek, un de nos plus anciens et de nos plus *illustres* corsaires, le fameux héros du brick le *Tison d'Enfer*, qui a fait des siennes à la fin de l'empire.

— Ah ! monsieur le capitaine, — dit le chanoine, — en 1812, j'étais à Gibraltar, et j'ai eu l'honneur de vous entendre bien souvent maudire, vous et votre bâtiment corsaire, par les Anglais.

— Et savez-vous, mon cher chanoine, à quel admirable péché le capitaine Cloarek doit sa gloire et les services qu'il a rendus à la France dans les victorieuses croisières qu'il a faites contre les Anglais? Je vais vous le dire, et mon vieil ami ne me démentira pas. Gloire, succès, richesse, il doit tout à la *colère*.

— A la colère ! — s'écria l'abbé.

— A la colère? — dit le chanoine.

— La vérité est, messieurs, — reprit modestement Cloarek, — que le peu que j'ai fait pour mon pays, je le dois à mon naturel incroyablement *colère*.

— *Monsieur et madame Michel* ! — annonça le valet de chambre.

— La Paresse, — dit le docteur au chanoine et à l'abbé en s'approchant de Florence et de son mari (son véritable mari, car le cousin Michel avait épousé Mme de Lucenay depuis la mort de M. de Lucenay, victime d'une ascension qu'il avait tentée au Chimboraçao, en compagnie de Valentine).

— Ah ! madame, — dit le docteur Gasterini en allant galamment baiser la main de Florence, — combien je vous sais gré de vous être arrachée à vos douces habitudes de *paresse* pour vous donner la peine de venir chez moi avant votre départ pour votre chère retraite de Provence !

— Comment, mon bon docteur! — reprit en riant la jeune femme.—Oubliez-vous donc que les paresseux sont capables de tout?

— Même de faire l'incroyable effort de venir dîner chez un de leurs meilleurs amis, — ajouta Michel en serrant la main du docteur.

— Et quand je pense, — reprit Gasterini, — quand je pense qu'il y a quelques années j'ai été consulté afin de faire savoir si je pouvais vous guérir de cet incurable péché de *paresse* ! Heureusement l'insuffisance de la science, et surtout mon profond respect pour les dons du Créateur, m'ont empêché d'attenter à l'ineffable nonchalance dont vous étiez douée.

Et désignant du regard à Florence l'abbé Ledoux, le docteur ajouta :

— Tenez, madame, monsieur l'abbé Ledoux, que j'ai l'honneur de vous présenter, me considère, à l'heure qu'il est, environ comme un païen, comme un affreux idolâtre. Soyez assez bonne pour me réhabiliter dans son esprit en affirmant à ce saint homme que vous et votre mari avez puisé dans la plus profonde, la plus invincible paresse, une activité sans bornes, une énergie inconcevable, grâce auxquelles vous vous êtes assuré tous deux la plus honorable indépendance.

— Pour l'honneur de la paresse, monsieur l'abbé, — répondit Florence en riant, — je suis obligée de faire violence à ma modestie et à celle de mon mari et d'avouer que ce cher docteur dit la vérité.

— *Monsieur Richard* ! — annonça le valet de chambre.

— L'Avarice,—dit tout bas le docteur au chanoine et à l'abbé pendant que le père de Louis Richard, l'heureux époux de Mariette, s'avançait vers le docteur.

— Est-ce que ce M. Richard, — dit à demi voix l'abbé à M. Gasterini, — serait le fondateur de ces écoles, de ces maisons de retraite établies à Chaillot, et si admirablement organisées?

— C'est lui-même, — répondit le docteur en tendant la main au vieillard et lui disant :—Arrivez donc, bonhomme Richard; M. l'abbé me parlait de vous.

— De moi, cher docteur?

— Ou, si vous le préférez, de vos merveilleuses fondations de Chaillot.

— Ah! docteur,—dit le vieillard, — il faut rendre à César ce qui appartient à César : mon fils seul est l'auteur de ces fondations charitables.

— Voyons, mon bon et excellent monsieur Richard,— reprit le docteur, — si vous n'aviez pas été un *avare* aussi complet que votre ami *Ramon*, votre digne fils aurait-il pu faire bénir partout votre nom, comme il l'a fait?

— Quant à cela, docteur, c'est la pure vérité; aussi je vous avoue qu'il n'est pas de jour où, à ce point de vue, je ne remercie Dieu de m'avoir fait naître le plus avaricieux des hommes.

— Et l'ami de votre fils,—reprit le docteur,—*le marquis de Saint-Hérem*, comment va-t-il?

— Il est venu nous voir hier avec sa femme. C'est la perle des ménages. Il nous a invités à aller visiter le château qu'il vient de faire construire dans la vallée de Chevreuse. On dit que son palais de Paris n'est rien auprès de ces nouvelles splendeurs. Il paraît que depuis trois ans, il y a là quinze cents ouvriers occupés , sans parler des terrassemens du parc, qui seuls ont employé les bras de trois ou quatre villages; et, comme le marquis paie magnifiquement, vous concevez quel bien-être cela a répandu dans les environs de son château.

— Or donc, mon cher bonhomme Richard, vous m'avouerez que si l'oncle du marquis n'avait pas été de la même avarice que vous, ce généreux garçon n'aurait pu donner du travail à tant de familles.

— C'est vrai, mon cher docteur ; aussi, sous le nom de *saint Ramon*, comme le marquis [a baptisé ironiquement son oncle, la mémoire de ce fameux avare est-elle bénie de tous.

— C'est inconcevable, l'abbé, — disait le chanoine,— le docteur avait donc raison? Je suis confondu de ce que j'entends, de ce que je vois. Nous allons donc dîner avec les *sept péchés capitaux* ?

— *Monsieur Henri David*, — dit le valet de chambre.

A ce nom, la physionomie du docteur devint grave ; il alla au-devant de David, lui prit les deux mains avec effusion et dit :

— Pardon d'avoir tant insisté au sujet de cette invitation, mon cher David, mais j'ai promis à mon excellent ami et élève le docteur Dufour, qui vous a recommandé à moi, de tâcher de vous distraire pendant votre court séjour à Paris.

— Et de ces distractions je sens le besoin, je vous assure, monsieur. Là-bas notre vie est si calme, si régulière, que les heures passent presque inaperçues, mais ici, perdu dans cette bruyante et grande ville à laquelle je suis devenu tout à fait étranger, j'éprouve des accès de tristesse mortelle, et je vous remercie mille fois de m'avoir ménagé une si aimable distraction.

Henri David parlait ainsi au docteur lorsque sept heures sonnèrent.

Le chanoine poussa un profond soupir de satisfaction en voyant un maître d'hôtel ouvrir les deux battans de la porte de la salle à manger.

XVI.

CONCLUSION.

Au moment même où tous les convives du docteur se dirigeaient vers la salle à manger, un valet de chambre annonça :

— *Madame la marquise de Miranda*.

— La Luxure, — dit tout bas le docteur à l'abbé. — Je craignais qu'elle ne nous manquât.

Puis allant offrir son bras à *Madeleine*, plus belle, plus séduisante que jamais, le docteur lui dit en la conduisant dans la salle à manger :

— Je commençais à désespérer de la bonne fortune que vous m'aviez promise, madame la marquise. Écoutez donc ! à mon âge, le bonheur de vous revoir ici, savez-vous que cela vaut presque un rendez-vous ? Ah ! si j'avais seulement cinquante ans de moins!

— Je vous prendrais pour mon cavalier, mon cher docteur, — dit la marquise en riant comme une folle. — Ainsi c'est convenu, nous avons été ensemble du dernier mieux il y a cinquante ans.

Nous n'entreprendrons pas d'énumérer les merveilles de la salle à manger du docteur; nous nous bornerons à citer le menu de ce dîner, menu que chaque convive, grâce à une délicate prévoyance, trouva sur la serviette, entre deux douzaines d'huîtres, l'une d'Ostende, l'autre de Marennes. Ce menu était écrit sur blanc vélin, et encadré dans une petite bordure formée par des rameaux de feuilles d'argent ciselées et émaillées de vert. Chaque invité savait ainsi la somme d'appétit qu'il devait tenir en réserve pour tel ou tel mets de prédilection. Ajoutons seulement que la grandeur de la table et de la salle à manger était telle, qu'au lieu de ces chaises incommodes et pressées qui vous forcent de manger, comme on dit, *les coudes au corps*, chaque convive, assis dans un large et excellent fauteuil, les pieds sur un moelleux tapis, avait toute la latitude nécessaire pour les évolutions de sa fourchette et de son couteau.

Voici le menu que le chanoine prit d'une main tremblante d'émotion et lut religieusement :

MENU DU DÎNER.

Quatre potages.

« Le potage à la Condé.
» La bisque d'écrevisse au blanc de volaille.
» Le potage au kouskoussou.
» Le potage de santé au consommé.

Quatre relevés de poisson.

» La hure d'esturgeon à la Godard.
» Les tronçons d'anguille à l'italienne.
» Le saumon à la Chambord.
» Le turbot à la hollandaise.

Quatre assiettes volantes.

» De croquettes à la royale.
» De bouchées aux queues d'écrevisse.
» De laitance de carpes à la Orly.
» De petits pâtés à la reine.

Quatre grosses pièces.

» Le quartier de sanglier mariné.
» La pièce de bœuf (des prés-salés) à la cuiller.
» Le quartier de veau à la Monglas.
» Le rosbif de quartier de mouton (des prés-salés).

Seize entrées.

» Les escalopes de chevreuil à l'espagnole.
» Les filets d'agneau à la Toulouse.
» Les aiguillettes de cannetons à l'orange.
» Le pain de levraut à la gelée.
» Les papillottes de bec-figues à la d'Uxelle.
» Le vol-au-vent à la Nesle.
» La timbale de macaroni à la parisienne.
» Le pâté chaud d'ortolans.
» Les filets de poularde (du Mans) en suprême.
» Les bécasses à la financière.
» Les croustades de caille au gratin.
» Les côtelettes de lapereau à la maréchale.
» Les hatelettes de riz de veau.
» Les boudins de perdreaux à la Richelieu.
» Les caisses de foie gras à la provençale.
» Les filets de pluviers à la lyonnaise.

Intermède.

» Punch à la romaine.

Quatre pièces de rôt.

» Les faisans piqués et truffés.
» Les gélinotes bardées.
» La dinde truffée du Périgord.
» Le coq de bruyère.

Seize entremets.

» Les cardons à la moelle.
» Les fonds d'artichaut à la napolitaine.
» Les champignons grillés.
» Les truffes du Périgord au vin de Champagne.
» Les truffes blanches du Piémont à l'huile vierge.
» Le céleri à la française.
» Le buisson de homards cuits au vin de Madère.
» Le buisson de crevettes au kary de l'Inde.
» Les laitues à l'essence de jambon.
» Les pointes d'asperges en petits pois.

Deux grosses pièces.

» La sultane à la crème rose.
» Le temple de Croque-en-bouche à la pistache.

—

» Les marrons d'abricot glacés.
» La gelée d'ananas garnie de fruits.
» Le fromage bavarois (glacé) aux framboises.
» La gelée de marasquin fouettée.
» La crème française au café noir.
» Les bouchées de fraises. »

Après la lecture de ce menu, le chanoine, emporté par l'enthousiasme et oubliant, il faut l'avouer, les convenances, se leva, prit d'une main son couteau, de l'autre sa fourchette, et allongeant les bras, il dit d'une voix solennelle :

— Docteur, je mangerai de tout, je le jure!

. . . .

Et le chanoine, en effet, mangea de tout.
Et il resta sur son appétit !

Inutile de dire que les vins exquis, dont le chanoine avait déjà pu, par de nombreux spécimens, apprécier l'ambroisie, circulèrent à profusion.

Au dessert, le docteur Gasterini se leva, tenant à la main un petit verre de vin de Constance frappé de glace, et dit :

— Mesdames, je vais porter un toste infernal, un toste aussi diabolique que si nous banquetions ici joyeusement entre damnés au plus profond de la salle à manger du royaume de Satan.

— Oh ! oh ! cher et aimable docteur, — dit on tout d'une voix, — quel est donc ce toste infernal ?

— Aux *Sept péchés capitaux* ! —dit le docteur. Et maintenant, mesdames, permettez-moi de vous exposer la pensée qui m'inspire ce toste : j'ai promis à M. l'abbé Ledoux, qui a le bonheur d'être placé auprès de Mme la marquise de Miranda, j'ai promis, dis-je, à M. l'abbé Ledoux, homme d'esprit, d'expérience et de savoir, mais incrédule, de lui prouver par des faits, par des actes, l'excellence que peuvent avoir, dans certains cas et dans une certaine mesure, ces goûts, ces propensions, ces instincts, ces passions qu'on appelle les sept péchés capitaux. Tout le problème est de les régler sagement et d'en tirer le meilleur parti possible. Or, comme Mme la duchesse de Senneterre-Maileford, Mme Florence Michel et Mme la marquise de Miranda veulent bien depuis longtemps m'honorer de leur amitié ; comme MM. Richard, Yvon Cloarek et Henri David sont de mes anciens et meilleurs amis, j'ai espéré que, pour le triomphe des idées saines, mes aimables convives me feraient la grâce de m'aider à réhabiliter ces péchés capitaux que leurs excès, dus à l'absence de toute bonne direction, ont fait condamner absolument, et à convertir ce pauvre abbé à leur utilité possible. Il ne pèche que par ignorance et par obstination, c'est vrai, mais il n'en blasphème pas moins ces admirables

moyens d'action, de bonheur et de richesse, dont l'iné-
puisable munificence du Créateur a doué la créature. Or,
comme rien n'est plus charmant qu'une causerie au dessert entre gens d'esprit, je supplie donc, dans l'intérêt de
notre infortuné frère l'abbé Ledoux, je supplie donc les
représentans de ces divers péchés de nous dire tout ce
qu'ils leur doivent ou tout ce qu'ils leur ont dû de félicité
pour eux ou pour autrui.

La proposition du docteur Gasterini, accueillie à l'una-
nimité, fut réalisée avec une bonne grâce parfaite et un
joyeux entrain. Henri David seul, qui parla l'avant-der-
nier, intéressa vivement les convives en retraçant les
prodiges de dévouement et de générosité que L'ENVIE
avait inspirés à Frédéric Bastien, et fit couler quelques douces larmes en racontant la mort de ce noble
enfant et celle de son angélique mère. Heureusement le récit de la LUXURE termina le dîner, et la
sémillante marquise fit beaucoup rire la compagnie lorsque, parlant de son aventure avec l'archiduc (dont elle
n'avait point partagé la flamme), elle dit qu'il était plus
facile d'amener un légat à courir la mascarade en cavalier pandour que de faire comprendre à un archiduc autrichien que l'homme est né pour la liberté. Du
reste, la marquise annonça qu'elle combinait un plan de
campagne contre le vieux *Radetzki*, et s'engagea formelle-
ment à le transformer en *carbonaro* et à faire de lui l'un
des chefs de l'affranchissement de l'Italie.

— Et cette neige, chère et belle marquise? — lui dit
tout bas le docteur après ce récit, — cette armure de
glace qui vous rend si méprisante au pauvre monde que
vous incendiez, elle ne s'est donc point encore fondue à
tant de feux?

— Non, mon bon docteur, — répondit tout bas la marquise avec un sourire légèrement mélancolique, — le
souvenir de mon blond archange, mon idéal et unique
amour, se conserve ainsi toujours frais et pur au fond de
mon cœur comme une fleur sous la neige.

— Et j'avais des remords! — s'écria le chanoine dans le
paroxysme des délices de la digestion, — j'étais assez mécréant pour avoir des remords à l'endroit de ma gourmandise!

— Loin de laisser des remords, un excellent dîner donne
au contraire, même aux cœurs les plus égoïstes, une singulière propension à la charité, — reprit le docteur; — et si
je ne craignais d'être frappé d'anathème par notre espiègle et cher abbé Ledoux, j'ajouterais qu'au point de vue
de la charité, *la gourmandise* pourrait avoir les plus heureux résultats.

— Allons, soit! — reprit l'abbé en haussant les épaules, tout en *sirotant* un petit verre d'exquise crème de
cannelle de *madame Amphoux* (1788). — Vous nous avez
déjà tant dit d'énormités, cher docteur, qu'une de plus ou
de moins...

— Il s'agit, non de chimères, non d'utopies, mais d'un
fait palpable, pratique, réalisable, demain, aujourd'hui,
— reprit le docteur; — d'un fait qui peut verser chaque
jour dans les bureaux de bienfaisance de Paris des sommes
considérables. Est-ce une énormité?

— Parlez, cher docteur, — dirent les convives tout
d'une voix. — Parlez, nous vous écoutons.

— Voici ce dont il s'agit, — reprit le médecin, — et je regrette que la pensée que j'ai eue ne me soit pas venue
plus tôt. Il y a trois jours, je me trouvais sur les boule-
vards, vers les six heures du soir. Surpris par une horrible
averse, je me réfugie dans un café, chez un des restaura-
teurs les plus en vogue de Paris. Je ne dîne jamais hors de

chez moi, mais pour me donner une contenance et satisfaire mes goûts d'observation, je me fais servir quelques
mets auxquels je ne touche point, et, en attendant la fin de
la pluie, je m'amuse à observer les dîneurs. Il y aurait un
livre et un curieux livre à écrire sur les nuances de
mœurs, de caractère et de condition sociale et autres qui
se révèlent invinciblement à l'heure solennelle du dîner.
Mais telle n'est pas la question. Je faisais seulement cette
remarque, à savoir que tel dîneur, qui s'était attablé
l'air indifférent, soucieux, rogue ou morose, semblait, à
mesure qu'il dînait et en raison du choix et de l'excellence
des mets, céder à une sorte de béatitude, d'épanouisse-
ment intérieur qui se reflétait et rayonnait sur sa physionomie, miroir fidèle de son âme. Placé près de l'une des
fenêtres de la maison, je suivais de l'œil mes dîneurs à
leur sortie du café; au dehors se tenait un enfant hâve,
déguenillé, tremblant sous cette froide pluie d'automne.
Eh bien, mes amis, je le dis à la louange des gourmands,
presque aucun de ceux qui avaient le mieux dîné ne refusa son aumône à la pauvre petite créature frissonnante
et affamée. Or, sans médire de mon prochain, je me demande si, à jeun, ces gens-là se seraient sentis aussi charitables, et j'affirmerais presque que le pauvre petit mendiant
avait, à leur entrée au cabaret, essuyé un dur refus de la
plupart de ceux-là mêmes qui en sortant se montraient
libéraux pour lui.

— Ce païen ne va-t-il pas nous dire que la charité peu.
naître de la gourmandise! — s'écria l'abbé Ledoux.

— Il faudrait, pour vous répondre victorieusement,
cher abbé, entrer dans une discussion physiologique au
sujet de l'influence du physique sur le moral, — reprit le
docteur. — Je vous dirai donc tout simplement ceci : Vous
avez, n'est-ce pas, des troncs pour les pauvres à la porte
de vos églises? Personne plus que moi n'affectionne et ne
respecte la charité des fidèles qui déposent au parvis des
lieux saints leur modeste ou riche offrande; mais pourquoi
ne pas en placer aussi dans ces brillans cafés, où les heureux du jour viennent satisfaire leurs goûts raffinés? pourquoi, dis-je, ne pas y placer un tronc de même genre, dans
un endroit bien apparent, avec cette simple, hélas! et
trop significative inscription : POUR CEUX QUI ONT FAIM !

— Le docteur a raison! — crièrent les convives, — l'idée
est excellente, tout grand établissement produirait chaque jour une belle recette.

— Et les petits établissemens aussi, — reprit le docteur.
— Ah! croyez-moi, mes amis, celui qui fait un modeste repas ressent, autant que l'opulent gastronome, cette sorte
de compassion rétrospective qui naît d'un besoin ou d'un
plaisir satisfait, lorsque l'on songe à ceux qui sont privés
de la satisfaction de ce plaisir ou de ce besoin. Or donc
je me résume : Si tous les propriétaires de restaurans et
de cafés suivaient mon conseil, ils s'entendraient avec les
membres des bureaux de bienfaisance et exposeraient, en
un lieu apparent, leurs troncs avec ces mots ou tels autres : *Pour ceux qui ont faim !* J'en suis convaincu, soit
charité, soit orgueil, soit respect humain, vous verriez
pleuvoir dans ces troncs d'abondantes aumônes. Et puis,
enfin, l'homme le plus égoïste, qui a dépensé un louis
ou plus à son dîner, éprouve, malgré lui, un ressentiment
pénible et une sorte de déboire amer à l'aspect de ceux qui
souffrent. Une généreuse aumône l'absoudrait à ses pro-
pres yeux; et au point de vue hygiénique, cher chanoine, ce petit acte de charité lui rendrait vraiment la digestion délicieuse.

— Docteur, je m'avoue vaincu, — s'écria l'abbé Ledoux;
— je bois, sinon aux *Sept péchés capitaux* en général,
du moins, en particulier, à la *Gourmandise!*

FIN DE LA GOURMANDISE

ET DE LA NEUVIÈME SÉRIE.

TABLE

DES OUVRAGES CONTENUS DANS CE VOLUME.

LES SEPT PÉCHÉS CAPITAUX, PAR EUGÈNE SUE.

FIN DE LA TABLE DE LA NEUVIÈME SÉRIE.

Paris. — Imprimerie J. Voisvenel, rue du Croissant, 16.